Friederike Habermann

ECOMMONY

Konzepte / Materialien
herausgegeben von der Stiftung Fraueninitiative

Band 9

Friederike Habermann

ECOMMONY

UmCARE zum Miteinander

ULRIKE **HELMER** VERLAG

Herausgeberin der Reihe »Konzepte / Materialien«
ist die Stiftung Fraueninitiative,
eine Stiftung von Frauen für Frauen,
Postfach 190308, D-50500 Köln

Bibliografische Information der Deutschen Nationalbibliothek
Die Deutsche Nationalbibliothek verzeichnet diese Publikation in der Deutschen Nationalbibliografie; detaillierte bibliografische Daten sind im Internet über http://dnb.d-nb.de abrufbar.

ISBN 978-3-89741-386-3

Covergestaltung: Atelier KatarinaS / NL
Coverfoto: @ Marlies W. Fröse: Aufnahme im Il Giardino dei Tarocchi
(Tarot Garten von Niki de Saint Phalle und Jean Tinguely), 2014

Printed in Germany

Ulrike Helmer Verlag
Neugartenstraße 36c
65843 Sulzbach am Taunus

www.ulrike-helmer-verlag.de

»Never believe any prediction that does not empower you.«

Glaube nie eine Vorhersage, die dich nicht stärkt.

Sean Stephenson

Dieses Buch wurde geboren aus den Anregungen, Handlungen und Beiträgen unterschiedlichster Art zahlloser Menschen auf der Suche nach der und im Glauben an die Möglichkeit, diese Welt besser zu machen.

Es wäre aber auch nicht möglich gewesen ohne die Unterstützung der Stiftung Fraueninitiative und damit insbesondere Dr. Carola Möller. Danken möchte ich nicht nur für die Herausgabe dieses sowie früherer Bücher von mir und weiteren Autorinnen zu nichtpatriarchalem, nicht-kapitalistischem Wirtschaften. Es sind die damit geförderten Gedanken, die mich von jeher geprägt haben. Schon vor Jahrzehnten faszinierten mich die bunten Ausgaben der *feministischen beiträge zu theorie und praxis*, bis heute profitiere ich von gemeinsamen Diskussionen.

Vielen Dank! Für alles.

INHALT

Die Gunst der Stunde

Vorsicht! Dieses Buch lässt einen ungewohnten Gedanken zu:

DIE WELT KANN BESSER WERDEN.

Klar können Sie es vorziehen, Trübsinn zu blasen. Gründe gibt es genug: Weder Finanz- noch Wirtschafts-, noch Klima-, noch wie-sie-alle-heißen-Krisen haben ihren Höhepunkt erreicht. Und da der Wachstumszwang den Output an Gütern und Dienstleistungen innerhalb von Jahrzehnten vervielfacht, ohne dass der absolute Ressourcenverbrauch sich entkoppelt, wird sich durch Realpolitik an dem nichts ändern. Es sei denn ... – Da wir mit der Lebensweise im globalen Norden bereits jetzt mehrere Planeten verbrauchen, wird der Drang, die dafür benötigten Ressourcen sich militärisch zu sichern, immer stärker. Um nur einige Aspekte zu streifen.

Oder sind Sie schon schwermütig? Allein wären Sie damit nicht: Die Depression ist auf dem Vormarsch zur weltweit verbreitetesten Krankheit – 2020 ist es laut der Weltgesundheitsorganisation soweit. Ursachen können sowohl Überarbeitung als auch Unterforderung sein. Denn während die einen unter fehlender Erwerbsarbeit leiden, gehen andere in den Burnout. In beiden Fällen vermissen Menschen Zeit, Muße, eine soziale Einbettung und die Sinnhaftigkeit ihres Tuns. Um materiellen Wohlstand zu erlangen, verengt sich die Vielfalt unserer Fähigkeiten auf deren bloße Wettbewerbsfähigkeit.

Doch gerade deshalb macht es Sinn, dem Positiven Raum zu geben. Denn vielleicht eröffnet dieser Raum des möglichen Schönen neue Denk- und Handlungshorizonte, die das Hoffnungsvolle realistischer werden lassen.

Denn wann immer ich in Veranstaltungen danach frage, was das größte Hindernis für ein ganz anderes Wirtschaften darstellt, kristallisieren sich Antworten heraus wie: Unser Kopf. Unser Denken. Unsere Gewohnheit. Unser Vorstellungsvermögen. Heute ist es einfacher, sich das Ende der

Welt vorzustellen, als das Ende des Kapitalismus – so bringen Theoretiker wie Slovoy Žižek oder Frederic Jameson die allgemein empfundene Alternativlosigkeit zum Kapitalismus auf den Punkt.

Doch der Zeitgeist – um mal dieses Wort zu bemühen – spricht noch eine andere Sprache. Mark Terkessidis beschreibt dies in seinem Buch ›Kollaboration‹: »Viele Menschen lassen eine ›Kultur des Teilens‹ entstehen, für die es gleich eine ganze Reihe englischer Wortschöpfungen gibt: Share Economy (oder Shareconomy), Wikinomics, Collaborative Economy oder Mesh«.[1] Und damit sind noch lange nicht alle Begriffe erfasst, die hierfür in den letzten Jahren gebildet wurden. Es ist wie in dem Spruch von Victor Hugo: »Nichts ist mächtiger als eine Idee, deren Zeit gekommen ist.« Das sehe ich vielerorts: in Ansätzen anderen Wirtschaftens, in sozialen Bewegungen und im Alltag von immer mehr Menschen. »Die Welt verändern, ohne es zu merken«, drückte es der Münsteraner Tobias Daur mir gegenüber aus, als er beschrieb, was in seiner Nachbarschaft alles an ›Commoning‹ besteht. Und darum überschreibe ich die Einleitung zu diesem Buch mit »Die Gunst der Stunde«.

Der Begriff Commons ist wesentlich in all dem – eben auch wenn viele, die ›Commoning‹ praktizieren, ihn gar nicht kennen. Mir selbst fiel zunächst auf, dass die Ansätze alternativer Ökonomie, wie ich sie in meinem Buch *Halbinseln gegen den Strom* (2009) für den deutschsprachigen Bereich beschrieben habe, in ihren jüngeren Ausformungen, also seit rund der Jahrtausendwende, mit den Prinzipien commonsbasierten Wirtschaftens übereinstimmen.[2] Je länger ich damit arbeitete, desto deutlicher wurde, dass damit das gesamte Leben und Wirtschaften anders gedacht werden kann. Darum spreche ich – im Wortspiel mit ›Economy‹ – von ›Ecommony‹.

Diese Prinzipien lauten:

1. *Besitz statt Eigentum*: Bei Commons zählt, wer etwas tatsächlich braucht und gebraucht, und nicht das Recht zum Ausschluss anderer oder zum Verkauf;
2. Teile, was du kannst;
3. *Beitragen statt Tauschen*: tätig werden aus innerer Motivation – bei gesichertem Ressourcenzugang;
4. Offenheit und Freiwilligkeit.

Der zweite und der vierte dieser Leitgedanken ergeben sich aus dem ersten und dem dritten, und diese sind die wirklich entscheidenden. Karl Marx hat diese beiden Grundprinzipien übrigens schon sehr gut benannt. Bei ihm lauten sie: »Jeder nach seinen Fähigkeiten, jedem nach seinen Bedürfnissen.« Wirtschaftswissenschaftlich könnte davon gesprochen werden: Das eine beschreibt die Produktionsseite, das andere die Konsumseite. Beginnen wir mit letzterer.

Für die heutige Situation analysiert Wolfgang Hoeschele, Professor in den USA und Autor des Buches *The Economics of Abundance. A Political Economy of Freedom, Equity and Sustainability* (2010), eine Vielzahl von ›Scarcity Generating Institutions‹, also von Einrichtungen des Wirtschaftssystems, die Knappheit erst erzeugen. Die meisten davon sind mit der Eigentumslogik verbunden, denn Eigentum charakterisiert sich durch den Ausschluss anderer unabhängig von dem eigenen Gebrauch.

›Besitz statt Eigentum‹ verunmöglicht, dass (zumeist: wenige) Menschen andere (zumeist: viele) Menschen vom Gebrauch von Ressourcen ausschließen, nur weil diese ihr ›Eigentum‹ sind. Und bevor Sie Angst bekommen, dass Ihnen jemand den Pullover streitig macht: Darum geht es nicht. Die allermeisten Menschen haben heutzutage in diesem Sinne kein oder kaum Eigentum, sondern Besitz: all jenes, was sie aktiv gebrauchen. 2015 vermeldete der *Global Wealth Report*, dass das inzwischen viel zitierte eine Prozent genauso viel des weltweiten Reichtums sein Eigentum nennen kann wie alle restlichen 99 Prozent zusammen – und ab 2016 mehr als alle restlichen 99 Prozent zusammen.[3] Von einer auseinandergehenden Schere zwischen Arm und Reich kann für diese heutige Situation gar nicht mehr gesprochen werden, denn deren Winkel kann sich nur begrenzt öffnen. Diese Ungleichverteilung des Reichtums ist aber nicht das Ergebnis der Gier einzelner, sondern es sind die wirtschaftlichen Mechanismen, die hierzu führen. Allenfalls verunmöglichen die dadurch erreichten Machtverhältnisse nachträgliche Umverteilung von Profit – und eine solche kann immer nur begrenzt sein, sonst werden die Funktionslogiken der Marktwirtschaft aufgehoben. Denn selbst wenn Mark Zuckerberg dieser Tage verkündet, im Laufe seines Lebens 99 Prozent seines Reichtums stiften zu wollen, so dass ihm nach derzeitigem Stand nur noch wenige hundert Millionen US-Dollar zum Leben bleiben werden, so kann es gesellschaftlich wohl kaum gewollt sein, dass ein einzelner Mensch aufgrund einer solchen Summe politisch dermaßen viel Einfluss nehmen kann. Alle, die an die Veränderungskraft durch ›unsere‹ Kaufkraft glauben, muss diese Relation wahrhaftig trübsinnig werden lassen.

Wird nicht das Geld, sondern der reale Reichtum dieser Welt nach dem Prinzip ›Besitz statt Eigentum‹ genutzt – also privat dort, wo es Sinn macht, wie beim T-Shirt oder dem eigenen Wohnraum, aber gemeinschaftlich, wo immer es angebracht ist, von der Bohrmaschine bis zu den Produktionsmitteln – ist genügend für alle da.

Wobei Besitz Unterschiedliches bedeuten kann, und dafür steht ›Teile, was du kannst‹: Wenn Sie Ihre Bohrmaschine ständig gebrauchen, dann behalten Sie eben eine zu Hause; im Durchschnitt jedoch wird dieses Werkzeug heutzutage nur maximal 13 Minuten seines Lebens genutzt. In einer auf Besitz beruhenden Gesellschaft würde es sicher kulturell sehr unterschiedliche Praktiken geben und der Umgang damit würde ständig fließend sich verändern. Entscheidend ist, dass es keine künstliche Verknappung durch Eigentumslogik gäbe.

Entscheidend ist aber auch, dass Besitz nicht einfach das Gegenteil von Eigentum ist, es bedeutet nicht: »Mir kann ständig alles genommen werden.« Besitzrechte sind eben das: das Recht, etwas zu besitzen. Wenn kein Eigentum existiert (auch kein Gemeinschaftseigentum), kann Besitzrecht auch nicht durch Eigentumsrecht gebrochen werden. Trotzdem kann sich jede Gesellschaft darauf einigen, unter welchen Bedingungen etwas ›als aus dem Besitz gefallen‹ angesehen wird: Eine Wohnung, die langfristig leer steht zum Beispiel. Und in den allermeisten historisch existierenden Gesellschaften sind Commons mit dem Existenzrecht aller verbunden gewesen: Wenn das Überleben eines Menschen durch bestehende Besitzrechte anderer gefährdet war, wurden diese gebrochen, denn es galt als selbstverständlich entscheidender, Leben zu schützen.

Dabei ist ›Besitz statt Eigentum‹ ähnlich, aber nicht zu verwechseln mit ›Nutzen statt Besitzen‹. Zunächst wird in dieser weithin gebrauchten Formulierung für die neue Sharing-Ökonomie in der Regel unter ›besitzen‹ ›eignen‹ (ja, das Verb gibt es!) verstanden (wenn auch nicht zwangsläufig, denn auch ein Mieter und damit nicht Eigentümer, sondern Besitzer einer Wohnung kann mit Hilfe der *AirBnB*-Webseite seine Räumlichkeiten zur Verfügung stellen). Nutzen bedeutet wie besitzen ›in Gebrauch nehmen‹. Allerdings wird mit dieser Formulierung das Eigentum an einer Sache nicht gebrochen: Es geht bei ›Besitz statt Eigentum‹ gerade nicht darum, dass die Eigentümerin eines Porsches diesen gegen teures Geld verleiht und sich damit den Zweitwagen anschaffen kann. Oder dass die schicke Innenstadtwohnung über *AirBnB* an Tourist_innen ab und an als Ersatz für ein Hotelzimmer vermietet werden kann und sie erst dadurch für die Eigentümerin erschwinglich wird – was individuell verständlich ist, führt zur Mietenspirale. Und damit ist das Stichwort schon geliefert: ›Nutzen statt Besitzen‹ impliziert noch keinen Widerspruch zum normalen Mietverhältnis und zu

Eigentum als dem Ausschluss all jener, die sich das Ausleihen nicht leisten können. Maßgeblich für den commonsbasierten Umgang aber ist, dass es nicht zu Ausschlüssen kommt, weil jemand nicht zahlen kann. Hierfür steht auch das Unterprinzip ›Offenheit‹ im Sinne eines offenen (aber durchaus geregelten) Ressourcenzugangs.

Um die oben gewählte Formulierung ›Besitz statt Eigentum‹ (sowie ›Teile, was du kannst‹) noch besser zu erklären, ein Blick auf den Status Quo:

Eine Knappheit erzeugende Einrichtung ist beispielsweise jeder Supermarkt. Was wie der Inbegriff des Überflusses aussieht (das Berliner ›Kaufhaus des Westens‹ symbolisierte zurzeit der Systemkonfrontation den Wohlstand im Kapitalismus), erzeugt gleich auf mehreren Ebenen Knappheit: Zum einen landen bis zur Hälfte aller produzierten Lebensmittel von der Produktionsstätte bis zum Endverbraucher auf dem Müll, und ein Großteil davon wird von den Supermärkten entsorgt. Inzwischen gibt es zwar Initiativen zur Lebensmittelrettung, doch das Problem ist ein grundsätzliches: Würden die Produkte billiger als im Laden oder gar kostenlos abgegeben, drückt dies auf den Preis. Umgekehrt gibt es bei jedem Produkt Menschen, die sich dieses nicht leisten können, obwohl sie es gerne hätten. Der Gleichgewichtspreis, der dafür sorgt, dass Marktwirtschaft funktioniert, setzt dies notwendig voraus.

Mit anderen Worten: Ohne Überfluss bzw. Unternutzung auf der einen Seite und Knappheit auf der anderen funktioniert keine Marktwirtschaft – ganz unabhängig davon, wie viel von einer Ressource tatsächlich zur Verfügung steht. Auch Nichtökonom_innen kennen in der Regel jene Grafik, die diesen Kern der Wirtschaftswissenschaften ausmacht. Die horizontale Achse bildet die Menge eines Gutes ab, die vertikale seinen Preis. Die Angebotskurve (ja, es heißt Kurve, auch wenn diese als Gerade dargestellt wird) geht von unten links nach oben rechts und bedeutet: Je höher der Preis ist, desto mehr wird von diesem Produkt angeboten. Die Nachfragekurve verläuft von oben links nach unten rechts und besagt: Je niedriger der Preis ist, desto mehr Menschen können sich das Produkt leisten. Wo sich die beiden Linien treffen, bildet sich der Gleichgewichtspreis. Rechts oberhalb dieses Punktes befinden sich also die weggeworfenen Lebensmittel.

Der Strich links unterhalb aber repräsentiert all jene Produkte, die nicht hergestellt wurden, obwohl es vielleicht Menschen gibt, die das gerne tun würden, es sich unter den heutigen Konkurrenzbedingungen jedoch im wahrsten Sinne des Wortes nicht leisten können. Beispielsweise Menschen, die gerne in der Landwirtschaft tätig wären. Mit anderen Worten: Ein Gutteil der Gesellschaft kann sich systembedingt (denn auch unabhängig davon, wie reich die Gesellschaft ist, muss diese Ausschluss-Logik aufrecht erhalten bleiben) nicht nur Konsumgüter nicht erlauben, sondern auch Tätigkeiten nicht. Tätigkeiten, die Spaß machen, die wir notwendig finden oder sogar solche, in denen wir unsere jeweilige persönliche Erfüllung finden könnten.

Und damit sind wir bei der Produktionsseite angelangt sowie dem zweiten Grundprinzip: ›Beitragen statt Tauschen‹. Es steht dafür, unsere Lust und unser Bedürfnis, uns in dieser Welt vielfältig zu betätigen und zu verwirklichen, zu befreien. Ohne dies nach Stechuhr, in Selbstausbeutung und in Konkurrenz zueinander tun zu müssen. Ohne zur Erwerbslosigkeit verdammt zu werden, weil das Produkt, das wir gerne herstellen würden, im oben dargestellten Sinne nicht konkurrenzfähig ist. Und ohne dass aus diesem Grund in Immermehr-Sterne-Hotels junge tatendurstige Menschen zu dritt nebeneinander den ganzen Tag fast tatenlos hinter Rezeptionstischen verbringen müssen und dabei auch noch den Eindruck machen, als hätten sie einen guten Job.

Anders ließe sich auch sagen: Es geht um die Aufhebung von Profit-Logik zugunsten einer Logik von ›Care‹ – so werden sorgende Tätigkeiten in feministischen Diskussionen zunehmend benannt. Dies ist nicht mit Altruismus zu verwechseln, sondern es steht für die »Wiederentdeckung des Selbstverständlichen«, wie Ina Praetorius in ihrer Schrift »Wirtschaft ist Care« es nennt: der Tatsache, dass die allermeisten von uns selbstverständlich tätig werden, wenn wir die Notwendigkeit sehen. »Es ist selbstverständlich, dass Menschen als bezogen-freie Wesen mehr mehren wollen als ihren persönlichen Vorteil.«[4] Statt in ›strukturellem Hass‹ zueinander agieren zu müssen, könnten wir unser Leben und Wirtschaften als Miteinander gestalten.

Vielen erscheint dies absolut unrealistisch. Nicht so jedoch dem Zukunftsforscher Jeremy Rifkin: »Ein neues Wirtschaftssystem – die Kollaborativen Commons – betritt die ökonomische Weltbühne.« Mit diesem Satz beginnt der Ökonom sein im Jahr 2014 erschienenes Buch *Die Null-Grenzkosten-Gesellschaft. Das Internet der Dinge, kollaboratives Gemeingut und der Rückzug des Kapitalismus.* »Uns dämmert eine ganz neue Realität, die zu erfassen uns noch schwerfällt.«[5]

Zunächst beschreibt er dabei scheinbar in erster Linie, wie technische Entwicklungen das Absterben des Kapitalismus hervorbringen. Dies begründet er wesentlich, wenn auch nicht nur, mit den auf (nahezu-)null hinauslaufenden Produktionskosten für jede weitere Ausbringungseinheit durch eine ›Dritte Industrielle Revolution‹, wie sie derzeit stattfinde in den Bereichen Kommunikation, Energie, Logistik sowie 3D-Druck; denn wenn diese sogenannten Grenzkosten der Produktion von Gütern und Dienstleistungen »gegen null gehen und sie damit praktisch umsonst sind, verliert das kapitalistische System seinen Einfluss auf die Knappheit und damit die Fähigkeit, von der Abhängigkeit eines anderen zu profitieren«.[6]

Doch bei genauerer Lektüre geht es vor allem darum, wie sich der Alltagsverstand von Menschen verändert. Schon in seinem Buch *Access. Das Verschwinden des Eigentums* (2000) argumentierte Rifkin, Zugang werde zum Prüfstein dafür, wie gerecht Handlungsmöglichkeiten organisiert seien, und mit genügend materiellen Gütern im Umlauf sähen immer weniger Menschen Sinn darin, andere davon auszuschließen. In seinem neuen Buch stellt er das Tätigwerden von Menschen jenseits von Lohn und Zwang besonders heraus. Und mit beiden Aspekten beschreibt er im Grunde genau das, was sich seit Beginn dieses Jahrtausends in vielen Bereichen und in vielen Teilen der Welt jenseits technologischer Entwicklungen als neue Formen der Organisierung des Lebens abzeichnet.

Solidarisch zu wirtschaften bedeutet im Gegensatz zu dem, was viele glauben, nicht, dass dies nur in kleinen Gemeinschaften möglich sei, wo sich alle liebhaben müssen und fünfmal die Woche im Plenum zusammenfinden. Rifkin betont zu Recht die globalen Potenziale:

> »Was die Commons heute relevanter denn je macht, ist der Umstand, dass wir zurzeit an einer globalen Hightech-Plattform arbeiten, deren konstituierende Eigenschaften potenziell genau die Werte und Prinzipien optimieren, die diese uralte Institution beseelen.«[7]

Letztlich ist es auch eine Frage, was naiver ist: zu glauben, aus der kapitalistischen Logik ganz ausbrechen zu können, oder diese für zähmbar zu halten. Alle Modelle, die ›Postwachstum‹, ›Degrowth‹, ›sozialökologischen Umbau‹ und entsprechende Konzepte glauben durchsetzen zu können, ohne an den Funktionsmechanismen des Kapitalismus etwas zu ändern, vergessen, dass es erstens noch nie Kapitalismus gab, ohne dass Menschen gezwungen waren, unter den unwürdigsten Bedingungen zu leben. Auch der oft zurückgewünschte Wohlfahrtsstaat beruhte wesentlich auf der Ausbeutung des Globalen Südens, und wie viele Menschen heute für einen persönlich unter sklavenähnlichen Bedingungen arbeiten, lässt sich auf der Webseite http://slaveryfootprint.org ausrechnen – unter zweistellig zu kommen ist so gut wie unmöglich. Zweitens wird gerne vergessen, dass es diese

Phasen des Wohlfahrtstaates in Zeiten vor und nach den Weltkriegen gab, wo Wachstum florieren konnte, weil erst für diese gerüstet wurde oder hinterher wieder alles aufgebaut werden musste.[8] Und drittens: Wenn wir politisch fähig sind durchzusetzen, dass Reiche nicht mehr reicher werden wollen, sondern bereit sind, ärmer zu werden – denn das ist die Voraussetzung dafür, den Kapitalismus zu zähmen (wenn es kein Wachstum, das neu verteilt werden kann, mehr gibt, sondern das Bestehende verteilt werden muss) –, dann können wir auch gleich alles politisch gestalten und auf die Mechanismen des Marktes getrost verzichten.

Zumal es gerade diese sind, die die politische Gestaltbarkeit verhindern. Diese Marktfunktionen erfordern: das Erzeugen von Knappheiten (seit Jahrzehnten, wenn nicht gar durchgehend seit der Mitte des 19. Jahrhunderts, einschließlich des Verhungerns Zigtausender tagtäglich); das ›Ausbeuten‹, wie Marx es nennt, von (entfremdeter) Arbeitskraft; das Einverleiben von Care-Tätigkeiten unter (nicht immer, aber systematisch) unfairen Bedingungen etc. etc.

Ganz klar: Was auch immer durchsetzbar ist im Sinne solcher Marktmodelle, sollte umgesetzt werden. Insofern macht es keinen Sinn, Ansätze wie die oben genannten gegen die hier beschriebenen Entwicklungen und Prinzipien auszuspielen. Doch als neoliberal geschulte und marxistisch belesene Ökonomin halte ich diese scheinbar realitätsnäheren Ansätze für die naiveren.

Rifkin ist aus dieser Entscheidung, ob er Transformation eher mit oder ohne Marktmechanismen realistisch findet, fein heraus, denn er sieht den Kapitalismus sich sowieso gerade selbst abschaffen, indem dieser die Logiken der ›Kollaboration‹, also der Zusammenarbeit, hervorbringe.[9] Ganz ähnlich, jedoch kommunistisch gewendet, argumentieren Michael Hardt und Toni Negri in dem dritten Band ihrer weltweit Aufsehen erregenden Trilogie (2009), dass die heutigen Formen kapitalistischer Akkumulation eine Expansion des Gemeinsamen nicht nur vorantrieben, sondern brauchten, und dass durch die Informatisierung der Produktion ein ›Common Wealth‹ geschaffen werde, welches als gesellschaftliche Basis Ausschluss vermeiden ließe, da Knappheit durch das Prinzip des Reichlichen ersetzt werde.

Nach der Veröffentlichung des ersten Teils, *Empire*, schrieb Sven Opitz:

> »Das Empire benötigt eine an Schöpferkraft, Wissen und kooperativen Fähigkeiten reiche Multitude, aber diese Multitude bedarf des Empires nicht mehr. Die Zeit ist reif für die Wiederaneignung des globalen Raumes, für die Inbesitznahme der Lebenszeit und

für die eigenständige Kontrolle über Wissen und Kommunikation. Inmitten des Nicht-Orts des Empire kann die autonom produzierende Multitude eine neue Wirklichkeit schaffen.«[10]

Konsequent hieß der zweite Teil der Trilogie von Hardt/Negri *Multitude,* mit diesem Begriff die Vielfalt der Menschen und ihrer Fähigkeiten in den Blick nehmend; und genauso konsequent verweist der Titel des dritten Teils, *Common Wealth,* auf den gesellschaftlichen Reichtum durch die Commons, wobei der deutsche Untertitel *Das Ende des Eigentums* lautet.

Doch ob nun die Entwicklungen der Produktionsweise oder die politischen sowie alltäglichen Entscheidungen von Menschen für die sich abzeichnenden Veränderungen hervorgehoben werden: Es ergeben sich bislang ungeahnte Möglichkeiten einer realen Basis emanzipatorischer Visionen – von marxistischen und anarchistischen über feministische bis hin zu religiösen. Unterschiedliche Aspekte davon werden in diesem Buch immer wieder anklingen.

Ein Miteinander statt ›strukturellem Hass‹

Zentral ist dabei das Miteinander – etwas, was viele von uns sich oft im Alltag wünschen: dass wir nicht gegeneinander arbeiten müssen. Rifkin spricht von seiner Prognose als ›Null-Grenzkosten-Gesellschaft‹; fast ließe sich hierfür auch von ›Null-Konkurrenz-Gesellschaft‹ sprechen – denn nicht nur die Möglichkeit, Abhängigkeit auszunutzen entfiele, sondern auch der Zwang zum Gegeneinander. Solange den eigenen Lebenslauf aufzuhübschen immer bedeutet, den aller anderen zu verschlechtern, und den Job zu bekommen, jemand anderen auszubooten, sowie im Job beweisen zu müssen, möglichst besser als die Kolleg_innen zu sein, leben wir im ›strukturellen Hass‹. Oder, wie Stefan Meretz es nennt, dabei einen von Claudia Honegger für das Bankenwesen geprägten Begriff übernehmend, in der ›strukturellen Verantwortungslosigkeit‹.[11] Das beinhaltet sogar eine ›strukturelle Selbstfeindschaft‹: »Befriedige ich ein Bedürfnis, so verletze ich ein anderes – von mir selbst oder von Anderen.«[12] Und es macht auch vor Mordinstrumenten nicht halt, wie der Ökonom Armin Falk verdeutlicht:

»Der einzelne Konsument oder Produzent erlebt sich – was die Folgen angeht – als unbedeutend. Sie glauben, der Schaden tritt sowieso ein. Denken wir an einen Waffenexport. Da sagt der Waffenhändler aus Österreich: ›Na gut, wenn wir die Waffen nicht an die Russen liefern, dann liefern sie die Amerikaner.‹ Das ist das Motto: ›Wenn ich's nicht mache, dann tut es jemand anderer.‹ Also kaufe oder verkaufe ich es lieber selbst, dann kann ich wenigstens selbst den Profit machen.«[13]

Naja, vielleicht nicht gerade an die Russen, aber der Punkt wird klar. Solche Legitimationen, so Falk weiter, seien uns wichtig:

»Wir haben für die Ausbeutung von Tieren und Menschen eine ganze Batterie von Geschichten, die das Ausbeutungsverhalten kaschieren und dann in eine Geschichte kleiden. Eine davon ist genau die: Wenn wir das T-Shirt nicht kaufen, geht's den Näherinnen noch schlechter. Das Verrückte daran ist, sie ist nicht ganz falsch.«[14]

Der Vergleich hierzu, den Falk wählt, bringt dieses ›verrückte‹ Verhältnis, in das wir uns durch unser Wirtschaftssystem bringen (müssen), auf den Punkt: Es sei, als ob jemand in Thailand einem zwölfjährigen Mädchen fünf Euro für Sex biete, woraufhin sie einwillige; diese scheinbar freiwillige Handlung beruhe aber auf der Not, in der sie leben muss.

Mit Commons als Grundlage und ohne den Zwang zur Konkurrenz aber wären unsere Handlungen nicht ›verrückt‹, sondern könnten Teil eines Miteinanders sein. Auch Rifkin sieht das:

»Während der vom materiellen Gewinn getriebene kapitalistische Markt auf Eigennutz basiert, charakterisiert die sozialen Commons das Interesse an der Zusammenarbeit, hinter dem ein aufrichtiges Verlangen nach Kontakt mit anderen und Teilhabe steht. Während ersterer Eigentumsrecht, Vorsicht und das Streben nach Autonomie propagiert, bevorzugt letzterer quelloffene Innovation, Transparenz und die Suche nach Gemeinschaft.«[15]

Was Rifkin und andere voraussagen, ist damit nicht weniger als ein Übergang vom ›strukturellen Hass‹, wie ihn der auf Konkurrenz basierende Kapitalismus darstellt, hin zu einer Gesellschaft struktureller Gemeinschaftlichkeit des Miteinanders.

Was der ›strukturelle Hass‹ mit uns macht, beschrieb der Sozialphilosoph Erich Fromm in seinem Buch *Haben oder Sein*, in welchem er die psychologische Prämisse, dass das Ausleben des individuellen Egoismus Harmonie, Friede und den allgemeinen Wohlstand fördere, als Täuschung entlarvt:

»Egoismus ist nicht bloß ein Aspekt meines *Verhaltens*, sondern meines *Charakters*. Er bedeutet, daß ich alles für mich haben möchte; daß nicht Teilen, sondern Besitzen mir Vergnügen bereitet; daß ich immer habgieriger werden muß, denn wenn Haben mein Ziel ist, *bin* ich um so mehr, je mehr ich *habe*; daß ich allen gegenüber feindselig bin – meinen Kunden gegenüber, die ich betrügen, meinen Konkurrenten, die ich ruinieren, meinen Arbeitern, die ich ausbeuten möchte. Ich kann nie zufrieden sein, denn meine

Wünsche sind endlos. Ich muß jene beneiden, die mehr haben als ich, und mich vor jenen fürchten, die weniger haben. Aber all diese Gefühle muß ich verdrängen, um (vor anderen und vor mir selbst) der lächelnde, vernünftige, ehrliche, freundliche Mensch zu sein, als der sich jedermann ausgibt.«[16]

Unser sozio-ökonomisches System, erläutert Fromm, lasse uns pathogene Charakterzüge ausprägen und mache damit die einzelnen Menschen und die Gesellschaft als Ganzes krank. Dabei unterscheidet er zwischen ›Haben‹ und ›Sein‹ als »zwei grundlegend verschiedene Formen menschlichen Erlebens«:[17]

»Die Existenzweise des Habens leitet sich vom Privateigentum ab. In dieser Existenzweise zählt einzig und allein die Aneignung und das uneingeschränkte Recht, das Erworbene zu behalten. Die Habenorientierung schließt andere aus (...) Sie verwandelt alle und alles in tote, meiner Macht unterworfene Objekte.«[18]

Als mindestens genauso bestimmend für das menschliche Wesen aber sieht Fromm ein »tief verwurzeltes Verlangen zu *sein*: unseren Fähigkeiten Ausdruck zu geben, tätig zu sein, auf andere bezogen zu sein, dem Kerker der Selbstsucht zu entfliehen«.[19] Als Gesellschaft müssten wir uns:

»entscheiden, welches dieser beiden Potenziale wir kultivieren wollen, uns dabei aber bewußt sein, daß unsere Entscheidung weitgehend von der sozio-ökonomischen Struktur der jeweiligen Gesellschaft abhängt, die uns die eine oder die andere Lösung bevorzugen läßt.«[20]

Was Commons sind

Der Ausdruck *Commons*, den Rifkin benutzt, oft mit ›Gemeingut‹ übersetzt, wurde in den letzten Jahren zum zentralen Begriff der neuen Debatte um Möglichkeiten nichtkapitalistischen Wirtschaftens. Zu Zeiten Fromms spielte er kaum eine Rolle, weshalb dieser von ›funktionalem Eigentum‹ schreibt, »das heißt Eigentum für den Gebrauch«: Darin liegt auch für Fromm die sozio-ökonomische Basis, welche ›die Kunst des Seins‹ begünstigt.[21]

Tatsächlich ist ›Eigentum für den Gebrauch‹ eine erste Definition von Commons und unterscheidet Commons von Eigentum: Etwas befindet sich im Gebrauch; damit entspricht es zunächst einmal auch dem deutschen Wort ›Besitz‹ – diese zum Verständnis von Commons wertvolle Unterscheidung ist im Englischen nicht möglich. Alltagssprachlich zwar auch im

Deutschen mit ›Eigentum‹ synonym verwendet, wird juristisch scharf unterschieden: Besitz besteht, wenn jemand über ein Objekt verfügt, in der Regel bedeutet dies, es aktiv zu nutzen. ›Eigentum‹ steht für das Recht, andere vom Gebrauch auszuschließen, beziehungsweise es zu verkaufen. Rechtlich wird vom ›tatsächlichen Sachherrscher‹ versus dem ›rechtlichen Sachherrscher‹ gesprochen.[22] Diese Begrifflichkeiten stehen dem Verständnis von Commons allerdings wieder insofern entgegen, als mit Commons Herrschaft tendenziell verunmöglicht werden soll; zum einen dadurch, dass Menschen wegen des offenen Ressourcenzugangs nicht materiell abhängig gemacht werden können, zum anderen, indem die nicht-menschliche Natur nicht länger darauf reduziert wird, als Ressource für die Befriedigung menschlicher Bedürfnisse zu dienen.

Im Grunde nichts anderes als das alte deutsche Wort ›Allmende‹ bedeutend, wird dieses durch die Verwendung des englischen ›Commons‹ (zumindest im Deutschen) von verengten historischen Assoziationen befreit. Denn wer im Deutschen den Begriff noch kennt, verbindet damit gemeinhin die Vorstellung einer Weide im mittelalterlichen Dorf, auf der ansonsten getrennt wirtschaftende Bauernfamilien gemeinsam Schafe und Kühe grasen ließen. Doch schon Ivan Illich begründete mit diesem verengten Bild, warum er nicht von ›Allmende‹, sondern lieber vom ›Recht auf Gemeinheit‹ sprach.[23] Und gleichzeitig verschiebt sich die Bedeutung des Begriffs immer weiter angesichts technischer Entwicklungen, aber auch im Zuge eines sich verändernden Alltagsverstandes.

Doch die Vorstellung von individuellem Eigentum (nicht nur) an Grund und Boden war den Menschen im Mittelalter generell fremd. Die Tatsache, dass im Mittelalter auch das Ackerland Allmende war und innerhalb der Dorfgemeinschaft aufgeteilt wurde, ist heute allerdings den wenigsten bekannt.[24] Dabei hat schon Rosa Luxemburg darüber geschrieben, wie zu ihrer Zeit ›neu entdeckt‹ wurde, dass es offensichtlich in Europa, in Russland, in Indien, in Arabien, in Persien etc. früher nicht nur kein Eigentum an Land, sondern ›dorfkommunistische‹ Formen vorherrschten.

> »So war um die Mitte des 19. Jahrhunderts und bis in die siebziger Jahre Material in Hülle und Fülle ans Licht gekommen, daß die alte Vorstellung von der Ewigkeit des Privateigentums und seinem Bestehen von Anbeginn der Welt grausam durchlöcherte und bald ganz in Fetzen zerrissen hat. Nachdem man den Agrarkommunismus erst als eine germanische Volkseigentümlichkeit, dann als eine slawische, indische, arabisch-kabylische, altmexikanische, als den Wunderstaat der peruanischen Inkas und in noch vielen anderen ›spezifischen‹ Völkertypen in allen Weltteilen entdeckt hatte, drängte sich von selbst der Schluß auf, daß dieser Dorfkommunismus überhaupt keine ›Volks-

eigentümlichkeit‹ irgendeiner Rasse oder eines Weltteiles sei, sondern die allgemeine typische Form der menschlichen Gesellschaft auf einer bestimmten Höhe der Kulturentwicklung.«[25]

Okay, ich gebe zu, versucht gewesen zu sein, sowohl ›Rasse‹ als auch die ebenfalls problematische Vorstellung stufenartiger Kulturentwicklung herauszukürzen, aber auch Rosa Luxemburg war natürlich ihrer Zeit verhaftet – wie wir alle. Wichtig hier ist, wie dieses Wissen offensichtlich immer und immer wieder aus dem Alltagsverstand verdrängt wird, da es das Bild des Kapitalismus als demjenigen, der uns aus finstersten Herrschaftsverhältnissen befreit hat, stört. Und insbesondere die Nationalökonomie, so Luxemburg weiter, wehre sich gegen diese Erkenntnis mit hartnäckigem Widerstand:

»Genauso wie ehemals die rohe Ignoranz und Borniertheit der ersten spanischen, portugiesischen, französischen und holländischen Eroberer in dem neuentdeckten Amerika den Agrarverhältnissen der Eingeborenen völlig verständnislos gegenüberstand und bei der Abwesenheit der Privateigentümer das ganze Land einfach für ›Eigentum des Kaisers‹, für fiskalisches Land erklärte, so verfuhren auch im Zeitalter der bürgerlichen ›Aufklärung‹ die größten Leuchten der nationalökonomischen Gelehrsamkeit.«[26]

1968 verfasste der Ökologe Garret Hardin in der Zeitschrift *Science* anhand des Beispiels mit der Weide einen Aufsatz mit dem Titel *Tragedy of the Commons*, welcher zur herrschenden Doktrin der Wirtschaftswissenschaften zum Thema Commons wurde; darin postuliert er, jede Allmende müsse durch das individuelle Streben (in diesem Fall: der Bauern) nach maximalem Nutzen zwangsläufig übernutzt und somit letztlich zerstört werden:

»Darin liegt die Tragödie. Jedermann ist fester Bestandteil eines Systems, das ihn seine Herde grenzenlos zu vermehren zwingt – und dass in einer begrenzten Welt. So eilen alle dem Schicksal ihres Ruins entgegen, jeder im Streben nach seinem eigenen Vorteil in einer Gesellschaft, die an die Freiheit der Allmende glaubt. Die Freiheit des Gemeinguts führt zum Ruin aller.«[27]

Es lässt erneut am Denkvermögen von Ökonomen zweifeln, dass es nicht einmal zu Diskussionen darüber kam, dass selbst in dieser immer wieder herangezogenen Begründung für die angebliche Tragik der Allmende von Hardin offensichtlich gerade nicht die Allmende das System darstellt, das zur grenzenlosen Vermehrung zwingt. Rifkin formuliert entsprechend ganz zu recht:

»Persönlich finde ich es merkwürdig, dass Hardin der Allmende die Rolle des ›Schurken‹ zuschreibt – als stehe sie hinter der Entfesselung von all der Gier und Zerstörungswut der modernen Welt. Tatsache ist doch, dass es die neuzeitlichen Exzesse eines vom

> Markt getriebenen kapitalistischen Systems waren, dessen verbissenes, durch die schwere Hand staatlich gelenkter kolonialer – und neokolonialer – Programme gestütztes Profitstreben während der vergangenen drei Jahrhunderte sowohl zum Raubbau an den Ressourcen als auch zur pauschalen Ausbeutung der Menschen der Dritten Welt geführt hat.«[28]

Entsprechend sollte hier, so ist wohl hinzuzufügen, besser von der ›Tragik des Marktes‹ gesprochen werden:[29] Während der Bedarf an Wolle oder Milch sowohl bei individueller als auch bei gemeinschaftlicher Nutzung relativ schnell gedeckt, zumindest aber begrenzt ist, eröffnet die Möglichkeit einer Umwandlung dieser Güter in Geld die potenziell unbegrenzte Anhäufung von Reichtum. Mit anderen Worten: Nur in einer Marktgesellschaft besteht ein Anreiz, unbegrenzt zu produzieren.

Elinor Ostrom war ebenfalls eine Nichtökonomin sowie die erste Frau überhaupt, die 2009 den sogenannten Nobelpreis für Wirtschaft dafür erhielt, dass sie anhand zahlreicher, über den gesamten Globus verteilter Fallstudien zeigte: Commons (unterschiedlicher Arten) funktionieren durchaus. Sie führte in die Wirtschaftswissenschaften ein, dass Menschen miteinander sprechen können. Und damit auch untereinander kooperieren.

In die breitere öffentliche Diskussion kam der englische Ausdruck in den letzten Jahren zunächst für insbesondere zwei Güterkategorien – diese könnten jedoch verschiedener kaum sein, denn auf den ersten Blick haben zum Beispiel ein Wald und ein Softwareprogramm nichts gemeinsam.

Auf der einen Seite geht es um ›natürliche Commons‹ wie Klima oder Weltmeere; Bereiche, in denen die herkömmliche Warenlogik nicht funktioniert. Unter dem Stichwort ›global commons‹ widmet sich unter anderem die Weltbank seit den 1990ern dem Problem, wie diese zu schützen seien. Lösungen werden insbesondere gesehen in Zuteilungen, wie dies bei den Weltmeeren teilweise geschehen ist, oder in multilateralen Vertragswerken, worin Schutzmaßnahmen vereinbart werden.[30] Auch die NATO versammelt sich schon mal zu einer Konferenz mit dem Titel *Protecting the Global Commons*.[31] Und die USA haben einen *Space Act 2015* beschlossen, womit sie sich selbst kurzerhand als zuständig für Lizenzvergaben im Falle einer Ressourcenausbeutung im gesamten Sonnensystems (oder auch allem, was dahinter noch kommt) erklären.[32] Präsident Barack Obama hat es gleich unterzeichnet. Hoffentlich haben das auch alle Außerirdischen mitbekommen.

Wenngleich sich Ostroms Beispiele nicht auf Weltmeere oder gleich das Weltall beziehen, so entstammen sie doch häufig diesem ›natürlichen‹ Bereich: Wälder, Wege, Wasser, Fischgründe, Ackerland und ähnlichem. Allerdings versteht Ostrom unter Commons anders als die NATO nicht die Art der Ressource bzw. die Tatsache, dass sich hier kein Eigentümer ausmachen lässt, sondern die Art des sozialen Umgangs mit ihr. Aus ihren über den Globus verteilten empirischen Studien kristallisierte Ostrom acht sogenannte ›Design-‹ oder auch ›Bau-Prinzipien‹ heraus.[33]

Auf der anderen Seite geht es in der öffentlichen Diskussion vielfach um ›digitale Commons‹ wie *Linux* oder *Wikipedia*, die von freiwillig Beitragenden gemeinsam geschaffen wurden und bei denen keine Rivalität im Konsum besteht: Ob eine weitere Person noch bei *Wikipedia* nachschaut, mindert nicht den Konsum der anderen. Wird diese Person dadurch angeregt, ebenfalls zu *Wikipedia* beizutragen, tritt sogar ein, was Carol Rose (1986) in Umkehrung des Schlagwortes von der ›Tragödie der Commons‹ als ›Komödie der Commons‹ bezeichnete: Je mehr mitmachen, desto besser. Die Aktivist_innen des Projekts *Oekonux* sprechen für eine solche Vermehrung des Nutzens durch Netzwerkeffekte von ›anti-rivalen Gütern‹.[34]

Hier trennen sich zwei Hauptströmungen jener, die zu Commons arbeiten: Während für die einen Commons eine sinnvolle Ergänzung der kapitalistischen Wirtschaftsweise darstellt, birgt es für die anderen die lang gesuchte Möglichkeit, Leben und Wirtschaften nicht nur jenseits von, sondern ohne Kapitalismus, ja sogar ohne Staat und Markt zu denken.

Elinor Ostrom ist der ersten Strömung zuzuordnen, wenn sie auch stets klar machte, dass die Organisation der Commons jenseits von Markt und Staat stattfindet. Bei anderen Autor_innen ist die Unterscheidung nicht immer deutlich, da eh niemand davon ausgeht, Staat und Markt seien auf kurze oder auch nur auf mittlere Sicht abzuschaffen. Doch ein wesentlicher Unterschied ist die Frage, was als Commons denkbar gilt.

Aus Sicht der ›Commonist_innen‹ – jenen, die hierin die Grundlage eines anderen Gesellschaftsmodells erblicken – ist es eine gesellschaftliche Frage, welche Güter als Commons gelten. Und dass alle Commons sein könnten und sollten.

Auch auf liberaler Grundlage lässt sich zu diesem Schluss kommen. Der Harvardprofessor Yochai Benkler bezeichnet auf Commons beruhende Produktion unter Ebenbürtigen – jenseits von Hierarchien, und ohne den Zwang zu (Lohn-)Arbeit – als ›commonsbasierte Peerproduktion‹. Geprägt hatte Benkler den Ausdruck mit Blick auf freie Softwareproduktion. Doch diese ist auch für ihn:

»genau genommen nur ein Beispiel für ein viel breiteres sozialökonomisches Phänomen. Ich weise darauf hin, dass wir die Herausbildung einer neuen, dritten Art von Produktion in der digital vernetzten Umgebung sehen. Ich nenne diese Art ›Commons Based Peer Production‹, um sie von den eigentums- und vertragsbasierten Arten der Firmen und Märkte zu unterscheiden. Ihr zentrales Merkmal besteht darin, dass Gruppen von Einzelpersonen erfolgreich an groß angelegten Projekten arbeiten. Sie folgen dabei eher einer Reihe unterschiedlicher Motivationen und sozialer Signale als Marktpreisen und Anordnungen eines Managements.«[35]

Jeremy Rifkins Vision einer ›kollaborativen‹ und ›lateralen‹, also nicht-hierarchischen organisierten Produktions- und Lebensweise entspricht dem, ist dabei jedoch nicht weniger weitreichend als global und den Kapitalismus ersetzend gedacht.[36]

›Peer‹, im Grunde nichts anderes als ›ebenbürtig‹ bedeutend, ist für Christian Siefkes angesichts der damit verbundenen Assoziationen inzwischen »unübersetzbar«; im Grunde passt jedoch, wie Denker_innen vom Commons-Institut die Vorsilbe ›kon‹ (für Illichs konviviale Technik) definieren: als ›ebenbürtiges Miteinander im gemeinsamen Tun‹.[37]

Die deutsche Commons-Expertin Silke Helfrich (2013) spricht in Anlehnung an Benklers Ausdruck inhaltlich präziser von ›commons-creating‹, also ›commonsschaffender Peerproduktion‹[38] – denn Commons bzw. Gemeingüter vernutzend ist auch der Kapitalismus. Hierfür ein Beispiel: Raj Patel zitiert in seinem Buch *The Value of Nothing* von 2009 eine indische Studie, nach der ein Hamburger statt vier US-Dollar bis zu 200 US-Dollar kosten müsste, wenn alle damit verbundenen finanziellen Belastungen im Preis berücksichtigt würden. Da dies nicht der Fall ist, wird von ›externalisierten‹ Kosten gesprochen – getragen von der Gesellschaft. Solche Kosten (von nicht-monetären Verlusten wird auch hier weitgehend abstrahiert) entstehen für Subventionen, auch indirekte, nicht zuletzt die Agrarbeihilfen, welche zu verbilligtem Anbau des verfütterten Getreides führen; durch Lohnsubventionen, da teilweise Anspruch auf Aufstockung besteht, sowie durch weitere staatliche Beihilfen für die unterbezahlten Angestellten; durch Gesundheitsschädigungen, welche sich bei den Konsument_innen aufgrund der ungesunden Ernährung einstellen; durch die gesellschaftlichen Folgekosten aufgrund der massenhaften Verwendung von Antibiotika bei den Tieren; durch die Rodung des Urwalds, um Rinder grasen lassen zu können, bzw. (realistischerweise) für das Soja, mit dem die Fütterung in Europa erfolgt; durch die Umweltfolgen aufgrund der Tatsache, dass dieses Soja gentechnisch verändert wurde, sowie durch den Pestizideinsatz etc. etc. – die Liste ließe sich fortsetzen.[39]

Es dient der Klarheit, zwischen dem, was wir kritisieren (dem Vernutzen durch die Marktwirtschaft), und dem, was wir vertreten (kooperatives ›Sorgen für‹, sowohl im Sinne von verwaltend als auch im Sinne von herstellend), sprachlich zu unterscheiden. Sprechen wir darüber, wie nicht im Eigentum stehende Güter vom Kapitalismus ausgebeutet werden, oder über Commons im Sinne von offen zugänglich und gemeinschaftlich verwaltet? Nur in diesem zweiten Fall macht es Sinn, mit Peter Linebaugh davon zu sprechen, »There is no commons without commoning«.[40] Er führt das Verb ein, um es von der Vernutzung eines gemeinsamen Gutes zu unterscheiden.

Um also ähnlich wie bei ›commonsbasiert‹ und ›commonsschaffend‹ eine sprachliche Unterscheidung treffen zu können zwischen dem, was kritisiert, und dem, was vertreten wird, übernehme ich den Titelbegriff der Konferenz *Un/Commons* in Berlin im Oktober 2015: Un/Commons steht für die privatwirtschaftliche Vernutzung dessen, was im Falle gemeinschaftlicher Organisierung Commons sein könnte.

Eine damit verbundene weitere Unschärfe in der Diskussion besteht, wenn auch ›öffentliche‹ oder ›unreine öffentliche‹ Güter (im Sinne von nicht oder nur beschränkt rival im Konsum), die sich in staatlicher Hand befinden und sofern sie verbunden sind, mit öffentlichen Nutzungsrechten als Commons bezeichnet werden: dem Recht, im Wald spazieren gehen und Pilze sammeln zu dürfen; dem Recht, im See zu baden, etc. Insbesondere dann, wenn deren Privatisierung droht, wird deutlich, was Eigentum als Ausschluss bedeutet: Zum Beispiel, als die ersten Seen Brandenburgs verkauft wurden und die am Ufer Wohnenden einen Zaun hingesetzt bekommen sollten, sofern sie nicht für den Zugang zahlten. Dass diese Verkäufe gestoppt werden konnten, macht allerdings noch keine Commons aus diesen Seen. Stattdessen wird von ›Gemeinressourcen‹ gesprochen (englisch: common pool resources, CPR). Doch häufig – so auch in den Kämpfen gegen die Privatisierung und für die Rekommunalisierung von Wasser in Berlin 2011 oder von Energie in Hamburg 2013 – wird den Aktivist_innen im Zuge dessen bewusst, dass diese »in Bürgerhand« gehören. Und damit Commons sein könnten und sollten.

Was Care damit zu tun hat

Der Sinn hinter dem Wortspiel ›UmCARE‹ wurde bereits angedeutet. ›Care‹ ist der in den jüngeren feministischen Diskussionen meistdiskutierte Begriff. Er steht nicht nur für Sorgetätigkeiten aller Art, sondern in ihm klingt zudem die nicht dem Profit unterwerfbare Logik von Fürsorge an. Eine UmCARE wäre in diesem Sinne eine Umkehr weg von der Profit-Logik und hin zur Care-Logik. Eine UmCARE zum Miteinander.

Doch wie ebenfalls schon betont, heißt dies nicht zu glauben, alle Menschen würden sich zukünftig füreinander aufopfern wollen. Sondern es geht um das Wiederentdecken der Selbstverständlichkeit, dass wir tätig werden, wenn wir es notwendig finden, und dass wir – wie sich im Alltag und in Notsituationen zeigt sowie immer dann, wenn Menschen außerhalb des Marktes beginnen, sich zu engagieren – uns selbstverständlich mit- und nicht gegeneinander organisieren.[41] Während derzeit für die Gesellschaft nur produktiv werden darf, wer Mitmenschen auskonkurrieren kann, ginge es stattdessen darum, kooperatives Tätigwerden wieder zu einer gesellschaftlichen Selbstverständlichkeit zu machen.

Die österreichische Commons-Spezialistin Brigitte Kratzwald (2014) beschreibt die Motivation, tätig zu werden, als oszillierend »zwischen Lust und Notwendigkeit«. Beides sind hinreichende Gründe, müssen sich aber durchaus nicht ausschließen. Ein Baby zu stillen ist sicher Notwendigkeit, kann aber auch Lust sein.

Doch Care und Commons hängen noch auf andere Weise zusammen. In der feministischen Diskussion vielfach verwendet wird das Bild eines Eisbergs, dessen aus dem Wasser ragende sichtbare Spitze die Marktwirtschaft symbolisiert. Der größere Teil des Eisbergs bleibt unter Wasser und damit unsichtbar. Dieser untere wiederum setzt sich zusammen aus einerseits den ›Ökosystemdienstleistungen‹, wie die Vorteile, die Menschen von der Natur erhalten, inzwischen genannt werden; mit anderen Worten: Un/Commons. Die andere Komponente des Eisbergteils unter Wasser stellen in dem feministischen Bild die unbezahlten Sorgetätigkeiten sowie Subsistenzarbeiten dar. Solche unbezahlten Tätigkeiten umfassen länderübergreifend mehr als das Anderthalbfache im Vergleich zu den bezahlten.

Erst hieraus ergibt sich *Das Ganze der Arbeit*, wie Heide Mertens 2001 ein ebenfalls von der Stiftung Fraueninitiative herausgegebenes Buch zu bedürfnisorientiertem Wirtschaften betitelte. Und Brigitte Kratzwalds 2014 von derselben Stiftung herausgegebenes Werk über Commons und das Tätigwerden *aus Lust und Notwendigkeit* trägt den Titel *Das Ganze des Lebens*. Denn das Baby zu stillen ist sicher Notwendigkeit, und vielleicht macht es auch gar keinen Spaß, aber ist es Arbeit? Dieser Begriff wird der Vielfalt des Lebens nicht gerecht.

Eine Paradoxie des Kapitalismus besteht damit darin, so Brigitte Kratzwald,

> »dass das kapitalistische Marktsystem sich zwar seiner Effizienz und seiner Bedeutung für Wohlstand und Fortschritt rühmt und allen anderen Gesellschaftssystemen seine Logik aufzwingt, jedoch in seinem Bestehen immer abhängig ist von Bereichen außerhalb seiner selbst, die es mit Ressourcen versorgen.«[42]

Letztlich beruht auch der von Marx analysierte Mehrwert nicht zuletzt auf diesem Zusammenhang. Zur Erinnerung: Das Geheimnis des Kapitalismus liegt darin, dass er eine Ressource vernutzen kann, ohne so viel Wert dafür ausgeben zu müssen, wie sie erbringt: die menschliche Arbeitskraft. Zum einen entsteht dies durch die besondere Fähigkeit von Menschen, produktiv tätig zu werden. Zum anderen trägt aber auch unentgeltliche oder unterbezahlte Care-Arbeit dazu bei – sozusagen ein Teil des Eisbergs unter Wasser.

Egal, ob zu Zeiten der Familienlöhne, als Ehefrau und Kinder vom Lohn des Mannes miternährt werden sollten, oder als Doppelbelastung der Arbeiterin bzw. Angestellten oder als Auslagerung auf Migrant_innen, die billig arbeiten müssen, da ihnen keine anderen Chancen auf dem Arbeitsmarkt zur Verfügung stehen – Reproduktionsarbeit wird systematisch schlecht entlohnt. Auch darum ist die Arbeitskraft mehr wert als sie zur Reproduktion braucht.

Wie bereits deutlich wurde, unterliegt die Diskussion um den Begriff ›Care‹ einem doppelten Aspekt: Zum einen als Kritik daran, dass Sorgetätigkeiten im Kapitalismus vernutzt werden, weil sie entweder un- oder unterbezahlt geleistet werden. Zum anderen als Bereich eines nicht in Tauschlogik aufgehenden Austauschverhältnisses, von dem gelernt werden kann und sollte. Bei der Vernutzung geht es sowohl um die Funktion für die Produktion (als Erhaltungsmaßnahmen für die Arbeitskraft) als auch um die wesentlich schlechtere Rationalisierbarkeit im Vergleich zu produktiven Tätigkeiten, womit sie grundsätzlich weniger profitabel als diese sind. In diesem Fall spreche ich von Reproduktionsarbeit. Geht es dagegen um das darin liegende Potenzial für ein Wirtschaften jenseits monetärer Beziehungen, gebrauche ich den Ausdruck ›Care‹. Begriffe wie ›Sorge‹ oder ›Versorgungstätigkeiten‹ werden unsystematischer als jeweilige Synonyme verwendet.

Im Grunde war es der Gedanke des unteren Teiles vom Eisberg, den Rosa Luxemburg in ihrem Werk *Die Akkumulation des Kapitals* (1913) zu beweisen suchte: Dass der Kapitalismus immer imperialistisch sein müsse, sich immer Nicht-Kapitalistisches einverleiben müsse, das heißt Natur und unbezahlte Arbeit, und damals hieß das natürlich insbesondere: die Natur und die unbezahlte Arbeit in und aus den Kolonien. Und dass auch heute die Löhne im Globalen Süden so niedrig sein können, beruht neben den dort oftmals besonders ausbeuterischen Arbeitsbedingungen ebenfalls zu einem großen Teil auf der dortigen Subsistenzarbeit und damit verbundenen Ökosystemdienstleistungen. All dies kann als Commons verstanden werden, wie das obige Beispiel über die externalisierten Kosten eines Hamburgers zeigt.

Es wird schon deutlich: Aus Sicht derjenigen, die sich in den letzten Jahrzehnten mit Ansätzen feministischer Ökonomie beschäftigt haben, erscheint in der Commons-Diskussion vieles nicht neu.

Dabei ist ›feministische Ökonomie‹ natürlich eigentlich ein weiter Begriff, denn es gibt viele Feminismen und viele Ausrichtungen der Wirtschaftstheorie, und theoretisch ist jede Kombination davon möglich. Doch gemeint sind damit keine spieltheoretischen Überlegungen aus Frauensicht, wie es teilweise bei der *International Association for Feminist Economics* zu finden ist, und auch keine keynesianisch inspirierten Überlegungen zum durchaus sinnvollen *Gender Budgeting*, also der Berücksichtigung von geschlechtsspezifischen Ungleichheiten in der Haushaltspolitik. Im deutschsprachigen Raum steht ›feministische Ökonomie‹ seit den 1980er Jahren weithin für Analysen, überwiegend aus ökofeministischer Perspektive, zur Ausbeutung von Natur, traditioneller Frauen- bzw. Reproduktionsarbeit sowie im (post-)kolonialen Nord-Süd-Verhältnis. Grundlegend hierfür war das 1983 erschienene Werk der sogenannten ›Bielefelderinnen‹ Veronika Bennholdt-Thomsen, Maria Mies und Claudia von Werlhof, *Frauen, die letzte Kolonie. Zur Hausfrauisierung der Arbeit.* Darin schlossen sie an die These von Rosa Luxemburg an. Dabei gingen sie jedoch weiter als diese, denn in ihrer Analyse stellten sie nicht wie im Marxismus die (überwiegend von Männern im Globalen Norden ausgeführte) Lohnarbeit, sondern die (überwiegend von Frauen im Globalen Süden ausgeführte) Subsistenzarbeit als sogar das zentrale ausgebeutete Element im Kapitalismus dar. Claudia von Werlhof schrieb:

> »Nun fragt es sich, ist der Kapitalismus derart unfähig, daß er es bis heute nicht geschafft hat, diese Massen in die Ausbeutung, in sein System zu integrieren (…) Die Lö-

sung des Rätsels ist höchst einfach, sie lautet: Es ist alles umgekehrt. Nicht 10 Prozent freie Lohnarbeiter, sondern 90 Prozent unfreie nicht-Lohnarbeiter sind die Säule der Akkumulation und des Wachstums, sind die wahren Ausgebeuteten, sind die wahren Produzenten, sind die Norm, der allgemeine Zustand, in dem sich der Mensch im Kapitalismus befindet.«[43]

Doch auch hinsichtlich der positiven Visionen, die sich aus dieser Analyse ergeben, liegen solch älteren Betrachtungen nah an dem, was heute unter commonsbasierter bzw. commonsschaffender Peerproduktion oder – da die ›Bielefelderinnen‹ gesamtgesellschaftlich dachten – einer ›Ecommony‹ verstanden werden kann.

Sie benutzten den Begriff ›Subsistenzansatz‹ hierfür, um zu betonen, dass es notwendig sei, sich immer weiter aus den kapitalistischen, marktvermittelten Zwängen zu befreien. Und Subsistenz bedeutet zunächst einmal nichts weiter als nicht über den Markt vermittelt. Der Begriff rief allerdings in vielen Köpfen Bilder von Armutsökonomie hervor, so als sollten alle künftig selbst im Garten ihre Kartoffeln anbauen und ihren Konsum auch weitgehend darauf begrenzen. Das Schlagwort ›politisierte Subsistenz‹ von Ulla Peters (1997) brachte das Schaffen gemeinsamer widerständiger Strukturen jenseits von Staat und Markt deutlicher auf den Punkt und verband sich vielleicht noch expliziter mit einer internationalistischen Perspektive. Doch aufheben konnte dies das Missverständnis nicht – die Diskussion über feministische Ökonomie in diesem Sinne brach Mitte der 1990er Jahre weitgehend ab. Die Wortverbindungen ›Subsistenzorientierung‹ und ›Subsistenzpolitik‹ werden jedoch von der Bielefelderin Veronika Bennholdt-Thomsen bis heute benutzt, um damit auf die Vision eines gesamtgesellschaftlichen Wirtschaftens ohne Geld zu verweisen, und können als Teil der aktuellen Commonsdiskussion verstanden werden.

Brigitte Kratzwald schrieb 2012 nach ihrer Teilnahme an einer Art generationenübergreifendem Seminar zu commonsbasiertem Wirtschaften und Subsistenz:

»wo ich nach 10 Jahren Auseinandersetzung mit unterschiedlichen Strömungen der Kapitalismuskritik angelangt war, standen andere also bereits vor 20 Jahren. Irgendwie sind diese Diskussionen im Sand verlaufen, das Wissen und die Alternativvorschläge sind in der Versenkung verschwunden, im Internet sind kaum Spuren davon zu entdecken. 20 verlorene Jahre, in denen sich die Spirale der Zerstörung weiterdrehen und den Eindruck der Alternativenlosigkeit noch verstärken konnte? Alles schon dagewesen also?«[44]

Dazu beigetragen, dass heute – international – diese Diskussion wieder aufgegriffen und die Debatten um Reproduktions- und Subsistenzarbeit mit

Commons zusammengebracht werden, hat wesentlich Silvia Federici mit ihrem 2004 (zunächst in den USA) erschienenen Buch *Caliban und die Hexe: Frauen, der Körper und die ursprüngliche Akkumulation.* In diesem zeichnet sie die Ausbeutung und – in Parallelsetzung zu den mittelalterlichen Allmenden – ›Enteignung‹ weiblicher Körper sowie von Reproduktionsarbeit seit der frühen Neuzeit nach und analysiert auch die Hexenverfolgung in diesem Sinne.

Inzwischen hat sich in diesen deutschsprachigen Diskussionen der englische Begriff ›Care‹ durchgesetzt; als »Versorge-, Vorsorge-, Fürsorge-, Entsorge-, Besorge- oder Umsorge«-Tätigkeiten (Gerda Maler 2010) synonym zu ›Reproduktionsarbeit‹ in den älteren, expliziter marxistisch geprägten Diskussionen verwandt, drückt sich darin eine positivere Besetzung aus. Federici mahnt:

> »Die Fähigkeit von Feministinnen in der Vergangenheit, reproduktive Arbeit als wesentliche Sphäre menschlicher Tätigkeit anzusehen, die nicht negiert, sondern revolutioniert werden sollte, muss aufgegriffen und erneuert werden (…) Wir können keine alternative Gesellschaft und autonome [self-reproducing] Bewegung schaffen, wenn wir unsere Reproduktion nicht in einer kooperativen Form neu entwerfen und die Trennung aufheben zwischen Persönlichem und Politischem, zwischen politischem Aktivismus und der Reproduktion des alltäglichen Lebens.«[45]

Gleichzeitig wurde in den letzten Jahren der Begriff ›Care Revolution‹ sowohl zum Titel von Tagungen als auch zum Slogan auf Demonstrationen. Geprägt wurde er von der Hamburger Sozialwissenschaftlerin Gabriele Winker. Sie spricht von ›sozialer Reproduktion in der Krise‹ und setzt damit einem Verständnis von Krise als ausschließlich auf Banken, Märkte oder den Euro bezogen die Tatsache entgegen, dass vielen Menschen Zeit und/oder Geld für Sorgetätigkeiten fehlen. Denn das unbeirrte Weiterführen neoliberaler Politik als Dreiklang aus Liberalisierung, Privatisierung und Sparpolitik führt zu einer ›doppelten Privatisierung‹ (so ein Ausdruck von Adelheid Biesecker u.a. 2007) von Sorgetätigkeiten: Einerseits setzt sich im Neoliberalismus die kommerzialisierte Privatisierung immer weiter durch, obwohl dies letztlich kontraproduktiv für die Profite von Unternehmen ist.[46] Andererseits bewirken steigende Preise aufgrund des staatlichen Rückzugs und damit der Verlagerung ehemals öffentlicher Betreuungsangebote auf private Unternehmen vor allem in den Bereichen Erziehung und Pflege eine vermehrte Übernahme dieser Tätigkeiten durch private Haushalte. Und führt damit, wie Zeitverwendungsstudien nachweisen, fast ungebrochen nach wie vor zu vermehrter Frauenarbeit.

Die begrenzte Rationalisierbarkeit und damit der begrenzte Profit bei Sorgearbeit führte im Kapitalismus immer dazu, dass diese an unterprivilegierte Bevölkerungsteile ausgelagert wurden und werden – sei es an Frauen allgemein, oder, wie in der Vergangenheit, an Schwarze Sklav_innen, oder, wie heute zunehmend, an Migrant_innen in internationalen Sorgearbeitsketten, wobei es bekanntermaßen auch in diesen Fällen überwiegend Frauen waren und sind, denen diese Tätigkeiten überlassen werden.

Auch durch die aktuelle Diskussion um die ›Grenzen des Wachstums‹ und die Notwendigkeit, den Wohlstandsbegriff im Sinne eines ›Guten Lebens‹ neu zu füllen, erhält der Aspekt unbezahlter Sorgearbeiten eine bislang ungekannte Dringlichkeit. Insofern es sich um unbezahlte Tätigkeiten handelt, fließt die Wertschöpfung daraus nicht in volkswirtschaftliche Berechnungen mit ein.

Aus dieser Kritik heraus entsteht für immer mehr Menschen die Frage, wie sich die Verteilung und Organisation von Care so gestalten lässt, dass ein gutes Leben für alle möglich ist? Und in diesem Zusammenhang steht die Überlegung, inwieweit das feministische Konzept von Care im Zusammenhang mit Commons steht.

Während beide jenseits von Markt- und Eigentumslogik auf Kooperation beruhen, gilt als wesentlicher Unterschied gemeinhin, bei Commonsbasierter Peerproduktion werde von unabhängigen ›peers‹ bzw. Individuen ausgegangen, während bei Care die Abhängigkeit im Zentrum stehe; als paradigmatisch gilt hier die Eltern-Kind-Beziehung. Entsprechend herrscht hier das Bild von asymmetrischen Beziehungen vor. Doch mit einer Verschiebung des Fokus von der Peerproduktion auf das Commoning ergibt sich ein anderes Bild: Sowohl Caring als auch Commoning sind von der ›Sorge um‹ etwas getragen.

Gleichzeitig kann dem Sorgegedanken entsprechend noch der andere Umgang mit der Natur als Gemeinsamkeit zwischen Care und Commons gesehen werden. Beide Ansätze haben starke Bezüge zu einem Naturverständnis, wie es sich im indigenen Begriff der ›Pachamama‹ (Mutter Erde) ausdrückt: Natur nicht als getrennt von Menschen und als ausbeutbare Ressource gefasst, sondern den Menschen als Teil davon zu verstehen; in diesem Sinne können die indigenen Originalausdrücke für ›buen vivir‹ – gemeinhin mit ›gutes Leben‹ wiedergegeben – besser als ›gutes Zusammenleben‹ übersetzt werden. Auch zwischen Commoning und diesen Lebensphilosophien bestehen viele Gemeinsamkeiten.

Darüber hinaus aber liegt in einer solchen Zukunftsvorstellung das Potenzial, die wesentlichsten von Feministinnen benannten Widersprüche anzugehen. Denn eine Gesellschaft, in der die Tauschlogik und damit die durch den Zwang zum Profitstreben erzeugte Diskrepanz zwischen der Bewertung ›produktiver‹ und ›reproduktiver‹ Tätigkeiten überwunden wird, ist notwendige Bedingung, um zu vermeiden, dass Menschen als minderwertig konstruiert werden, um ihnen die weniger profitablen Reproduktionsarbeiten aufbürden zu können.

Das Wort ›konstruiert‹ ist dabei bewusst gewählt, denn aus queerfeministischer Sicht geht es über eine reine Verteilung von Arbeiten an Männer und Frauen, Weiße und Schwarze oder Deutsche und Migrant_innen hinaus: Denn was Frauen sind, was Schwarze sind etc., wird in jeder Gesellschaft erst entsprechend der hegemonialen Verhältnisse wahr gemacht. Vorstrukturiert durch die kapitalistische Verwertungslogik, wird dies nichtsdestotrotz aktiv miterzeugt von den profitierenden Subjekten (Männer resp. Weiße etc.) (vgl. Habermann 2008 und 2013).

Das bedeutet – anders als auch in vielen aktuellen linken Theorien zumindest implizit vertreten –, dass es keinen Hauptwiderspruch gibt; dass es also kein Verhältnis gibt, dessen Überwindung automatisch die Überwindung anderer Herrschaftsverhältnisse mit sich bringt, und dass es nicht ›der Kapitalismus‹ ist, welcher Rassismus, Sexismus etc. erzeugt, sondern dass dieser nur die Einteilung von Menschen in Identitätskategorien strukturell nahelegt. Letztlich aber sind es rassistische und sexistische Verhaltensweisen, wenn auch eingebettet in entsprechende Strukturen, die im Erzeugen oder (oft unbewusstem) Verteidigen von Privilegien (gramscianisch ausgedrückt: ›im Ringen um Hegemonie‹) diese Identitätskategorien konstruieren. In diesem Sinne spreche ich von ›subjektfundierter Hegemonietheorie‹.[47]

Dass die Einteilung von Menschen in Identitätskategorien zur Absicherung von Privilegien – sei es der Zugang zu Ressourcen, eine angenehme Arbeitsteilung, die Verfügung über die Körper anderer oder einfach das vermeintliche Gefühl, ›etwas Besseres zu sein‹ – nicht nur ein Phänomen des Kapitalismus ist, zeigen historisch davor liegende Gesellschaften. Eine hinreichende Garantie, dass es zu einer solchen privilegienabsichernden Identitätsbildung und damit verbundenen Herrschaftsverhältnissen ohne Kapitalismus nicht mehr käme, kann es nicht geben; das Ringen darum wird vielleicht immer ein emanzipatorischer Prozess bleiben. Nichts anderes bezeichnet Jacques Derrida (1992) als ›démocratie à venir‹, als ›Demokratie im Kommen‹. Doch eine Wirtschaftsform zu leben, welche den strukturellen Widerspruch zwischen Reproduktion und Rationalisierungsdruck aufhebt, ist nichtsdestotrotz entscheidend.

Ein bislang noch nicht benannter Grund, warum die Diskussionen zum Subsistenzansatz in den 1990er Jahren abbrachen, liegt in den unterschiedlichen feministischen Strömungen: Während Ökofeministinnen dazu neigten, patriarchale Zuschreibungen von Frauen – wie zum Beispiel die angebliche Nähe zu Natur – zu übernehmen und positiv zu besetzen, wurde spätestens mit dem Erscheinen von Judith Butlers Werk *Das Unbehagen der Geschlechter* (1990) die Beschäftigung mit der (De-)Konstruktion von Geschlecht das beherrschende Thema. Und obwohl gerade Butler es war, die ausdrücklich vor einem umgekehrten Verständnis von ›Natur‹ als weißem Blatt Papier, das durch den Diskurs beschrieben werde, als strukturalistische und patriarchale Vorstellung warnte,[48] spielten dennoch Überlegungen zu Natur bzw. Materie ebenso wenig wie solche zu Ökonomie eine nennenswerte Rolle in den queerfeministischen Debatten der 1990er und zu Beginn der 2000er Jahre. Die ökofeministische Beschäftigung mit Natur und Sorgetätigkeiten roch nach Essentialismus, und tatsächlich fanden sich in solchen Texten zahlreiche Beispiele für die angebliche weibliche Natur.

Besaß die Unterscheidung von biologischem Geschlecht (›sex‹) und sozialem Geschlecht (›gender‹) in der feministischen Theorie zu diesem Zeitpunkt eine große strategische Bedeutung (mit der Trennung zwischen biologischem und sozialem Geschlecht wurde darauf verwiesen, dass zwischen beiden kein kausaler Zusammenhang bestehe), so problematisierte Judith Butler das sex/gender-Konzept mit seiner Annahme eines unveränderlichen, natürlichen Kerns der Geschlechtsidentität und dem ihm zugrundeliegenden binären Bezugsrahmen von Natur versus Kultur. Sozialkonstruktivistische Ansätze der 1980er Jahre hatten trotz ihrer Trennung von biologischem und sozialem Geschlecht bereits auf die Ausblendung der Historizität des geschlechtlichen Körpers hingewiesen: Die Annahme eines über alle Zeiten hinweg gleichen Körpers wurde in historischen Untersuchungen zur Entstehung des modernen Geschlechtskörpers widerlegt.[49]

Butler aber dachte dies weiter und kritisierte, dass noch immer ein natürliches körperliches Substrat vorausgesetzt sei, welches als nachträglich überformt verstanden werde. Dieses könne aber nicht vor-sozial existieren.

Um es mit eigenen Beispielen zu verdeutlichen: Wie unsere Körper aussehen, ist wesentlich von Schönheitsidealen und Ernährungsgewohnheiten abhängig, einschließlich davon, wie viel Schweinefleisch wir essen und damit davon, wie viel Östrogen wir im Körper tragen, während umgekehrt vermehrt Testosteron unter anderem dann erzeugt wird, wenn wir eine klassisch ›männliche‹ Karriere anstreben. Wann wir sterben, ist wesentlich dadurch beeinflusst, ob wir privat oder gesetzlich versichert sind (bei 40-jährigen Frauen in Deutschland macht das sieben Jahre Unterschied) und in welchem Stadtteil wir wohnen (in Wien und London sind es zehn Jahre Unterschied, in Glasgow werden bei Männern dreißig Jahre erreicht). Doch können wir nicht Schönheitsideal, Ernährung, Karriere, Krankenversicherung und Stadtteil von uns ›abziehen‹, um dann zu einem ›natürlichen‹ Todeszeitpunkt zu kommen. Dass wir aber auf jeden Fall sterben werden, ist das von keinem Diskurs aufhebbare ›Reale‹, wie es Butler, einen Ausdruck Jacques Lacan übernehmend, ausdrückt.

Aus queerfeministischer Sicht sind Subjekte immer verwoben mit dem gesellschaftlichen Kontext. Wenn wir mit unserem Sein darin völlig aufgingen, wie in der *Schönen Neuen Welt* von Aldous Huxley beschrieben, dann bräuchten wir keine emanzipatorischen Bestrebungen – so, wie wir geprägt wurden, wären wir rundum glücklich. Sind die allermeisten von uns aber nicht. Deshalb: Ohne dies als essentiell und ahistorisch zu verstehen, scheint es etwas in uns zu geben, das (auch wenn nie vom Diskurs unberührt) in diesem nicht vollständig aufgeht und das sich als ›Melancholie‹ (Judith Butler) in der Psyche eines Subjekts niederschlägt. Hanna Meißner spricht von einem »Verlust, der nicht betrauert werden kann, weil er als Verlust gar nicht bewusst ist, da die verlorene oder ausgeschlossene Lebensoption im Rahmen der symbolischen Ordnung als mögliche Option gar nicht denkbar ist«.[50]

Noch um die Jahrtausendwende standen postfeministische (und postkoloniale) Debatten mit jenen der Biologie bestenfalls in einem Nichtverhältnis; zu dieser Zeit dominierten Naturwissenschaftler, die davon sprachen, das Gehirn oder wahlweise die Gene bestimmten wesentlich unser Sein. Jüngere Erkenntnisse aber, beispielsweise der Epigenetik, zeigen, wie unsere Biologie, einschließlich unserer Gene und unserer Gehirne, gar nicht gedacht werden kann ohne die jeweiligen Umwelteinflüsse.

Der Neurobiologe Joachim Bauer weist darauf hin, dass das 1976 erschienene Standardwerk der sogenannten Soziobiologie von Richard Dawkins, *Das egoistische Gen*, auf »weitreichenden« (im Sinne von: gewagten), dem hegemonialen Diskurs entsprechenden Theorien beruhte, wonach sich »die belebte Natur quasi als ein marktradikales System von Wirtschaftsunternehmen« gebärde, keine auf wissenschaftlichen Untersuchungen basierende konkrete Daten enthielt.[51]

Stattdessen zeigten neuere Studien: Gene reagierten in einem Ausmaß auf die Umwelt, wie dies bis vor wenigen Jahren noch unvorstellbar gewesen sei. Dass Gene in ihrer Aktivität fortlaufend reguliert werden, sei bereits seit einigen Jahren bekannt, doch erst seit rund der Jahrtausendwende habe sich durch Forschungen der Epigenetik zudem gezeigt, dass Umwelterfahrungen einen nachhaltigen, das heißt überdauernden Einfluss darauf haben können, ob, und falls ja, wie stark ein Gen abgelesen werde. »Diese Beobachtungen machen deutlich: Gene führen – anders, als dies weithin erzählt und geglaubt wird – kein autistisches Eigenleben, sondern kommunizieren mit der Außenwelt, auf deren Signale hin sie sich fortlaufend mit Veränderungen ihrer Aktivität einstellen.«[52] Gene empfingen Signale und reagierten auf sie, sie kommunizierten also mit der Umwelt. »Sie steuern nicht nur, sie werden auch gesteuert. *Sie sind die ›großen Kommunikatoren‹ unseres Körpers.*«[53]

Das gleiche gilt für den anderen Aspekt unseres Körpers, durch den wir laut der hegemonialen Soziobiologie der zweiten Hälfte des zwanzigsten Jahrhunderts vorprogrammiert sein sollten: das Gehirn. »Die Gesellschaft formt uns maßgeblich«, so Robert Maurice Sapolsky, Professor für Neurologie an der Stanford University. Unterschiedliche Gesellschaften – individualistische und kollektivistische – brächten unterschiedliche Menschen mit unterschiedlichen Gehirnen und unterschiedlichen Denkweisen hervor. Und er warnt: In einer Welt, in der es um Aufstieg gehe, in der Menschen sich als unterschiedliche Schichten definierten wie im heutigen Kapitalismus, hätten sie nur wenige ebenbürtige Menschen, mit denen sie reziproke, ebenbürtige Beziehungen verbinden. Dies aber führe zu weniger Altruismus.[54] So ist es dann auch zu verstehen, warum Menschen – statt dass sie wie sonst ›kommunistisch‹ miteinander in Notsituationen umgehen – zur Waffe greifen, wie in New Orleans nach der Überschwemmung geschehen.[55]

Der kanadische Arzt und Autor Gabor Maté betont, niemand sei zu trennen von der Umgebung, in der er oder sie aufwachse. Indem die klassische Argumentation sich auf eine fundamentale und unveränderliche menschliche Natur berufe, erlaube sie, nichts zu hinterfragen, was es an sozialen, politischen oder ökonomischen Bedingungen gebe. Entsprechend unterliege unserer auf Wettbewerb ausgelegten Gesellschaft der Mythos, Menschen seien von Natur aus kompetitiv, individualistisch und eigennützig. Im Gegenteil aber sei nur in einer einzigen Hinsicht von menschlicher Natur zu sprechen, und das sei die Existenz bestimmter menschlicher Bedürfnisse:

> »Wir haben als Menschen ein Bedürfnis nach Gesellschaft und engem Kontakt; danach, geliebt zu werden, Anschluss zu haben, akzeptiert zu werden, gesehen zu werden; für das angenommen zu werden, was wir sind. Wenn dieses Bedürfnis erfüllt wird, entwickeln wir uns zu mitfühlenden und kooperativen Menschen, die Empathie für andere haben.«

In unserer Gesellschaft sei aber oft das Gegenteil zu beobachten – was zu anderen Charaktereigenschaften führe.[56]

Sicher inspiriert von diesen Diskussionen, spricht Tania Singer, Direktorin am Leipziger Max-Planck-Institut für Kognitions- und Neurowissenschaften (sowie Tochter von Wolf Singer, der noch 2004 mit der These, der Mensch besäße keinerlei Willensfreiheit, Furore machte), von ›Caring-Economics‹. Hierfür kooperiert sie mit dem Direktor des Kieler Weltwirtschaftsinstituts, Dennis Snower; im Zentrum stehen ihre Forschungen über den Einfluss von Umweltfaktoren auf das Sozialverhalten. In ihren empirischen Studien zur ›Plastizität des sozialen Gehirns‹ weist sie aufgrund von Empathie-Übungen nicht nur Veränderungen im Verhalten nach, sondern – bereits nach wenigen Wochen – ebenso im Hirnscan.[57]

Dies zeigt, was auch Butler deutlich gemacht hatte: Der Körper ist keine unabhängige Materialität, die von ihr äußerlichen Machtbeziehungen geformt wird, sondern ohne diese nicht zu denken. Doch nur mit Meditationsübungen werden solche Machtbeziehungen sich nicht verändern.

In meinem Buch *Der Homo Oeconomicus und das Andere* (2008) habe ich herausgearbeitet, wie sehr unsere Identitäten mit Ökonomie verwoben sind. In diesem Sinne sei der Sozialpsychologe Harald Welzer zitiert:

> »Der Habitus, die Gefühle und die Denkformen des ökonomischen Menschen haben sich nicht durch kognitive Operationen verändert, die Aufklärer entworfen haben, sondern durch die ökonomische, industrielle und politische Praxis der sich entwickelnden bürgerlich-kapitalistischen Gesellschaft. Wollte man also etwas an den mentalen Infrastrukturen verändern, müssten die Praktiken selbst verändert werden.«[58]

Bei Feminist_innen heißt das: Das Private ist politisch. Uns im Alltag zu verändern, bedeutet auch, die Welt zu verändern. Revolution beginnt im alltäglichen Handeln.

Queerfeminismus strebt danach, dass (zumindest) alle Menschen das sein können, was sie sein möchten – nicht als Entfaltung einer vorgegebenen natürlichen Identität, sondern als Entfaltung dessen, was sich in diesem Zusammenspiel zwischen ›Realem‹ und Gesellschaft als Potenzial ergibt. Dies aber ist nur möglich, wenn wir auch die Existenzbedingungen in dieser Welt verändern.

HEUTE

»Realpolitik ist Illusionspolitik«

Woran denken Sie, wenn Sie Kapitalismus hören?

An Ihren Job, Ihr Auskommen, daran, dass Sie doch ein ganz schönes Leben haben? Es könnte schlechter sein, wirklich. Aber offen gestanden ist das nicht das ausschlaggebende Kriterium, denn dann gehören Sie offensichtlich zu den Gewinnenden im Kapitalismus – nun, nicht zu sehr die Brust schwellen lassen, im Zweifel ist Ihre Herkunft dafür ausschlaggebend gewesen. Und im Grunde gehören wir im Globalen Norden alle dazu. Zumal wir jetzt, und nicht in der Zukunft leben.

Denn die Zukunft, und damit auch das jetzige ganz schöne Leben, ist bedroht. Schon Erich Fromm schrieb darüber, dass unsere Lebensweise, wie die Erkenntnisse des Club of Rome zeigten, auf eine globale Katastrophe hinauslaufe, statt einer radikalen Umkehr jedoch nur »endlose Konferenzen« stattfänden[59] – das war Jahrzehnte vor den Klimagipfeln. Grund sei neben der menschlichen Trägheit und der Akzeptanz selbstsüchtigen Verhaltens bei Entscheidungsträgern vor allem die Ansicht, »es gebe keine Alternative zum Monopolkapitalismus, zum sozialdemokratischen oder sowjetischen Sozialismus oder zum technokratischen ›Faschismus mit lächelndem Gesicht‹«.[60]

In diesem Sinne doch noch ein paar Worte dazu, warum das gegenwärtige System auch keine Alternative ist; warum es so nicht weitergehen kann und wird wie bisher. So muss in Deutschland der CO_2-Ausstoß um knapp den Faktor vier bis 2050 fallen, damit das sogenannte ›2-Grad-Ziel‹ erreicht werden kann. Wie das mit Wirtschaftswachstum vereinbar sein soll, ist völlig ungelöst angesichts der von den Industrieländern angestrebten und weltweit tatsächlich sogar übertroffenen drei Prozent. Diese führen in nur 23 Jahren zu einer Verdoppelung allen wirtschaftlichen Outputs: Güter, Dienstleistungen – alles doppelt so viel. Werner Rätz von *attac* fragt zu recht auf Veranstaltungen: »Wer braucht das ganze Zeug?« Und wofür produzieren wir nun also? Für die Müllhalde, sagt Marianne Gronemeyer, unter anderem Autorin von *Das Leben als letzte Gelegenheit*:

> »Man kann von allen Industrieprodukten – inklusive der Dienstleistungen –, die fabriziert werden unter der Vorgabe, dass Wachstum sein müsse, sagen, dass ihr eigentlicher Daseinszweck darin besteht, Müll zu sein. Sie werden hergestellt, so fordert es die Wachstumslogik, nicht um ihrer Brauchbarkeit und Tauglichkeit willen, sondern um ihrer möglichst schnellen Unbrauchbarkeit und Untauglichkeit willen. Die Tatsache, dass immer weniger Industrieprodukte überhaupt noch reparabel sind, liefert für diesen geheimen Daseinszweck einen offenkundigen Beweis (…).
> Wir leben also in einer Gesellschaft, die sich der Produktion von Müll verschrieben hat, die ihre bis zum Rasen gesteigerte Dynamik dem Müll verdankt, die ihre besten Kräfte und alle organisierte Arbeit dem Müll widmet und für die die Vermüllung konstitutiv ist. In unseren allergeordnetsten Verhältnissen sind wir Müllbewohner, denn wir wohnen inmitten von Dingen, Ideen, Erfahrungen und Fähigkeiten, die kaum, dass das Licht der Welt sie gesehen hat, schon zum alten Eisen gehören (…).
> Wie lebt es sich in einer müllerzeugenden Gesellschaft? Was wird aus Menschen, deren Arbeit nicht nur zu nichts nütze ist, sondern schweren Schaden anrichtet?«[61]

»In einer Wegwerfgesellschaft werden Güter von Wegwerfmenschen produziert«, bemerkt Andrea Kedensky von der Katholischen Frauenbewegung Österreichs.[62] Und die Vermüllung geht noch weiter: Bei drei Prozent Wirtschaftswachstum kommt es zu einer Verdreifachung des gesamtwirtschaftlichen Outputs in 37 Jahren, zu einer Verzehnfachung in 78 Jahren, und nochmal 23 Jahre später wieder zu einer Verdoppelung bzw. damit in 101 Jahren dann einer Verzwanzigfachung und so geht es immer schneller ... Der Weltüberlastungstag (›Earth Overshoot Day‹), also das jedes Jahr früher liegende Datum, nach welchem der noch im restlichen Jahr erfolgende Ressourcenverbrauch die Kapazität dieser Erde übersteigt, war übrigens im Jahr 2015 am 13. August.

Dabei hat es sich historisch als Illusion erwiesen, dass sich Wachstum vom Ressourcenverbrauch abkoppeln ließe: Sofern nicht die verschmutzenden Industrien in Schwellenländer exportiert wurden, wie dies für Deutschland nachweisbar ist (der sogenannte ›rich-country-illusion‹-Effekt), wurden Effizienzsteigerungen gesamtgesellschaftlich kompensiert (›rebound‹-Effekt). Dies kann durch Konsumverlagerungen geschehen, wenn zum Beispiel Einsparungen durch ein 3-Liter-Auto in anderweitigen Konsum investiert werden; wenn nach dem Kauf eines Hybridautos aus lauter gutem Gewissen mehr als anderthalbmal so viel gefahren wird (wie dies Untersuchungen in Japan belegen); wenn der alte Kühlschrank, zusätzlich zum energiesparenden in der Küche, in den Keller gestellt wird; oder im Fall einer ›Exnovation‹, also der Verschrottung des alten Konsumguts, wenn beim Kauf des effizienten Modells die Energie und die Ressourcen, die in die Neuproduktion gesteckt wurden, nicht beachtet werden, wie dies bei der in Wirklichkeit weniger umwelt- als wachstumspolitisch motivierten ›Abwrackprämie‹ der Fall war. Mit anderen Worten: Während der einzelne Autofahrer viele Kilometer fahren musste, um so viel Energie wieder einzusparen, wie die Produktion seines neuen Wagens verbraucht hat, hat es die Autoindustrie gefreut.

Entscheidender aber ist: Ökonomen und Manager haben schon immer nach Effizienzsteigerung gestrebt. Effizienz ist der Motor des Wachstums, womit das Kapital noch schneller gewinnträchtig umschlagbar wird. Der positive Zusammenhang von Wirtschaftswachstum und Effizienzsteigerung ist, so der Rebound-Experte Tilman Santarius, ›Allgemeinplatz für Ökonomen und das täglich Brot für Manager‹.[63] Es ist also nicht nur ein Problem im Kopf, dass es anscheinend umso schicker ist, mit SUV durch die Gegend zu fahren, je dringender ressourcensparende Autos wären, sondern: Das Kapital bleibt ja nicht im Tresor liegen, es sucht neue Anlagemöglichkeiten. Um es mit Maya Göpel vom Wuppertal Institut auszudrücken: »Der Rebound-Effekt macht Effizienz erst möglich.«[64]

Dabei ist das Klimaziel von zwei Grad sowieso nur etwas für Privilegierte. Für viele ist die Katastrophe schon Alltag. Durch Überschwemmungen: die indigenen Kuna verlassen bereits ihre Inseln vor Panama; durch Dürren wie im Sommer 2015 in Indien, die Tausenden das Leben kostete; in vielen Gegenden, darunter Bangladesch, ist kein Verlass mehr auf die Jahreszeiten, mit dadurch ausgelösten Hungersnöten; durch Hurrikane wie jenem in Burma 2008, der zu 84.537 Toten und weiteren 53.836 offiziell ›Verschwundenen‹ führte; zudem verloren Millionen Menschen ihre Häuser und ihre gesamten Existenzgrundlagen und waren gezwungen, für Jahre in Zigtausenden von Flüchtlingslagern zu verharren. Und wenn es zu keiner grundlegenden Wende kommt, so ein von 20 Nationen in Auftrag gegebener Bericht von 2012, werde es bis zum Ende des nächsten Jahrzehnts, also 2030, bereits insgesamt 100 Millionen Klimatote geben.[65] Die Tatsache, dass in Paris auf der 21. Klimawandelkonferenz der Vereinten Nationen tatsächlich zum ersten Mal ein von allen unterschriebenes Abkommen erreicht werden konnte, stellt allen Verlautbarungen zum Trotz eine solche Wende nicht dar: Zum einen handelt es sich um unverbindliche Versprechungen. James Hansen, der als ›Vater des Klimawandelbewusstseins‹ gilt, da der NASA-Wissenschaftler in den 1980er Jahren als erster prominent darauf aufmerksam machte, spricht gar von »fake«, »fraud« und sogar »bullshit«, denn: »It's just worthless words. There is no action, just promises. As long as fossil fuels appear to be the cheapest fuels out there, they will be continued to be burned.« Zum anderen stellen selbst die anvisierten Reduktionen und die den Schwellenländern zugestandenen Ausweitungen des CO_2-Ausstoßes weltweit zusammengenommen noch eine jährliche Steigerung der Emissionen dar.[66]

All das passiert, wenn alles gut geht – denn wer Nachrichten verfolgt, weiß, dass das Wirtschaftswachstum immer das oberste Gebot für ›alles gut‹ darstellt. Wahrscheinlicher ist allerdings, dass allenfalls einige Bereiche rasant wachsen, während die anderen (Weltgegenden, Bevölkerungsgruppen etc.) rasant krisengeschüttelt werden. Doch auch darauf lässt sich nicht ausruhen.

Der Umweltaktivist Gopal Dayaneni veranschaulicht die Gegenwart mit einer Szene aus dem Film *Star Wars* von 1977: Die Held_innen sind in einen Müllkompressor geraten, dessen Wände (welche die Klima- und andere Krisen symbolisieren) bedrohlich immer näher rücken. In Dayanenis Bild haben die reichen Länder, aber auch die Eliten im Süden sich Plätze in der Mitte gekauft. Währenddessen werden an den Außenbereichen zunächst einige und dann immer mehr Menschen zerquetscht – das Problem für die im Zentrum scheint zunächst nur die Migration der anderen von den Rändern her zu sein (›Zwangsmigration‹, wie der bangladesische Klimaaktivist Badrul Alam es ausdrückt). Doch letztlich haben sich auch jene in der Mitte lediglich Zeit gekauft. Im Film versuchen die Held_innen, die Wände mit einer großen Metallstange aufzuhalten – doch diese Maschine ist ja gerade dafür da, Metall zu zerstören, sie lässt sich nicht mit demselben Mittel aufhalten. Genauso scheitern Lösungen, so Dayaneni, die über den Markt versuchen zu bekämpfen, was der Markt ausgelöst hat.[67]

Natürlich löst sich der Kapitalismus nicht einfach auf, wenn mal kein Wachstum erreicht werden würde. Natürlich kann es immer zu einem Crash kommen bzw. ist es im Kapitalismus angelegt, dass es dazu kommt, und die nächste große Kapitalvernichtung durch eine Finanzkrise wird voraussichtlich nicht lange auf sich warten lassen. Bei der 2008 ausbrechenden Krise wurden Milliarden und Abermilliarden Euro bzw. Dollar in die Märkte gepumpt und die Zinsen auf null oder gar unter null gesetzt und das Spiel von vorne begonnen. Jedes Mal bleiben einige Kapitaleigentümer_innen auf der Strecke und erst recht viele von denen, die auch vorher schon nichts zu beißen hatten. Der Überflüssigen sind es dann wieder einige Millionen oder auch hundert Millionen mehr geworden. ›Degrowth by Desaster‹ ist erst mal durchaus möglich. Doch das ist nicht nur keine verheißungsvolle Dynamik; über kurz oder lang führt es aufgrund fehlender Gesamtnachfrage zur Instabilität des gesamten Systems.

Ein ›Degrowth by Design‹ ist aufgrund der kapitalistischen Logiken jedoch nicht möglich. Mit dem unendlichen Wachstum auf einer endlichen Erde kann nicht gebrochen werden, solange wir ein Wirtschaftssystem haben, dass Unternehmen vor die Wahl stellt, zu wachsen oder zu weichen. Doch aufgrund der zunehmenden Konzentration von Reichtum und Armut wird der Kapitalismus auch in seiner Ausformung als bürgerliche Demokratie zunehmend gefährdet – denn massenhafte, offene Ausbeutung und Ausgrenzung ist nur als koloniales Verhältnis denkbar, nicht aber, solange es innerhalb einer Gesellschaft zumindest die Illusion hinreichender Einflussmöglichkeiten gibt. Selbst der kürzlich verstorbene Altbundeskanzler Helmut Schmidt sah zuletzt Europa »am Vorabend der Möglichkeit einer Revolution«.[68]

Dennoch ist die Frage eher, warum es angesichts so großen weltweiten Elends so wenig Widerstand gibt. Die in den bürgerlichen Gesellschaften angelegte Spaltung in Politik als Teil der öffentlichen und damit demokratisch verhandelbaren Sphäre und in Ökonomie als Teil des privaten Bereichs führt zu dem, was der Wirtschaftsphilosoph Wolfgang Kersting wie folgt diagnostiziert: »sobald der Bereich der Verteilung, der binnenstaatlichen wie der zwischenstaatlichen Verteilung der sozio-ökonomischen Güter betreten wird, legen unsere menschenrechtssensiblen Gesellschaften eine erstaunliche Diskriminierungsresistenz an den Tag.«[69] Auch der Anthropologe David Graeber bemerkt, man höre nie, dass Regierungen ›Menschenrechtsverletzungen‹ begingen, wenn sie Preissubventionen für Grundnahrungsmittel aufhöben, selbst wenn dies zu Unterernährung großer Bevölkerungsteile führe, oder wenn sie Slum-Siedlungen niederrissen und die Menschen aus ihren Hütten vertrieben.[70] Schon Marx bezeichnete es als ›Leistung‹ des Liberalismus, dass durch ihn jeder Gedanke an einen Zusammenhang zwischen politischen und wirtschaftlichen Rechten zurückgewiesen werde. Die Auswirkungen dieser doppelten Moral sind frappierend: Zwar wird Hungernden juristisch nicht die Gleichberechtigung abgesprochen – doch was nützt ihnen dies, wenn sie sterben?

Im jetzigen globalen Wirtschaftssystem gehen jeden Abend 300 Millionen Kinder hungrig zu Bett, viele sterben. Und Erwachsene ebenso. Denn in einer Welt der Konkurrenz gibt es Opfer. Oder besser: Kollateralschäden. Insofern ist die Tatsache, dass der Kapitalismus nicht länger möglich sein wird, letztlich eine gute Nachricht. Harald Welzer betont,

> »was im Moment Realpolitik ist, ist Illusionspolitik, und was Utopismus ist, ist Realismus, weil utopische Handlungsmaxime sind insofern ja realistisch als sie davon ausgehen, so wie jetzt können wir einfach nicht weitermachen, und es muss einen ganz fundamentalen Wandel geben, und zwar keinen Wandel (...) im Kontext bestehender Praktiken, sondern was wir brauchen ist eine Veränderung des Rahmens selber.«[71]

Wenn die neue Gesellschaft nicht auf Verzicht basieren soll, dann muss Wirtschaften einer vollkommen anderen Logik folgen. Einer Logik, die erstens den Zwang zum Wachstum bricht, ohne aber die im Kapitalismus damit unvermeidlich verbundene Folge einer Rezession bzw. Depression oder Krise mit sich zu bringen – das mag als Zwischenschritt auftreten, doch eine Perspektive kann es nicht sein. Es muss gleichzeitig das Neue darin wachsen, und deshalb muss im zweiten, wesentlichen Schritt diese neue Logik allen (und wirklich allen) ein gutes Leben ermöglichen. Die Commons sind ein solcher Weg.

Welzer gibt mit dem obigen Zitat auch eine Antwort auf die häufig gehörte Frage, wie denn eine soziale und ökologische Radikalerneuerung auf demokratischem Weg erfolgen könne – sie lautet, eine Veränderung ›kultureller Praktiken‹ als politisch zu verstehen.

Momentaufnahme: Ecommony im Alltag

»In unserer Straße haben wir uns die Rasenmäher gemeinsam angeschafft.« Mehr sagt er zuerst nicht.

Dann, dass sie sich die PKWs gegenseitig ausleihen.

Anschließend kommt heraus, dass überhaupt Werkzeug meist ver- und geliehen wird.

Und dass fast alle Solardächer haben, weil eine anfing und dann die anderen nachzogen. Nicht zu vergessen, dass sie auch Brunnen mit jeweils mehreren teilen.

Bis ihm schließlich noch die Sache mit dem Grundstück einfällt: Da sie in einem Neubaugebiet leben, musste die Stadt Münster eine Grünfläche ausweisen, ohne dafür ein Konzept zu haben, geschweige denn die Bereitschaft, dafür Ressourcen zur Verfügung zu stellen. Diese Wiese wird inzwischen als Commons genutzt: für Open Air-Kino oder Tanzabende.

»Die Welt verändern, ohne es zu merken«, fasst Tobias Daur seine Erzählungen an diesem Abend selbst zusammen.

Wir sitzen im Anschluss an eine Veranstaltung zufällig nebeneinander, in den Monaten, als ich an diesem Buch schreibe. Ein Buch, das wie dieses versucht, die allerjüngsten Entwicklungen zu beobachten, in welche Richtung sich die Gesellschaft verändert, kann nichts anderes sein, als eine Momentaufnahme. Doch dieser Moment ist spannend.

Kanzlerin Angela Merkel gerät unter Druck, weil sie das Recht auf Ausschluss aus Deutschland aufgrund fehlender nationaler Zugehörigkeit für gebrochen hält angesichts der Not von Geflüchteten aus Syrien und anderen Ländern. Und auch wenn die Rechten erstarken, so entsteht doch ein Netz aktiver Solidarität, wie es für dieses Land von den allermeisten für unmöglich gehalten wurde. Die aktivistische Organisation *Campact* verbreitet die Webadresse eines ›Willkommensnetzes‹; hier erscheinen auf einer Deutschlandkarte (einschließlich den angrenzenden Gebieten) weit über tausend Initiativen, die anbieten, bei ihnen mitzumachen: Es geht um das Zurverfügungstellen von Wohnraum sowie von Sach- und Finanzspenden oder für das Eintreten für eine Verbesserung der rechtlichen und sozialen Rahmenbedingungen für die hier Ankommenden; es werden Betreuungspersonen für unbegleitete minderjährige Flüchtlinge vermittelt oder auch Begleitpersonen für Erwachsene auf Ämter oder zu Ärzten; es geht um Fahrdienste und Möbeltransporte, um Kinderbetreuung, um Kurse zur Unterstützung in den Schulen, um Übersetzungen und Sprachkurse, um das Durchführen von Kinderturnieren und das Vorführen von Kinofilmen, natürlich um Kochen und darum, Datenbanken aufzubauen. Das *Refugee Phrasebook* fasst in 28 Sprachen die wichtigsten Sätze und Vokabeln für Geflüchtete zusammen und ist als offenes Projekt angelegt, so dass alle einsteigen können. Und dann gibt es noch das *Refugeewiki*, den *Volunteer Planner*, die *Refugee Law Clinics* etc. etc.

Im Anschluss an eine andere Veranstaltung, diesmal in München, sitze ich beim Essen neben Leo, und dieser erzählt mir, wie er mit anderen zusammen für die ankommenden Geflüchteten kochend in der (Volx-)Küche steht und die Leute hereinkommen und fragen, was sie einkaufen sollen. Und dass es dann schon auch mal heißt: »1.000 Euro sind drin.«

Die Welt verändern, ohne es zu merken? Am Morgen des 9. Dezember 2015 wird die *No Border-Kitchen* im griechischen Idomeni geräumt, dazu das darumherum entstandene Camp. Geflüchtete und Aktivist_innen gemeinsam versorgten hier rund 3.000 Menschen täglich mit Essen. Nun bleibt den Geflüchteten kaum die Zeit, ihre Sachen zu packen; Schmerzensschreie sind zu hören, sie werden genötigt, in einen Bus zu steigen. Viele Zelte werden aufgeschlitzt, das Camp verwüstet hinterlassen.

Manchmal macht es sich dann doch bemerkbar.

Prinzipien einer Ecommony

Die Prinzipien einer Ecommony sind mir selbst im Nachklang meines Buches *Halbinseln gegen den Strom* (2009) über Ansätze alternativen Wirtschaftens im deutschsprachigen Raum bewusst geworden. Obwohl ebenfalls eine Momentaufnahme, wurde deutlich, dass die jüngeren Initiativen, wenn auch in der Regel den Aktiven selbst nicht bewusst, wesentlich den Prinzipien der commonsbasierten Peerproduktion entsprechen. Als ich dies wiederum in Veranstaltungen vorstellte, lernte ich nach und nach von den Beteiligten, dass sich letztlich alle Güter als Commons denken lassen.

Anders als in den ›Halbinseln‹ will ich nicht bestehende Ansätze anderen Wirtschaftens in ihren Einzelheiten beschreiben – auch, wenn viele neue spannende Initiativen hinzugekommen sind. Stattdessen geht es mir darum, die Tendenzen aufzuzeigen, sowie darum (hier kann ich mich wortwörtlich Rifkin anschließen), »wie diese Veränderung im menschlichen Verhalten sowohl die Grundwerte der kapitalistischen Gesellschaft obsolet macht als auch die Institutionen, die die kapitalistische Ära hervorgebracht hat«.[72]

Die bereits eingangs skizzierten Prinzipien einer möglichen ›Ecommony‹ sollen im Folgenden nun zunächst immer einmal kurz definiert, und dann ausführlicher anhand von solchen derzeit existierenden Beispielen solidarischen Wirtschaftens dargestellt und damit anschaulich gemacht werden. Erneut beginne ich mit der Konsumseite.

Besitz statt Eigentum

> *Es zählt nicht das Ausschließungs- oder Veräußerungsrecht, sondern wer etwas tatsächlich braucht und gebraucht – hier sind sukzessive (nacheinander), alternierende (abwechselnde) und parallele (gemeinschaftliche) Nutzungsformen möglich.*

Zunächst zur Erinnerung: Die Unterscheidung zwischen Besitz und Eigentum findet sich u.a. auch im deutschen Bürgerlichen Gesetzbuch: Während das Verhältnis der Eigentümerin rein abstrakt ist und sich nicht zuletzt darauf bezieht, ein Gut in eine Ware verwandeln zu können, ist der Besitzer derjenige, welcher das Gut braucht und gebraucht. Dies lässt sich gut am Beispiel einer Wohnung verdeutlichen: Der Mieter ist der Besitzer, die Vermieterin die Eigentümerin.

Im Folgenden werden die verschiedenen Güterarten durchgegangen, um zu zeigen, wie sie als Commons gedacht werden können. Dafür bleibe ich zunächst bei *Immobilien*, also Häusern bzw. Wohnungen.

Wer in einer Wohnung wohnt, der besitzt sie auch, kann sie aber nicht verkaufen – dies wurde bis 2011 in Kuba praktiziert. Ganz ähnlich funktionieren auch einige Projekte in Deutschland: Solange ein Zimmer von einer Person aktiv genutzt wird, wird dieser Besitz nicht in Frage gestellt. Oder: Solange ein Bauernhof von einer Gruppe im vereinbarten (nichtkommerziellen) Sinne genutzt wird, steht er ihr vollständig zur Verfügung. Die Gebäude wurden entweder durch anonyme Spenden gekauft oder über Stiftungsmodelle finanziert; offizieller Eigentümer ist entweder ein Verein (wie beim Kiefernhain), eine Stiftung (wie beim Karlshof) oder eine ›Beteiligungsgesellschaft‹, wie das Modell des Mietshäusersyndikats heißt, denn heutzutage braucht es natürlich den Eintrag im Grundbuch. Dennoch sind Commons kein Gemeinschaftseigentum einer bestimmten Gruppe, denn dies würde bedeuten, Anteile könnten verkauft oder verschenkt werden. Stattdessen werden sie seriell genutzt. »Düt Hus is min un doch nich min. De na mi kummt, blivt ok nich in«, steht an dem Haus, das meinem Vater gehörte. Das heißt natürlich, die Häuser können vorübergehend voll sein – an dem Allmende-Prinzip, dass der Gebrauch das Entscheidende ist, ändert sich dadurch nichts. Die Vorstellung, Commons würde bedeuten, alle Menschen dieser Welt hätten zu jeder Zeit dasselbe Anrecht auf dasselbe Commons, rechtfertigt lediglich die angebliche Tragik der Allmende, denn dann handelt es sich um ›unmanaged commons‹; diese Unterscheidung traf Jahre nach seinem so berühmt gewordenen Aufsatz sogar Garret Hardin selbst.

»Man verkauft nicht die Erde, auf der die Menschen wandeln«, formulierte einst Tashunka Witko alias Crazy Horse das indigene Verständnis. Aus heutiger Sicht kann darüber nachgedacht werden, inwieweit die nordamerikanischen Indigenen aufgrund dessen in die bekannte tragische Situation gerieten, als sie die Europäer auf ihrem Kontinent willkommen hießen. Doch ›unmanaged‹ Commons bzw. dass es Eigentum an *Boden* geben könnte, kam in ihrem Alltagsverstand nicht vor – so, wie es uns heute schwerfällt, dieses Eigentum wieder in Frage zu stellen. Zudem ist diese

Überlegung natürlich schon deshalb überflüssig, weil die Kolonisatoren sich sowieso fix ihre Landansprüche aus dem von ihnen selbst erfundenen ›Recht der Entdeckung‹ ableiteten.[73] Dabei war Land auch in Europa der Prototyp für die ›Allmende‹.

Und der Kampf um deren Erhalt ist durchaus nicht nur geschichtlich: In der mexikanischen Revolution von 1910 wurden Allmenden neu erkämpft; erst seit der Unterzeichnung des Nordamerikanischen Freihandelsvertrags dürfen diese wieder privatisiert werden – ein wesentlicher Grund für den Aufstand der Zapatistas im Urwald von Chiapas, was wiederum den Anstoß für die Globalisierungsbewegung gab. Und nicht viel anderes als der geschichtliche Raub der Allmenden durch den Adel, als dieser Land einzäunte für die Wollproduktion, passiert derzeit durch Land verschlingende Großprojekte der erneuerbaren Energien, sei es in Mexiko oder anderswo.

Auch zu den unter ›Immobilien‹ erwähnten Beispielen Karlshof und Kiefernhain gehört jeweils Land bzw. Wald; und Ende 2015 traf sich in Brandenburg eine Gruppe aus unterschiedlichen Projekten mit Vertretern aus dem Mietshäusersyndikat, um zu überlegen, wie ein solches Modell explizit auf Anbauflächen ausgeweitet werden könnte, die dann als Solidarische Landwirtschaft (hierzu siehe weiter unten) genutzt werden. Angesichts des auch in Ostdeutschland um sich greifenden ›Landgrabbing‹, also dem Aufkaufen von Land durch Großkonzerne für die Agrarindustrie oder für die Produktion zentralisierter erneuerbarer Energien, ein überaus dringendes Anliegen.

Nicht-rivale Güter wie Software sind prädestiniert für einen freien Zugang, denn sie zu kopieren, schränkt definitionsgemäß die Nutzung für niemanden ein. Entsprechend berühmt wurden die ›digital commons‹: u.a. das Betriebssystem *GNU/Linux* (bzw. *Ubuntu* etc.), der Browser *Firefox*, der Mail-Client *Thunderbird*, das Fotobearbeitungsprogramm *GIMP*, das Online-Lexikon *Wikipedia* (das den kommerziellen Anbieter *Brockhaus* nicht nur online, sondern auch dessen offline-Ausgabe ›auskooperierte‹)[74] sowie die ›copyleft‹- bzw. Creative Commons-Lizenzen. Um nur die bekanntesten zu nennen. Bei all dem sind Commons aber nicht nur die Basis, sondern auch das Ergebnis; hier ist der Übergang zur Produktionsseite offensichtlich, es handelt sich, mit Silke Helfrich gesprochen, um commonsschaffende Peerproduktion – und darum werden sie weiter unten nochmals erwähnt werden.

Umgekehrt sei bereits auf einen Aspekt der späteren Ausführungen zu Solidarischer Landwirtschaft verwiesen. Denn es entsteht eine Zusammenarbeit zwischen jenen, die sich Gedanken um Creative Commons-Lizenzen in Bezug auf digitale Güter machen, und jenen, die versuchen, solche Regelungen auf Saatgut zu übertragen. Auch bei der Agrarindustrie ist das Ziel nicht, dauerhafte oder kopierbare Güter zu produzieren, sondern solche, die Menschen abhängig machen. Dass sich immer mehr Saatgut durchsetzt, welches nicht samenfest ist, sich also nicht aus sich selbst heraus vermehren lässt, sowie die Kriminalisierung von Bauern und Bäuerinnen, die ihr eigenes Saatgut gewinnen, hat dramatische Folgen sowohl für die weltweite Ernährungssituation von heute als auch für die Saaten-Vielfalt der Zukunft. Es entstehen Kämpfe um ›seed-sovereignty‹ und für ›freies Saatgut‹.

Obwohl zutiefst materiell, kann dies als anti-rivales Gut gelten, da es um die Vermehrung desselben geht. Jeremy Rifkin erwähnt ähnliche Zusammenhänge und resümiert, »Umweltaktivisten und Software-Hacker werden zu Seelenverwandten«.[75]

Doch zurück zur virtuellen Welt. Auch die zunehmende Gepflogenheit des ›file sharing‹, des Austausches von Dateien, gehört hier mit aufgezählt, allerdings mit dem wesentlichen Unterschied, dass die Produzent_innen (zum Beispiel Musiker_innen) in der Regel nicht eingewilligt haben, dass ihre Werke umsonst weitergegeben werden. Solange sie selbst nicht – wie dies dem vierten Prinzip des offenen Zugangs entsprechend der Fall wäre – auf die von ihnen benötigten Ressourcen (für die Produktion, aber auch zum gut leben überhaupt) zugreifen können, ist dies ein Problem. Doch statt file sharing zu kriminalisieren, wie es mit Hilfe drastischer Kinospots geschieht, könnte angesichts dieses veränderten Konsumverhaltens auch versucht werden, die Produktionsseite dem anzupassen. Entsprechend fragte das Magazin *Der Spiegel* in einem Interview vom Juni 2012 die damalige Justizministerin Sabine Leutheusser-Schnarrenberger nach der Möglichkeit einer »Kultur-Flatrate, bei der eine Pauschale erhoben und unter den Autoren und Künstlern verteilt wird«. »Das wäre Zwangskollektivierung«, befand die FDP-Politikerin. Doch wie sagte schon Michail Gorbatschow? Wer zu spät kommt, den bestraft die Geschichte.

Bei Nicht-Rivalität handelt es sich für die Wirtschaftswissenschaften um ein ›öffentliches Gut‹. Standardbeispiel ist der Leuchtturm, der für alle leuchtet. Weil der Zugang zu diesem ›Konsum‹ nicht verwehrt werden kann, gilt in den Lehrbüchern der Staat als prädestiniert, öffentliche Güter zur Verfügung zu stellen. Besteht eine eingeschränkte Rivalität im Konsum wie bei Straßen und Wegen, Wasserver- und -entsorgung oder allgemein jeder Art öffentlicher Verkehrsmittel und Infrastruktur, wird in den Wirtschaftswissenschaften von ›*unreinen öffentlichen Gütern*‹ gesprochen.

Wie damit umzugehen ist, darüber gehen die Lehrmeinungen auseinander. So betonte der Volkswirtschaftler Harold Hotelling in den 1930er Jahren (als nach der Weltwirtschaftskrise Keynesianismus angesagt war), dass solche Güter ein ›natürliches Monopol‹ darstellten – sprich: Es macht keinen Sinn, miteinander konkurrierende Straßen zu bauen oder zwei Brücken nebeneinander oder parallele Gleise oder Kanalsysteme etc. Darum sollte der Staat auch diese unreinen öffentlichen Güter zur Verfügung stellen.

Als der Neoliberalismus hegemonial wurde, wurden wiederum Ökonomen gehört wie der dann mit dem Nobelpreis ausgestattete Ronald Coase, welcher befand, auch bei diesen unreinen öffentlichen Gütern seien die ›selbstregulierenden‹ Marktkräfte vonnöten. In der Folge kam es zu Privatisierungen von Bahnen, der Post oder der Wasserversorgung – die Erfahrungen damit in verschiedenen Ländern wären ein eigenes Kapitel wert. Hier nur so viel: Vielfach wurden diese natürlichen Monopole, welche, da nicht gepflegt, inzwischen marode geworden, überteuert von den öffentlichen Haushalten zurückgekauft.

Jeremy Rifkin betont in seinem Abschnitt über ›Die verschwiegene Geschichte des Kapitalismus‹ den Aspekt, dass (zumal in den USA) die flächendeckende Versorgung mit Telefon oder Strom in den 1920er und 1930er Jahren erst erfolgte, nachdem das oberste Gericht mit der Begründung, dass es sich um natürliche Monopole handelt, die beherrschende Stellung durch Privatunternehmen aufbrach. Angesichts der monopolartigen Stellung von *Google*, *Ebay*, *Facebook* und *Amazon* fordert Rifkin dasselbe für heutige Internetunternehmen, nur mit dem Unterschied, dass er dabei nicht einfach für staatliche Übernahme plädiert, sondern für die Ermöglichung dezentraler Versorgung durch Peerproduktion.

Auch unreine öffentliche Güter können getrost nach dem Prinzip ›Besitz statt Eigentum‹ organisiert werden – oder wer führe nur noch Bus den ganzen Tag oder würde das Abwassersystem verstopfen, nur weil es umsonst ist? Bedürfnisse sind relativ bald befriedigt. Und überlegen Sie selbst, aus welchen Gründen Sie Bahn fahren. Zur Arbeit? Um eine Freundin zu besuchen? Um endlich mal Urlaub zu machen? Welcher dieser Gründe sollte Ihrer Meinung nach monetär bestraft werden, wie es Ökonomen ausdrücken, sprich: Geld kosten?

Ansatzweise ergibt sich heute ein commonsbasiertes Transportsystem auch aus Angeboten wie bikesurf.org: Hier kann sich jede anmelden, ein im gewünschten Zeitraum zur Verfügung stehendes Fahrrad aussuchen, auf die Email mit dem Nummerncode für das Zahlenschloss warten und es am vereinbarten Ort abholen. Nach dem Gebrauch wird es zurückgebracht und wieder abgeschlossen. Bezahlung wird nicht verlangt, aber klar, das Projekt braucht Geld und finanziert sich über Spenden. Doch unter heutigen Bedingungen kommt es bei Commons nicht darauf an, ob Geld fließt, sondern ob Geld Bedingung für die Nutzung ist.

›Besitz statt Eigentum‹ kann sich damit auch auf *Gegenstände* beziehen. Zum einen auf solche, bei denen *serielle* Nutzung möglich ist, da sie nach Gebrauch nicht mehr benötigt werden. Auch hierfür finden sich Beispiele in den Alltagspraktiken, aber auch in den Initiativen anderen Wirtschaftens. Öffentliche Bücherschränke, mal aus Holz, mal in Form zweckentfremdeter Telefonzellen oder Verteilerkästen, aus denen frei entnommen und in die umgekehrt ausgebrauchte Bücher gestellt werden können, existieren inzwischen in vielen deutschen und österreichischen Städten. Denn wer einmal weiß, wer die Mörderin ist, wird den Krimi selten nochmals lesen wollen.

Ein weiteres Beispiel gemeinsamer Nutzung in serieller Form sind die rund hundert Umsonstläden (zum Teil auch Möbellager) allein in Deutschland und Österreich, die wie Second-Hand-Läden funktionieren, nur eben ohne Geld und ohne Tauschlogik. Wer etwas hat, was er nicht mehr möchte, bringt es. Wer etwas im Laden entdeckt, was sie gebrauchen kann, nimmt es. Obwohl auch manchmal ›Schenkläden‹ genannt, sind sie in diesem Sinne jedoch gerade nicht als Orte zu verstehen, wo Dinge von Privateigentum in Privateigentum übergehen, sondern als Orte, wohin Dinge gebracht werden, die, da nicht mehr genutzt, ›aus dem Besitz gefallen‹ sind.

Mainz ist eine beschauliche Stadt mit 200.000 Einwohnenden. Und nicht weniger als 40.000 Menschen nehmen teil an der Mainzer *Free Your Stuff*-Community – einem webbasierten Netzwerk zum Austausch von Dingen ohne Tauschlogik. Darmstadt ist etwas kleiner, und dort sind es immerhin knapp 29.000. Berlin ist etwas größer, hat dafür aber im Dezember 2015 über 60.000 Mitglieder in dieser Gruppe, dazu noch rund 26.000 in der *Zu Verschenken*-Community (inklusive Brandenburg) plus 19.000 in *Verschenks*.

Wer es nicht über *Facebook* möchte, kann sich bei der Email-Vernetzung *Freecycle* anmelden. Sie hat neun Millionen Mitglieder in 85 Ländern und ist in 5.000 lokale Gruppen gegliedert. Der Berliner Sektion verdankt mein Partner seine ›Sofalandschaft‹, wie es so schön heißt, wenn auch ich und unser Hund ausgestreckt mit darauf passen. Meine eigene Sofalandschaft kam vor zwei Jahren über *www.alles-und-umsonst.de* zu mir.

Mit der Perspektive von ›Besitz statt Eigentum‹ handelt es sich bei solchen Transaktionen nicht um Geschenke. Die Vorbesitzenden unserer Sofas beschlossen vermutlich, diese einzutauschen gegen die Besitznahme neuer. Und sie stellten die damit ›aus dem Besitz gefallenen‹ Möbel zur Verfügung, damit andere – in diesem Fall wir – sie in Besitz nehmen konnten.

Auch *alternierende Nutzung* ist möglich: bei Werkzeugen beispielsweise, die – anders als ein Buch – nicht irgendwann ›ausgebraucht‹ sind. In Deutschland finden sich hierfür Nutzungsgemeinschaften, Leihläden (einer Bibliothek entsprechend) sowie offene Werkstätten, ausgestattet mit Werkzeugen für Holz- oder Metallbearbeitung, oder als Fahrrad- oder Nähwerkstatt oder auch mit 3D-Druckern.

Geteilt oder gegenseitig zur Verfügung gestellt werden kann letztlich jede Art von Ressource. Viele organisieren sich hierfür internetgestützt oder über eine App, doch örtliche Nähe ist vorteilhaft, zum Beispiel wenn auf *fairleihen.de* neben zahlreichen Werkzeugen auch die Möglichkeit angeboten wird, die Waschmaschine mit zu nutzen.[76] So setzen sich ›Nutzigems‹ oft aus Menschen zusammen, die dicht beieinander wohnen.

Wie gesagt, diese Prinzipien werden mehr und mehr gelebt, und von den allermeisten, ohne sich ihrer bewusst zu werden. Auch die Sharing Economy ist hierdurch inspiriert. Das app-basierte *whyownit.de* warb mit einem sehr schönen Spot. »Mensch, ewig nicht gesehen! Komm, setz dich!«, begrüßt der eine den anderen und weist auf das leere Sofa neben sich im Café. »Sag, wie geht's dir?«, fragt er. »Gut«, sagt der andere, »und dir?« »Blendend! Wart mal.« Er holt sein Smartphone heraus und hält dem anderen Fotos darauf hin. »Mein Haus! Mein Auto! Mein Boot!« Der andere scheint für einen Moment unangenehm berührt ob dieser Statuspräsentation, holt dann aber selbst sein Smartphone heraus: »Meine Häuser. Meine Autos. Meine Boote.« Was er zeigt, sind die Angebote auf *whyownit*. Der Übertrumpfte guckt entsetzt, doch es geht noch weiter: »Meine Fahrräder. Meine Bücher. Meine Kameras.«

Eigentlich auch eine Art, den Unterschied von Eigentum und Besitz zu erklären. Leider ging es jedoch dem Gründer von *whyownit* um die nächste reichmachende Startup-Idee. Als er merkte, dass er kein Geld damit machen kann, hörte er auf, und die App wurde lediglich zu einem weiteren Beispiel dafür, dass es auch für solche Initiativen kein Eigentum und keine zentralisierte Struktur geben sollte. Die quasi-Nachfolge *fairleihen.de* ist dezentral organisiert.

Mangelnde Reflektion macht anfällig für Missbrauch: Wenn im Umsonstladen nicht eingeschritten wird, wenn ihn jemand ausräumt, um den Inhalt auf dem Flohmarkt zu verkaufen, ist das Projekt gestorben. Und die Tatsache, dass die wenigsten Projekte sich mit Commons und damit verbundenen Fragen anderen Wirtschaftens auseinandersetzen, lässt die Grenze zwischen marktlogischen und marktkritischen Praktiken verschwimmen: Wer ein Lastenrad braucht, kann sich unter *velogistics.net* eines suchen. Die Webseite präsentiert auf einer Karte Mitteleuropas die Standorte von ausleihbaren Lastenfahrrädern. Die Vermittlung funktioniert von privat zu privat und gemäß recht unterschiedlicher Konditionen: Während einige der Anbietenden ihre Räder umsonst zur Verfügung stellen, bitten andere um eine Spende und wieder andere möchten eine kleine Aufwandsentschädigung von zum Beispiel zwei Euro. Es lässt sich aber auch für 50 Euro am Tag ein extravagantes *Mercedes*-Model ausleihen – das ist dann wohl eher ein Beispiel für Tauschlogik beziehungsweise ein ganz normales Mietverhältnis. Andererseits ist auch verständlich, wenn in so offenen Strukturen zumindest nach den entstehenden Unkosten gefragt wird.

Leila, der Berliner Leihladen, verlangt, dass alle, die sich dort etwas ausleihen wollen, selbst auch etwas zur Verfügung stellen. Nach Jahren des Bestehens kann nicht jedes neue Mitglied etwas beitragen, das noch nicht vorhanden ist. Doch das Selbstbringen verdeutlicht auch symbolisch, dass es um Nehmen und Geben geht.

Es muss nicht überall die reine Lehre herrschen, all dies sind Experimentierfelder, in denen wir alle Erfahrungen sammeln, die uns zu weiteren Schritten führen können. Thomas Dönnebrink, *OuiShare*-Connector von Deutschland, vermittelte mir hierfür ein schönes Bild: Wenn die alte Wirtschaft ein Flussufer ist und die neue das andere, dann können die wenigsten von uns, vielleicht niemand, mit einem Sprung über das Wasser kommen. Aber die unterschiedlichen Initiativen sind wie Steine im Fluss, auf die sich treten lässt, die einen näher am alten und die anderen schon näher am neuen Ufer. Und zusammen bilden sie einen Weg.

Wir müssen nichtsdestotrotz aufpassen, dass uns diese Schritte nicht einfach wieder rückwärts in kapitalistische Logiken führen, wie es der Sharing Economy zu Recht vorgeworfen wird. Dass Menschen zwischenzeitlich aus ihren Wohnungen ausgezogen sind, wenn sich die Möglichkeit ergab, sie zu vermieten, ist auch früher schon auf Amrum im Sommer oder in Hannover zur Computermesse vorgekommen – daran ist nichts utopisch. Und erst recht nicht, insofern *AirBnB* für immer mehr Menschen zu einer Ausweitung des Marktes bis in die eigenen vier Wände bedeutet und der individuelle finanzielle Vorteil eines Mietzuschusses wieder aufgehoben wird durch die Gentrifizierung und damit Verteuerung des eigenen Stadtteils. Mit der ursprünglichen Idee des *CouchSurfing* oder dem schon prä-digital existierenden *Servas International*, weltweiten Vernetzungen, über die Menschen ohne Gegenleistung Schlafmöglichkeiten in ihrer Wohnung zur Verfügung stellen, hat es so gut wie nichts mehr zu tun. Und ach, dass auch das Original nicht mehr cool sei, wusste im Mai 2014 sogar die konservative Tageszeitung *Die Welt* zu berichten – auch *CouchSurfing* wurde inzwischen in eine Profit-Organisation verwandelt.[77] Bis zu diesem Zeitpunkt im Jahr 2011 hatte die Non-Profit-Organisation drei Millionen Mitglieder in 81.000 über den Globus verteilten Städten sowie Tausende, die freiwillig technischen und anderen Support leisteten. Zu Recht kam es bei einigen von ihnen zu dem Gefühl, beraubt zu werden.[78] Und die Frage, ob von diesen welche Lust gehabt hätten, auch in Zukunft umsonst für den Profit anderer tätig zu werden, ergab sich nicht, da das hier zur Anwendung kommende US-amerikanische Recht ehrenamtliche Arbeit in Unternehmen verbietet. Inzwischen muss zwar für Übernachtungen immer noch nicht gezahlt werden, doch die eingestiegenen Investoren wollen Gewinn machen; der *Welt*-Autor Kritsanarat Khunkham spricht von »Facebookisierung«. Non-profit sind aber weiterhin *Servas International* und das 2007 gegründete *BeWelcome*.

Rifkin sieht hierin »einfach eine Frage der Loyalitäten: Sieht man die Nahe-zu-null-Grenzkosten-Commons hauptsächlich als neue kommerzielle Chance für den Markt (…) oder sind sie ein Ziel an sich«.[79] Insgesamt ist sein Optimismus nahezu ungetrübt:

> »Das immer noch dominante kapitalistische System meint nach wie vor, Wert aus der kollaborativen Wirtschaft schöpfen zu können, indem es bestimmte Aspekte der Sharing-Kultur in die Richtung neuer, Einkünfte generierender Flüsse zwingt. Dennoch, die Profite, die es den wachsenden vernetzten Commons wird entringen können, verblassen im Vergleich zu dem Boden, den es verliert.«[80]

Insofern ist es sicher wesentlich, dass auch sehr reflektierte Netzwerke tauschlogikfreien Wirtschaftens existieren – das Netzwerk *Nichtkommerzielles Leben* (NKL) zählt dazu. Wobei das Stichwort ›Leben‹ ausdrückt, dass Wirtschaft nicht als von Politik, Freundschaft, Freizeit und dem ganzen Rest isolierten Bereich zu denken ist. Die Ideologie, dass es sich um eine abtrennbare Sphäre handelt, legitimiert lediglich die Entpolitisierung durch angebliche ›natürliche Gleichgewichte‹ oder ›Sachzwänge‹. Menschen, die im Netzwerk Nichtkommerzielles Leben aktiv sind, wohnen tatsächlich häufig in Projekten, und eine Abtrennung ihrer Tätigkeit von dem Umfeld macht für viele schon aus der eigenen Erfahrung keinen Sinn. Dies sind aber keine klassischen, auf Gemeinschaftseigentum beruhenden Kommunen; die Ressourcen des Netzwerks stehen auch Nicht-Mitgliedern zur Verfügung. Es wird versucht, so viele Bereiche wie möglich tauschlogikfrei sich gegenseitig sowie anderen zur Verfügung zu stellen – das Netzwerk dient dabei vor allem dem Austausch der Erfahrungen.

Doch kommen wir zu dem Bereich, der selbst von vielen Commons-Fans als nicht mit Commons denkbar angesehen wird: *rivale Güter*. Und dann nehmen wir auch gleich das wohl rivalste unter den rivalen Gütern: Essen. Auch dieses lässt sich mit ›Besitz statt Eigentum‹ fassen. Denn ›in Besitz‹ können Lebensmittel nur genommen werden, wenn sie gegessen werden. Wir alle wissen um diesen Unterschied, wenn wir mit Freund_innen zusammen kochen oder wenn wir in einem Hotel frühstücken. Nehmen wir das Hotel, denn da ist die Angst vor dem Regelverstoß offensichtlicher: Egal, wie sehr wir uns dort den Magen vollstopfen, wir werden deshalb nicht schräg angesehen. Jedenfalls nicht vom Hotelpersonal, höchstens von der Nachbarin. Doch selbst, wenn wir nur kurz am Kaffee schlürfen und gar nichts zu uns nehmen, müssen wir mit sofortigem Ärger rechnen, sowie wir auch nur ein Brötchen aus dem Frühstücksraum entfernen. Für Menschen, die erst etwas später am Morgen Appetit bekommen, ist das ärgerlich. Wenn wir das Brötchen zwei Stunden später essen, ist das nicht immer noch Inbesitznahme? Niemand wird wohl davon ausgehen, dass wir es weiterverkaufen wollen.

Um es klar zu sagen: Es soll an dieser Stelle nicht verteidigt werden, dass die Brötchen in den Hotels unserer Tage pünktlich zu essen sind. Denn wie bei der Tragik der Allmende erscheint auch hier das Commons-Prinzip – Besitz ja, Eigentum nein – nur deshalb fragwürdig, weil es in das gesamtgesellschaftliche Prinzip der Marktlogik eingebettet ist. Selbst wenn die Bedienung volles Verständnis hat und uns individuell das Brötchen um neun Uhr gönnen würde, so muss doch das Prinzip aufrechterhalten werden. Denn andernfalls wäre davon auszugehen, dass Essen gehortet wird, weil schon das Mittagsmahl wieder erworben werden muss. Und das, obwohl die im Frühstücksraum verbliebenen Lebensmittel vermutlich anschließend im Müll landen.

Vielleicht, weil es Menschen inzwischen zunehmend widerstrebt, Essen wegzuschmeißen, wenn es über ihren eigenen Bedarf hinausgeht, nur weil es ihr Eigentum ist, entstehen derzeit in fast allen größeren Städten Deutschlands und Österreichs *Foodsharing*-Initiativen. Auf der Webseite *foodsharing.de* werden zum einen Verteilpunkte genannt, wohin Lebensmittel gebracht und von wo sie abgeholt werden können. Tauschlogikfrei, versteht sich. Zum anderen machen Menschen darüber öffentlich, wenn bei ihnen zuhause etwas abgeholt werden kann. Allzuweit dafür zu fahren lohnt sich in der Regel nicht – gäbe es in jeder Nachbarschaft einen solchen Ort, wäre dies sicher wesentlich sinnvoller.

Inzwischen verschmolz die Webseite mit *lebensmittelretten.de*, über die das Abholen der in Läden, Märkten und Restaurants übriggebliebenen Esswaren organisiert wird. Seit sich über die Medien in der Gesellschaft der Begriff des ›Lebensmittelrettens‹ durchsetzte, lässt sich auch die Praktik des klassischen ›Containerns‹, also der Suche nach weggeworfenen Nahrungsgütern in den großen Metallbehältern hinter den Supermärkten, ohne großes Bangen vor dem Erwischtwerden vollziehen. Denn wenn die Praktik auch bislang nicht legalisiert wurde, so ist sie doch weitgehend legitimiert worden. In Frankreich ist das Wegwerfen von Essbarem durch Supermärkte im Mai 2015 sogar verboten worden, doch die Umsetzung des Gesetzes musste erst mal ausgesetzt werden: Es widerspricht dem Recht auf Eigentum ...

Franz Schandl schlägt die alten, schönen Begriffe ›Hab und Gut‹ für Besitz vor. Und einen Absatz davor schreibt er: »Nicht nur bei den Ressourcen, sondern auch bei allen Produktions- und Distributionsmitteln sollte es sich um Commons, also gesellschaftliche Güter, handeln.«[81] Genau! *Produktionsmittel* sollten nach dieser Logik selbstverständlich im Besitz jener sein, die sie (ge-)brauchen. Alastair Parvin, als frischgebackener britischer Absolvent der Architektur im Krisenjahr 2008 sofort erwerbslos geworden, kritisiert, dass Architekt_innen fast immer nur für das reichste eine Prozent einer Gesellschaft arbeiten; Parvin plädiert dafür, deren Schaffenskraft freizusetzen für alle hundert Prozent, indem sie ihre Logik von groß auf klein und von professionell auf amateurhaft verändern. Dabei nimmt er Bezug auf commonsbasierte Peerproduktion und 3D-Drucker, die eine solche dezentrale Produktion ermöglichen. Mithilfe offener Online-Bibliotheken für die Software lässt sich unter anderem herunterladen, wie ein 3D-Drucker von einem anderen ausgedruckt werden kann. Parvin selbst stellt die Bausätze für ein aus Speerholz gefertigtes Haus zur Verfügung. Die Lösung für die Frage, wer die Produktionsmittel kontrollieren sollte, sieht er sich beantworten mit: »Niemand. Alle.«[82]

An dieser Stelle noch ein Wort zu einem weiteren zentralen Begriff, gerade in der Degrowth-Debatte: Verzicht. Viele betonen, dieser Aspekt dürfe nicht verschwiegen werden, wenn es um sozial-ökologischen Umbau der Gesellschaft gehe. Doch jenseits von den privatwirtschaftlichen Logiken von Ausschluss und gedacht mit den hier beschriebenen Commonsprinzipien – hat all dies mit Verzicht zu tun? Meines Erachtens nicht. Es ist kein Verlust, wenn das, was ich gerade nicht brauche, bei mir nicht im Weg herumsteht. Wenn wir an den oben beschriebenen Spot von *whyownit* denken – geht es stattdessen nicht vielmehr um den Begriff der Fülle? Sind Commons in diesem Sinne nicht ›Fülle erzeugende Einrichtungen‹? Kurz: FEEn? Feen, die aus einer anderen Dimension – die unserem Blick nur verschlossen war – Wohlstand für alle zaubern, statt dass die Mehrheit auf den Wohlstand der wenigen schielen muss?

In der ›musical documentary‹ *Surfing the Waste* demonstrieren junge New Yorker_innen nicht nur, wie viel Spaß Containern machen kann, sondern sie feiern auch die Fülle des Lebens, wenn sie singen, »Abundance all over town«.[83] Klar lässt sich einwenden, dass diese Fülle ein Abfallprodukt der Überflussgesellschaft ist. Doch lässt es sich auch so interpretieren: die Sinne zu öffnen für die Fülle des Lebens, und zu glauben, dafür brauche es Kapitalismus, zeigt nur die Begrenzheit unserer Wahrnehmung. So lebten die Menschen in den Weltgegenden, die dann Kolonien wurden, in der Regel ohne Kapitalismus ganz gut. In diesem Sinne schreibt Veronika Bennholdt-Thomsen in *Geld oder Leben* (2010), »Die ›unsichtbare Hand‹ gibt nicht, sie nimmt!« Es sei die Knappheit, welche sich durch Adam Smiths Definition von Wohlstand breitgemacht habe.

> »Der wirkliche Reichtum nahrhafter Lebensmittel, behütender Behausungen und des gesellschaftlichen Zusammenhalts wird durch die eurozentrische, geldgierige, großbürgerliche Brille nicht mehr gesehen. Nur Geld und Waren sind real (...) Das Lebenserhaltene wird wegdefiniert, die Subsistenz kann nun ohne moralischen oder rechtlichen Aufwand vorenthalten werden. Es entsteht das moderne Paradox: Knappheit führt zu Wachstum und Wachstum führt zu Knappheit.«[84]

Zudem singen die jungen New Yorker_innen noch »and your footprint will disappear into thin air«: Denn ein solches Verständnis von ›Besitz statt Eigentum‹ bzw. ›Teile, was du kannst‹ entspricht der Suffizienz und stellt auch für das ökologische Problem einen Lösungsweg dar, ohne Verzicht zu sein.

Teile, was du kannst

»Teile, was du kannst« kann all das bedeuten, um das es gerade ging: Abgeben, was aus dem eigenen Besitz fällt, weil es über den eigenen Nutzen hinausgeht. Aber es impliziert noch mehr. Zum einen: »Teile, was du weißt.« Wobei *Wissen* sich bekanntlich vermehrt, ja vervielfacht durch Teilen. Wer sich nicht durch Elitebildung im Konkurrenzkampf behaupten muss, kann genießen, mit anderen zusammen hierdurch die eigenen Fähigkeiten noch besser nutzen zu können. Hier setzt das sogenannte ›skill-sharing‹ an. Zum Beispiel im Berliner *Handlungsspielraum.*

Statt darauf zu warten, dass zentralisierte Strukturen Bildung austeilen, vervielfacht sich Wissen durch das laterale, also sich gegenseitige Beibringen. Auch bei der ›Wissensallmende‹ geht es um die optimale Ressourcennutzung. Wer von einer Idee persönlich erzählt bekommen möchte, wie es ihr unter einer Creative Commons-Lizenz im Vergleich zu ihrer Schwester unter Copyright ergeht, findet das hier: https://www.youtube.com/watch?v=P_QvbRwqDlI.

Im medizinischen Bereich ist zum Glück erfolgreich skandalisiert worden, dass Patient_innen in Ländern des Globalen Südens sich die AIDS-Medikamente nicht leisten konnten. Aufgrund starker internationaler Proteste wurde in der Erklärung von Doha der Vorrang von Gesundheit vor ökonomischen Interessen postuliert. Doch in den meisten Bereichen gilt nach wie vor: Patente machen neuere Wirkstoffe für Arme unbezahlbar – so urteilt die seit Jahrzehnten in diesem Bereich arbeitende BUKO-Pharmakampagne. »Außerdem bietet das Patentsystem perverse Anreize: Es ist viel lukrativer, das x-te Diabetes- oder Krebsmedikament zu entwickeln als ein Mittel gegen Tropenkrankheiten.«[85] Auch die derzeit überall entstehenden Antibiotika-Resistenzen sind ein Beispiel dafür, wie schädlich Patente sein können. Um diese Resistenzen zu vermeiden, müssten Antibiotika hergestellt, aber möglichst wenig eingesetzt werden. Das widerspricht diametral den Gewinnabsichten der Pharmaunternehmen. Darum werden sie zum einen viel zu häufig bei Mensch und Tier angewandt. Zum anderen ist der Anreiz, neue zu entwickeln (welche die Katastrophe der Resistenzen durch ihre weitgehende Nicht-Nutzung aufhalten könnten) nicht besonders hoch.

Wer sogenannte Krankenhauskeime vermeiden möchte, greift zunehmend zu ›Dr. Google‹, oder natürlich besser: ›Dr. Startpage‹ oder ähnliches. Diese sind zwar bekannt dafür, dass sie insbesondere zu Hypochondrie führen, und sicherlich ist es gefährlich, sich auf sie zu verlassen; doch zugleich ermöglichen sie eine neue Form der Autonomie. Nicht für jede Kleinigkeit muss erst bangend stundenlang in überfüllten Warteräumen die Zeit totgeschlagen werden. Und mit der Zeit ist das Phänomen eines patientengeführten Gesundheitswesens immer ernster zu nehmen. Rifkin erinnert in dem Zusammenhang daran, dass auch beim Start von *Wikipedia* davor gewarnt wurde, die Demokratisierung wissenschaftlicher Forschung könne die hohen akademischen Standards kompromittieren.[86]

»Selbst wenn wir den Ausstoß von Treibhausgasen morgen stoppen, werden wir den globalen Temperaturanstieg noch jahrzehntelang erleben und den des Meeresspiegels noch das ganze Jahrtausend.« Professor Lennart Olsson von der schwedischen Lund-Universität hält im Rahmen eines Kurses zum Klimawandel einen Vortrag über Klimagerechtigkeit bzw. *North-South Relations and Eco-Colonialism*, während ich mir einen Tee koche. »Wenn der Klimawandel nicht gestoppt wird, wird es in Afrika keine Afrikaner_innen mehr geben« – der Grund, so erklärt Nnimmo Bassey von der nigerianischen *Health of Mother Earth Foundation* im darauffolgenden Kursabschnitt, liege darin, dass die Erwärmung dort jeweils um die Hälfte höher liege als global – aus zwei Grad würden in Afrika drei, aus zweieinhalb fünf.[87]

Die Studierenden, obwohl zahlreich, müssen sich für diese Lektionen nicht im Hörsaal drängeln, sondern können sich währenddessen zu Hause auf dem Sofa lümmeln. Denn dieser und jeder weitere *Massive Open Online Course (MOOC)* ermöglichen global vernetztes Lernen.

Andere kostenlose Online-Communitys heißen *Skype in the classroom*, *Collaborative Classrooms* – oder *Khan Academy*: Die Tatsache, dass in den USA die Ausbildung an einem College bis zu sechsstellige Dollarbeträge kosten kann, habe ihn Hedgefondsmanager werden lassen, rechtfertigt Salman Khan seinen ursprünglichen Beruf; er habe sein Vermögen später nutzen wollte, um eine kostenlose Schule zu eröffnen. Die Tatsache, dass schon während der Schulzeit private Anbieter von Vorbereitungskursen für Prüfungen mächtig absahnen, war es, die uns nicht mehr erfahren lässt, ob Khan im Laufe seiner Karriere nicht doch noch andere Konsumwünsche entwickelt hätte. Denn der Finanzprofi wollte seiner Cousine, damals Siebtklässlerin, Nachhilfe in Mathematik geben und tat dies mit Hilfe eines Notepads und via Internet. Als immer mehr Cousins seine Hilfe verlangten, fing Khan an, seine Videos auf *Youtube* zu posten. Heute beschäftigt die gemeinnützige Stiftung *Khan Academy* 60 Mitarbeitende im Herzen des Silicon Valley. Und in nahezu jedem einzelnen Staat dieser Welt schauen sich Menschen diese mit Creative-Commons-Lizenz versehenen Videos an.[88]

Heute können Siebtklässlerinnen ohne hilfsbereite Cousins sich in die *Math Missions* einloggen und Fragen stellen; das System ermittelt dann, was sie wissen und was nicht, und führt sie anschließend darauf basierend in ihrem eigenen Tempo durch die Übungen. Khan hält das alte Modell mit demselben Lerntempo für alle (wo, wer zu lange brauche, abgehängt wird) für überholt. Natürlich lassen sich aber auch die Inhalte frei wählen, und da wird die *Khan Academy* gerade auch für Erwachsene interessant: Bei ihnen sind Finanzvideos und makroökonomische Aspekte besonders beliebt.

Das Geld kommt von anderen Stiftungen. Wie groß ist für den Gründer die Versuchung, die *Khan Academy* in ein gewinnorientiertes Unternehmen verwandeln? »Nur über meine Leiche«, beteuert er und setzt hinzu: »Freie Bildung für jeden und überall. Darum geht es.« Aber ohne Profit zu arbeiten habe noch andere Vorteile: »Freiwillige sind aus dem Nichts aufgetaucht, und wir konnten weit mehr Talente für uns gewinnen, als das in Form eines kommerziellen Unternehmens möglich gewesen wäre.« Feste Mitarbeitende werden aber bezahlt, und zwar mit im Silicon Valley üblichen Gehältern.

Nachdem das zunächst Geschilderte marktwirtschaftlich gesprochen den Konsum betrifft, gehen wir langsam über zur Produktion. Denn bei einer weiteren Interpretation von ›Teile, was du kannst‹ geht es um das direkte Einbringen von *Fähigkeiten als Tätigkeiten.* Damit wiederum sind wir beim dritten Prinzip bzw. dem zweiten Grundprinzip:

Beitragen statt Tauschen

> *Entscheidend ist das Tätigwerden aus innerer Motivation bei gesichertem Ressourcenzugang, um auf diese Weise unsere Lust und unser Bedürfnis, uns in dieser Welt vielfältig zu betätigen und zu verwirklichen, zu befreien.*

Ein ganz normaler Tag an meinem Schreibtisch. Im Garten vor dem Fenster fünf Amseln und zwei Meisen, die alle geplagt nach Würmern schaben. Auch das Eichhörnchen huscht lustlos über den Boden auf der Suche nach Essbarem. Jetzt legt die Blaumeise eine Pause ein und dämmert auf einem Ast erschöpft vor sich hin.

Für alle Stadtbewohner_innen: *Nein,* so ist es nicht. Die Viecher sehen alle gar nicht so leidend aus. Sie arbeiten nämlich nicht, sie sind tätig. Und wirken eher so, als könnten sie Lust und Notwendigkeit nicht recht unterscheiden. Apropos, Brigitte Kratzwald beschreibt unter der Überschrift ›Lust und Leben‹ einen interessanten Gedanken:

> »Sex macht Spaß, weil er zur Arterhaltung notwendig ist, das geben sogar die Anhänger Darwins zu. Die menschliche Fortpflanzung ist aber mit der Zeugung nicht erledigt. Der Mensch kommt so unfertig zur Welt, dass er noch jahrelange Unterstützung braucht. Dafür haben sich die Biologen die Existenz eines angeborenen Triebes einfallen lassen, die Kinder zu versorgen, natürlich nur bei Frauen, den Männern könnte so ein Trieb in ihrem Wettbewerb schaden [um keine Missverständnisse aufkommen zu lassen: das ist ironisch gemeint; F.H.]. Also, Sex macht Spaß, Kindererziehung folgt einem angeborenen Trieb und zu allen anderen Tätigkeiten müssen Menschen gezwungen werden, so die gängige Auffassung. Nahrungsversorgung, Schutz gegen Kälte und Hitze und die Pflege sozialer Beziehungen sind aber genauso zum Arterhalt notwendig. Es scheint, dass die entsprechenden Tätigkeiten von den Menschen auch als ausreichend lustvoll und befriedigend empfunden werden. Wie hätten sie sonst überlebt, bevor sie jemand dazu gezwungen hat?«[89]

»Glück ist, Bedürfnisse zu empfinden und sie zu befriedigen« – kommt dieses Zitat direkt vor in dem Film *Verführung: Die grausame Frau* von Elfi Mikesch und Monika Treut (1985) oder haben wir es im *Plenum Sexualität und Herrschaft* in Hamburg Anfang der 1990er Jahre als Leitsatz für uns nur herausgehört? Der Film ist ein Film über Lust; über queere Lust in dem Sinne, dass es um das Individuelle von Lust geht. Teilweise recht ausgefallener Lust, weshalb der Film auch nicht gerade bei allen Gefallen findet (nicht einmal bei denen, die gerne die Staatsanwältin des Münster-Tatorts als junge grausame Hauptdarstellerin sehen). Der Satz aber blieb mir als Lebensweisheit im Kopf. Und heute Morgen fiel er mir wieder ein. Als ich eigentlich an den Computer wollte. Dann aber diesen Dreck auf dem Teppich unter dem Sofa sah. Und zuerst dachte: ›Nein, das mache ich morgen, ich muss erst mal an den Compi.‹ Und dann spürte, welche Befriedigung es für mich wäre, es gleich wegzumachen, weil ich dann schon den ganzen Tag die Freude haben würde, es sauber zu wissen.

»Ich teile daher nicht die Sorge, gerade jene Tätigkeiten, die die Produktion des Lebens zum Inhalt haben, würden übrig bleiben, wenn Menschen ihre Tätigkeiten frei wählen könnten«, so Brigitte Kratzwald.[90] Das erfuhr ich auch gerade letzte Woche wieder. Eigentlich war Pause angesagt, doch die junge Umweltaktivistin räumte stattdessen auf. Weil sie sich verpflichtet fühlte? Einen guten Eindruck bei allen machen wollte? Nein. »Beim Rödeln entspanne ich mich immer.« Reproduktive Tätigkeiten können eine Form von Arbeitsmeditation darstellen, wenn sie nicht ausschließlich, sondern immer wieder mal zwischendurch stattfinden.

Es geht also nicht darum zu glauben, Menschen würden ab sofort statt aus egoistischen Gründen nun aus altruistischen tätig werden. Sondern es geht darum zu verstehen, warum wir tätig werden. Und warum das nicht nur Last ist.

»Menschen haben nicht nur konsumtive, sondern auch produktive Bedürfnisse. Es schafft Befriedigung, etwas zur Gesellschaft beitragen, die Gesellschaft mitgestalten zu können – vorausgesetzt, man macht es unter frei gewählten und angemessenen Bedingungen und erfährt die entsprechende Anerkennung für das, was man tut.«[91]

Wenn ich so viele klug ausschauende und sicher von der Welt viel erhoffende junge Menschen hinter irgendwelchen Tresen auf Kundschaft wartend stehen sehe, dann wird mir die Dramatik klar, die in dem Halbsatz liegt, der bei Kratzwald kurz darauf folgt: »unser Wirtschaftssystem leistet sich den Luxus, auf einen guten Teil dieser Fähigkeiten zu verzichten.«[92]

Aber dies sei nicht nur gesellschaftlicher Verzicht, sondern auch ein persönlicher: Große Summen würden dafür ausgegeben, anstrengende Dinge in der Freizeit tun zu können. »Wir verdienen also mit unserer Erwerbsarbeit nicht nur das Geld, das wir zum Leben brauchen, sondern auch dasjenige, mit dem wir für etwas zahlen, was wir gern tun.«[93] Dabei seien viele Hobbys anstrengender als das, was Menschen in der Arbeit täten. Doch die Neugier, die Lust auf Abenteuer und die pure Lust am Leben, die Befriedigung darüber, mit der Kraft der eigenen Hände etwas Nützliches oder einfach etwas Schönes schaffen zu können, sowie die Freude am gemeinsamen Tun seien ausreichende Vergütungen für die Mühen, die wir auf uns nehmen.[94]

Aber all das kann es nicht annähernd ersetzen, die eigene Lebenszeit einem Projekt widmen zu können, für das jemand innerlich brennt. Zumal die einzige Zeit, als ich mich in meinem erwachsenen Leben langweilte, der Feierabend nach einem Fabrikjob war. Die tote Arbeitszeit tötete auch die ›freie‹ Zeit.

Dies nur schon mal vorweg, um dem Standardeinwand Nr. 1 (»Ich selbst wäre ja auch ohne Geldanreiz aktiv, aber die anderen!«) gleich zu Beginn etwas entgegenzusetzen, nun, da wir endgültig bei der produktiven Seite angekommen sind. Da es ein entscheidender Aspekt ist, werde ich aber noch öfter darauf zurückkommen. Zunächst jedoch zu derzeit existierenden Beispielen, an denen sich der dritte Leitgedanke bzw. das zweite Grundprinzip einer Ecommony, ›Beitragen statt Tauschen‹, aufzeigen lässt.

Während es das Wirtschaftswachstum antreibt, alte Geräte wegzuschmeißen und neue zu kaufen, gibt es Menschen, die es aber nicht nur aus ökologischer Überlegung heraus notwendig finden, die alten zu reparieren und zu bewahren, sondern die schlicht und einfach gerne an alten Radios, Autos oder Fahrrädern herumbasteln. Solche Menschen helfen anderen, zum Beispiel in sogenannten ›Repair-Cafés‹. Die Idee hierzu entstand 2009 in den Niederlanden; gut fünf Jahre später existieren alleine in Deutschland 250 Initiativen – wer eines anstoßen möchte, findet einen Praxisleitfaden im Internet.

»Stellt sich heraus, dass ein Elektrogerät gar nicht reparabel ist, dann bekommen das alle 40, 50 Anwesenden mit und die gehen das nächste Mal anders einkaufen und fragen dort auch anders nach. Durch Repair-Cafés ändert sich beim Handel bereits etwas«, glaubt Kristina Deselears vom Hamburger Repair-Café Saasen.

Derzeit kommen häufig Menschen, die das Produkt selbst gar nicht gekauft hatten: Geflüchtete. Zum Beispiel Kinder, die von der Polizei auf der Straße wegen eines ihnen geschenkten, aber nicht verkehrstüchtigen Fahrrads angehalten werden. Wegen der zahlreichen Räder hat sich inzwischen hierfür eine extra Initiative gebildet.

Im Saasener Café engagieren sich rund 50 Leute; und auch hier ist klar, dass die Motivation sich nicht auf den ökologischen Aspekt begrenzen lässt. Kristina Deselears:

> »Was aus dem Teilen erwächst? Gehen Sie hin und versuchen Sie aufzunehmen, was an Stimmung im Raum ist, was für eine positive Spannung, eine unheimliche Wertschätzung – das ist mit Geld nicht zu bezahlen. Das findet sich ja kaum noch anderswo. Darum sind auch so viele Menschen bereit, ihre Zeit da zu investieren. Und alle machen das ohne Belastungsgefühl.«

Aber wird das nicht ausgenutzt von Menschen mit einer im beim Kauf geübten ›Geiz-ist-geil‹-Einstellung?

> »Die werden, sagen wir mal, ›seelisch bearbeitet‹. Die gehen und denken: ›Ich habe kein Schnäppchen gemacht, sondern habe etwas geschenkt bekommen‹. Selbst bei jenen mit Schnäppchenmentalität macht es irgendwann ›klick‹. Und das nährt die Menschen, die daran beteiligt sind.«

Denn was ist die Realität im Arbeitsalltag? »Durch die Reduktion der Arbeit auf ihr Ergebnis werden alle qualitativen Aspekte des Arbeitsprozesses ausgeblendet, alle Arbeiten sind gleich, sie dienen ausschließlich dem Zweck des Gelderwerbs – sie sind ›gleich-gültig‹ und gleichgültig verhält sich der Markt ihnen gegenüber«, so Brigitte Kratzwald mit Bezug auf Marianne Gronemeyer.[95] Und, wenn auch nicht benannt, Karl Marx. Dieser schrieb in den Ökonomisch-philosophischen Manuskripten,

»daß die Arbeit dem Arbeiter *äußerlich* ist, d.h. nicht zu seinem Wesen gehört, daß er sich daher in seiner Arbeit nicht bejaht, sondern verneint, nicht wohl, sondern unglücklich fühlt, keine freie physische und geistige Energie entwickelt, sondern seine Physis abkasteit und seinen Geist ruiniert. Der Arbeiter fühlt sich daher erst außer der Arbeit bei sich und in der Arbeit außer sich. Zu Hause ist er, wenn er nicht arbeitet, und wenn er arbeitet, ist er nicht zu Haus. Seine Arbeit ist daher nicht freiwillig, sondern gezwungen, *Zwangsarbeit*. Sie ist daher nicht die Befriedigung eines Bedürfnisses, sondern sie ist nur ein *Mittel*, um Bedürfnisse außer ihr zu befriedigen.«[96]

Ursprünglich bezeichnete auch Marx das Wirken des Menschen nicht als ›Arbeit‹, sondern als ›Tätigkeit‹, und er nannte die ›Aufhebung der Arbeit‹ das Ziel. Später unterschied er zwischen freier und entfremdeter Arbeit und benutzte den Ausdruck ›Befreiung der Arbeit‹.[97] Denn im Kapitalismus seien die Tätigkeiten außerhalb der Arbeit darauf begrenzt, was auch Tiere tun könnten: essen, trinken, Sexualität, darüber hinaus gerade noch die Wohnung einrichten und sich individuell kleiden können. Doch damit werde ›das Tierische zum Menschlichen‹, das heißt die Fähigkeiten des Menschen, in dieser Welt tätig zu werden, auf das begrenzt, was dem Horizont von Tieren entspricht. Umgekehrt werde das Menschliche zum Tierischen, das heißt in der Arbeit die menschliche Schaffenskraft so zugerichtet, dass sich in ihrer Verrichtung nichts Menschliches mehr findet.

Diese Tätigkeiten verlieren ihre jeweilige Sinnhaftigkeit und werden einer einzigen Logik unterworfen: der Marktgängigkeit. »Erst wenn all die Dinge, die wir Arbeit nennen, erledigt sind, fängt das eigentliche Leben an. Alle diese Dinge – so unterschiedlich sie von ihrer Qualität her sein mögen – erscheinen dann als Hindernis für die Selbstentfaltung, als anstrengend, als möglichst schnell und effizient (was auch billig bedeutet) zu erledigen, sie stehlen uns unsere Zeit«, so wieder Brigitte Kratzwald.[98] »Das Ergebnis: Nahezu alles, was wir tun, ist vom Leben getrennt. Wir müssen erst alle Arbeit erledigen, die bezahlte und die unbezahlte, bevor wir Zeit zum Leben haben.«[99]

Sie zitiert Christian Siefkes: »Wenn du dein Leben versäumst, während du arbeitest, ist es klar, dass du dafür entschädigt werden musst! Aber muss das so sein? Können wir nicht unsere Arbeit, unsere Beiträge, zu einem Teil des Lebens machen, so dass sie aus sich selbst befriedigend sind und keine zusätzliche Belohnung brauchen? Ich glaube, wir können und sollten das tun.«[100]

›Beitragen statt Tauschen‹ bedeutet also nicht, dass beispielsweise die ebenfalls beitragsökonomisch motivierten Heilpraktikerinnen der Berliner Friedelpraxis Lust hätten, eine knauserige Millionärin zu therapieren. Es geht genauso wenig um eine ›Geiz ist geil‹-Mentalität wie um Wohltätigkeit im Sinne von Charity. Sondern es basiert auf dem Gedanken der Gegenseitigkeit; dem Vertrauen, dass die andere Person für sich schaut, wie sie beitragen kann.

Dass es um das gegenseitige Ermächtigen geht, wird auch darin deutlich, dass in den meisten Repair-Cafés oder Offenen Werkstätten der Anspruch des ›skill-sharing‹ besteht, also dass Wissen weitergegeben wird, damit beim nächsten Mal die Person die Reparatur oder die Produktion selbst ausführen kann. Doch oft bleibt dies Theorie und das, was hier beigetragen wird, ist nicht nur ›skill sharing‹ in Form von Wissen, sondern in Form von Tätigkeit.

Bei der Initiative *Antirost* ist das Beitragen von Tätigkeit explizit. Hier bilden (viele) Männer und (wenige) Frauen im Ruhestand ehrenamtlich einen täglich besetzten und stets einsatzbereiten technischen Notfalldienst für Gleichaltrige. Alleine in Münster engagieren und organisieren sich auf diese Weise über 80 ältere Menschen: »Für andere Senioren übernehmen wir Kleinstreparaturen und haushaltsnahe Dienstleistungen, Arbeiten, die früher von Familienangehörigen oder Nachbarn übernommen wurden. Es sind so geringfügige Dinge, für die man keinen Handwerksbetrieb rufen kann, die aber im Alltag zu einem Problem werden können. Wir verstehen unser Hilfsangebot im Sinne einer Nachbarschaftshilfe.«[101] Wie hier auf ihrer Webseite implizit, wird auch explizit, schriftlich wie mündlich, immer wieder betont: Es wird Handwerksbetrieben keine Konkurrenz gemacht. Denn kämen die Ruheständler_innen in diesen Verdacht, müsste ihnen ihr Tätigwerden in diesem System sofort verboten werden.

Dasselbe Problem haben auch Tauschringe. Doch dazu, warum solche nicht Teil dieser Vision sind, noch einige Worte. In einem herkömmlichen Tauschring, in dem Arbeitszeit eins zu eins zu Arbeitszeit verrechnet wird, so dass es scheinbar egal ist, welche Tätigkeit wir anbieten, werden wir letztlich auf die Tätigkeit(en) begrenzt, in denen wir die anderen auskonkurrieren können. Auch wenn ich Lust habe, den Pferdestall mit auszumisten, geht dieser Job an jemand anderen, der das schneller kann. Oder wenn ich Lust auf Holz hacken habe, darf ich auch das im Tauschring nicht, denn ich bin ineffizient – jemand anders kann in derselben, mit der Alternativwährung bezahlten Arbeitszeit nicht nur mehr, sondern auch die ganz dicken Holzklötze zerkleinern. Und selbst dort, wo ich tätig werden darf, wird die intrinsische, die innere Motivation zerstört, denn die eigenen Fähigkeiten werden auch hier in eine Quantität umgemünzt. Es kommt nicht darauf an, für einen Menschen etwas zu tun, weil dieser das braucht, sondern immer nur für die eigene Person, um sich leisten zu können, jemand anderen für sich selbst einzustellen. Genevieve Vaughan, seit Jahrzehnten Protagonistin einer ›gift economy‹ (was lange als ›Schenkökonomie‹ übersetzt wurde, inzwischen aber mit ›Beitragsökonomie‹), schreibt, der Tausch schaffe eine Sphäre, »die keinen nährenden Charakter hat, weil die erzwungene Reziprozität die Transitivität zerstört, die Orientierung am Anderen und die implizite Wertschätzung der Anderen«.[102]

Das mit dem Pferdestall Ausmisten ist übrigens kein abstraktes Beispiel, sondern war erst letzten Monat so; wir sind als gesamtes Projekt Mitglied im lokalen Tauschring. Warum ich mich also trotzdem dort einbringe? Nicht nur wegen des netten monatlichen Stammtisches. Auch, aber darüber hinaus aus zwei sich auf den ersten Blick widersprechenden, letztlich aber ergänzenden Gründen: Zum einen wird in diesem Tauschring die Tauschlogik gefühlt öfter gebrochen, als sie eingehalten wird (beispielsweise mittels des zum Stammtisch gehörenden ›Geschenke‹-Tisches, den ich stets aus unserer Bibliothek und teilweise aus unserem Umsonstladen bestücke und auf dem sich fast immer etwas für uns findet). Das ist nicht überall so, ich habe auch schon erlebt, dass ein Tauschring zur Monetarisierung von Nachbarschaftsbeziehungen geführt hat: Jeder Verleih, jeder Setzling bekam nun einen Preis. Doch zum anderen ist auf dieser Grundlage, dass die Tauschlogik gerne gebrochen wird, sowie sich beide Seiten damit gut fühlen, das Zurückgreifen auf diese im Bestehenden manchmal doch noch ein akzeptables, vielleicht auch angemessenes Hilfsmittel. ›Arbeit‹ aber habe ich seit Jahren nicht mehr gefunden im Tauschring.

In einer commonsbasierten Peerproduktion wird aus einem Bedürfnis heraus aktiv gehandelt; das muss nicht unbedingt Spaß an der Sache bedeuten, sondern es kann auch Verantwortungsgefühl sein. Nicht zufällig sind es überwiegend feministische Theoretikerinnen, die aus der Anerkennung einer fast lebenslangen gegenseitigen Abhängigkeit heraus diese Bandbreite von Motivationen betonen: Brigitte Kratzwald (2014) bringt es auf den Punkt mit *zwischen Lust und Notwendigkeit*, Ina Praetorius mit der *Wiederentdeckung des Selbstverständlichen* (2015) und Genevieve Vaughan schreibt: »Die Mutter füttert ihr Kind nicht, um selbst vom Kind gefüttert zu werden oder damit das Kind seinen Finger in ihren Mund legt.«[103]

Sorgetätigkeiten sind auf das Wohlergehen des anderen gerichtet – und gerade deshalb lassen sie sich schlecht profitabel ausbeuten. Und während Peerproduktion unter dem Aspekt des Nutzens für den einzelnen zumindest gedacht werden kann, impliziert Care immer den Bezug auf den anderen. So haben häufig jene, welche in diesem Bereich tätig sind – zumeist Frauen – weniger Probleme mit der Überwindung der Tauschlogik.

»Schließlich verdanken wir alles, was wir sind, anderen Menschen. Das ist einfach so«, schreibt David Graeber. »Wenn wir uns das, was wir ihnen verdanken, als Schulden vorstellen, können sie nur unendlich groß sein. Die Frage ist nun: Ist es wirklich sinnvoll, dass wir uns das in Form von Schulden vorstellen?«[104]

Care-Logik erlaubt einen anderen Blick auf das gesamte Wirtschaften: Denn wenn es Care ist, einer Kranken Essen zu verabreichen – warum sollte es nicht Care sein, das Essen anzubauen? Wenn es Care ist, ein Kind ins Bett zu bringen – warum sollte es nicht Care sein, das Bett zu produzieren?

Dazu kommt, dass im Bereich der Reproduktionsarbeit, oder genauer: der Versorgungsarbeit, nur sichtbarer wird, was für jede Form von Tätigkeit gilt: dass sie zwangsläufig entfremdet wird, solange sie im Tausch gegen ›Lebensmittel‹ und damit als Zwang absolviert wird. Denn auch wenn es stimmt, dass es einen Unterschied macht, wer eine Person pflegt oder gar ein Kind großzieht – zumindest bei jeder Tätigkeit, zu der wir uns berufen fühlen, macht es vielleicht genauso einen Unterschied. Bei Künstler_innen aller Art ist dies offensichtlich. Doch ist es wirklich anders bei einer Tischlerin? Einem Bäcker? Einem Friseur oder anderen Handwerker_innen? Bei Ihnen? Und was würden Anhänger_innen des sogenannten Extrembügelns dazu sagen? Je mehr die Menschen, die scheinbar stumpfsinnige Arbeiten verrichten, ohne den Zwang zu Profit diese mitgestalten könnten, umso mehr macht es letztlich bei jeder Tätigkeit einen Unterschied, wer sie vollbringt.

Doch zurück zu den Beispielen. Sind es eher die Älteren, die in Saasen reparieren, so sind es Jüngere, die kommen und den Umgang mit Computern zeigen. Anderswo gründen Menschen mit Spaß daran, in die neue aufregende Welt von 3D-Druck einzuführen, Fablabs: Fabrikationslabore. Dies sind offene Werkstätten, in der Regel mit diversen Geräten wie Fräser, Lasercutter oder CNC-Maschinen sowie insbesondere 3D-Druckern ausgestattet. Auch die quelloffene Software steht allen zur Verfügung. Die Satzung der *Fab Foundation* betont die Verpflichtung zu offen zugänglichem Peer-to-Peer-Lernen. Auf diese Weise ist eine kleine *Maker Movement* entstanden, eine Bewegung von Menschen, die Dinge nach Peer-to-Peer-Prinzipien herstellen.

»Each supporting the individuals there to explore and do what they love. Each an inspirational source of true education where anyone can learn what they need to live the lives they want to live. Each a vibrant hub of a local community. Each supporting the other community centers to flourish – this is what the hacker space movement is all about.«[105]

So fasst es Mitch Altman in einem TED-Talk 2012 zusammen. Und wie erklärt er sich, dass innerhalb von »62 Monaten« über elfhundert Fablabs weltweit entstanden? »Hacker spaces provide two unique very deep universal basic needs. Two needs that have been way too scarce for way too long: community and creative expression.«

Und was ist Hacken eigentlich? »Hacking is taking what is, improving on it to the best of your ability and sharing it.« Das beziehe sich nicht nur auf Dinge, sondern auf alles. Auch auf die Gesellschaft. Und das ermöglicht dann noch eine ganz andere Vision: »Imagine to be surrounded with people who all do what they love.« Wow. Ja. Imagine!

»We all need community to thrive in our lives. If we choose to do what we love, our lifes get better. If we choose to share it with others what we love, the life of others gets better. If enough of us do it, the world gets better.«

Warum gehören ›Community‹ und ›Creative Expression‹ derart zusammen für Altman? Der Aspekt der Community geht nicht darin auf, sich gemeinsam in einer Werkstatt aufzuhalten. Zufällig landete ich einen Klick weiter bei dem TED-Talk des Filmschaffenden Adam Leipzig, »How to know your life purpose in 5 minutes«, und dieser bringt es gut auf den Punkt.[106] Als ihm bei einem Wiedersehen nach 25 Jahren mit seinen Mitstudis aus der Elite-Universität Yale bewusst wurde, dass 80 Prozent von ihnen, obwohl alle reich und erfolgreich, nicht glücklich waren, machte er sich klar, was die 20 Prozent glücklich machte. Was sie taten, taten sie nicht für das Geld, nicht für den Erfolg, sondern um der Sache selbst willen. Und sie waren sich fünf Aspekte bewusst, die Leipzig nun in Fragen ummünzt, die jede_r im Publikum nur jeweils für sich beantworten müsse, um sich des eigenen Lebensinhalts bewusst zu werden. Dass wir darüber nicht nachdenken müssen, davon schien Adam Leipzig auszugehen, denn er fragte einfach ins Publikum hinein, und tatsächlich kam jedes Mal eine vielstimmige Antwort zurück: »Who you are? What you do? Who you do it for? What those people want and need? And how they change as a result?«

So einfach ist das. Probieren Sie es aus; bei mir hat es geklappt. Wichtig dabei ist aber der Aspekt, dass drei von fünf Fragen auf die anderen gerichtet sind. Und das ist kein Zufall. Der bereits zitierte Neurobiologe Joachim Bauer schreibt in seinem Werk ›Prinzip Menschlichkeit‹: »Auch dort, wo unsere – kleineren und größeren – Vorhaben auf den ersten Blick keine zwischenmenschlichen Aspekte zu haben scheinen, richten wir uns damit im Grunde immer an andere.«[107]

Bauers Buch liegt auf meinem Schreibtisch, als ich an einem grauen Novembermorgen vor meiner Tür zufällig auf Sam stoße. Ich lade ihn zum Frühstück ein. Das Armband seiner Uhr stammt aus dem 3D-Drucker; open source natürlich. Es stellt sich heraus: Normalerweise verbringt Sam seine Tage im ›Transition Lab‹ der Berliner *Thinkfarm.*[108]

Als ich ihm, dem Briten, den Unterschied der deutschen Worte Besitz und Eigentum am Beispiel von Mieter und Vermieter (›landlord‹) erkläre, reagiert er unangenehm berührt. »Just hearing the word landlord makes me angry.« Und dann erklärt er, was ihn innerlich antreibt: »I care about embodied human suffering costs in commodities. That's why I design for better, not more.« Für ihn sind Dauerhaftigkeit und Flexibilität zentrale Elemente bei der Produktion. Es geht ihm um »life time design« und um »cradle to cradle«; »you built it as strong as it needs to be and you make it modular.« Und dann mustert er meinen Tisch. »Den hier zum Beispiel würde ich nie so bauen, der kann nur Tisch sein.« Ich bin etwas beleidigt, denn mein Tisch ist nicht nur aus Holz und hübsch, sondern lässt sich sogar an allen vier Seiten abklappen. Doch ich widerspreche auf anderer Ebene: »Ich habe ihn im Wald gefunden.« »Gut, dann dieses Sofa.« »Das wäre sonst auf dem Müll gelandet.«

Für Sam ist, was er tut, »my gift to the world«. Genau dieses Gefühl motiviere Menschen wie ihn: »When things are done open source for the commons this is the most inspiring thing for the hackers. If you want to inspire hackers, you have to say it is for the commons, for our common future.« Die neuen technischen Möglichkeiten empfindet er als »an updated 21st centure definition of literacy«. Dabei geht es um eine bessere Welt: »I am a peaceful warrior.«

Er freut sich, in wenigen Wochen am nächsten Hacker-Treffen teilnehmen zu können: Im Kongresszentrum Hamburgs werden 12.000 Teilnehmende erwartet. »It is so nice to be there! I am back home. We are not attacking, we are developing the tools. And we are more artistic than *Burning Man*. It is just joyful to do it.«

Welch gute Gelegenheit, kurz das *Burning Man*-Festival zu erwähnen: jährliche Treffen mit über 60.000 Teilnehmenden an einem Wüstenort in Nevada, berühmt auch für die Kunst, die dort entsteht. Jedes Jahr wird hierfür eine Stadt aus dem Nichts erbaut. Damit das selbstorganisiert klappt, haben sich zehn Prinzipen entwickelt; gekürzt und übersetzt lauten diese: 1. Radikale Offenheit: Niemand muss irgendwelche Bedingungen erfüllen, um teilnehmen zu können. 2. Beitragen: Wer beiträgt, denkt nicht darüber nach, ob er oder sie etwas zurückbekommt oder Gleichwertiges dagegen eintauschen kann. 3. Dekommodifizierung: Der Raum soll frei bleiben von Kauf und Verkauf. 4. *Burning Man* ermutigt jede_n, die eigenen inneren Ressourcen zu entdecken und auf sie zu vertrauen. 5. Die Möglichkeit, sich radikal selbst auszudrücken, nährt sich aus den einzigartigen Gaben des jeweiligen Individuums. Niemand sonst kann bestimmen, was ausgedrückt wird. Und dies wird den Anderen zum Geschenk gemacht. 6. Unsere Gemeinschaft schätzt kreative Zusammenarbeit und gegenseitige Unterstützung. 7. Mitglieder, die Veranstaltungen organisieren, sollen Verantwortung für das Wohlergehen aller übernehmen. 8. Unsere Gemeinschaft nimmt Rücksicht auf die Umwelt. 9. Veränderung – ob individuell oder gesellschaftlich – ist nur durch die tiefgehende persönliche Beteiligung möglich. 10. Wir versuchen, Barrieren zu überwinden: zwischen uns und der Anerkennung unseres inneren Selbst, der Realität um uns herum, der Teilhabe in der Gesellschaft, der natürlichen Umwelt.[109]

Apropos natürliche Umwelt: Nein, es sind nicht nur Computer-Nerds und nicht nur Künstler-Freaks, die von dem Geist des Beitragens begeistert sind. Da gibt es ja noch die, die auf den ersten Blick so ganz anders wirken: Die Erdverbundenen. So wie Helge Nissen. Er saß eines Abends in der Kneipe und bekam mit, wie am Nebentisch darüber gesprochen wurde, einen Gemeinschaftsgarten zu gründen. Er setzte sich mit dazu und ist seitdem begeistertes Mitglied einer der überall entstehenden Community Gardening-Initiativen. Hier im Hamburger Stadtteil Fuhlsbüttel wird nicht nebeneinander gegärtnert und geerntet, sondern es gilt das Prinzip ›Alle teilen alles‹ – die Tätigkeiten, aber auch das Essen, und zwar am besten vor Ort und zusammen. »Wir haben viel Sympathie und Zuspruch geerntet«, betont Helge den immateriellen Gewinn auch außerhalb ihrer kleinen Gemeinschaft. Doch städtischer Gartenbau gewinnt auch im klassischen Sinne der Nahrungsmittelgewinnung wieder an Bedeutung. In Fuhlsbüttel werden sich wohl in Zukunft beide Aspekte verstärken: Derzeit starten sie eine weitere Urban Gardening-Initiative, zusammen mit Flüchtlingen.

Eines der explizitesten Beispiele für das Produzieren ohne Tauschlogik stellt die Nichtkommerzielle Landwirtschaft (NKL) dar, nicht zuletzt betrieben auf dem Karlshof bei Berlin. Produkte wie Kartoffeln, Gemüse oder Getreide werden nicht verkauft, sondern unentgeltlich und ohne Äquivalenzlogik abgegeben; auch an einem der Arbeitseinsätze beteiligt gewesen zu sein, ist nicht Voraussetzung für das Nehmen. Getreide geht an das Backkollektiv *Rebäcka* in Leipzig; von dort werden die fertigen Brote an Wohngemeinschaften tauschlogikfrei weitergereicht oder bei politischen Aktionen ausgeteilt. Doch die Menschen, die den Karlshof bewirtschaften, haben zwischenzeitlich gewechselt; gleichzeitig hat sich die NKL ausgeweitet in das bereits erwähnte Netzwerk *Nicht-Kommerzielles Leben.*

Währenddessen entfernen sich die vor einigen Jahren noch stark der Tauschlogik verankerten CSA-Projekte davon immer stärker. Die Grundidee ist geblieben: Eine Gruppe von Menschen kauft nicht die (biologisch angebauten) landwirtschaftlichen Produkte, sondern garantiert den Menschen, die diese anbauen, ein Auskommen. Doch während früher der Mitgliedsbetrag und die Kiste mit Gemüse, Obst etc. jeweils feste Größen waren, so ist inzwischen der Trend zu beobachten, dass sowohl nach Bedürfnis genommen wird, als auch, dass nach Fähigkeit/Möglichkeit und auch nach eigener Entscheidung beigetragen wird. Ökonomisch geschulte Menschen erkennen darin durchaus auch die Ursache, dass unter heutigen Wettbewerbsbedingungen die Produktionskosten so hoch sind – unter anderem deshalb, weil sicher keines der CSA-Projekte zu dem gut einem Prozent landwirtschaftlicher Konzerne gehört, an die fast dreißig Prozent der EU-Subventionen gezahlt werden. Sprich: Wenn nicht die einen Konsumierenden für die anderen indirekt mitzahlen würden, könnten viele gar nicht mitmachen, und letztlich blieben zu wenig Abnehmende übrig. Ein flexibles Preissystem ist damit für einige Höfe schlichtweg die Rettung. Doch viele CSA entscheiden sich hierfür auch aus politischer Überzeugung. »Das Geld ist für das Betreiben des Hofes. Die Lebensmittel sind gratis«, so beschreibt es im Herbst 2015 Wolfgang Streens von der Solidarischen Landwirtschaft Buschberghof, dem ältesten CSA-Projekt Deutschlands. Die Einsicht, dass gegen die umweltunfreundlichen, tierverachtenden und Menschen ausbeutenden Akkumulationsmöglichkeiten des Kapitals nicht konkurriert werden kann[110], erlaubt die Erkenntnis, dass Geld auch dazu verwendbar ist, sinnvolles Tätigkeitwerden zu ermöglichen. Streens: »Auf diese Weise verlieren die Lebensmittel ihren Preis und bekommen ihren Wert zurück.«

In all dem entstehen interessante Prozesse. Felicitas Sommer beschreibt einen solchen Zusammenhang zwischen »Vertrauen und Gemüse«:

»Es ist Februar 2013 und die jährliche *Anonyme Bietrunde* der Gärtnereikooperative Rote Beete beginnt gleich. Um die 120 Mitglieder unterhalten sich in Kleingruppen am

Buffet aus Mitgebrachtem, einige sitzen bereits wartend in den Stuhlreihen. Die meisten von ihnen waren schon öfter mal auf ›ihrem‹ Acker - beim Jäten, Ernten, Erdmiete einräumen, Kisten füllen. Jetzt sind sie im 1. Stock einer ehemaligen Industriearmaturen-Fabrik in dem Leipziger Stadtviertel Plagwitz. Ateliers, Werkstätten, Bars und Proberäume sind hier einquartiert – für das Treffen wurde ein kleiner Club bereit gestellt. Die Anwesenden spiegeln die vielfältig zusammengewürfelte Community der Roten Beete (...) Gleich wird jedes Mitglied der Kooperative für sich auf einen kleinen Zettel den persönlichen Beitrag schreiben, den es im nächsten Jahr monatlich für das Gemüse zahlen will. Die Zettel werden, wie in einer geheimen Wahl, eingesammelt und zusammengerechnet. Es soll im Gesamtergebnis das zusammen kommen, was die Gärtnerei für das kommende Jahr zum Wirtschaften braucht.«[111]

Um es gleich vorweg zu nehmen: Es klappt nicht. Selbst im dritten Anlauf bleibt der benötigte Durchschnitt von 52 Euro pro zu versorgender Person – insgesamt beziehen 250 Menschen das Gemüse – um 2 Euro unterschritten. Dennoch wird die Versammlung aufgelöst und stattdessen versucht, durch mehr Aufwand und Selbstorganisation die Finanzlücke zu füllen: Es werden im Verlauf des Jahres Soli-Partys geplant und Baumaterialien sowie Geräte sollen vermehrt recycelt statt gekauft werden.

Für die meisten Mitglieder der Roten Beete steht die politische Dimension im Vordergrund: »Jede_r nach ihren/seinen Fähigkeiten, jede_r nach ihren/seinen Bedürfnissen« ist einer ihrer Leitsätze. Geld oder Tauschwert sollen nicht das Medium für soziale Interaktion und damit auch nicht für die Austauschbeziehungen sein. Dazu gehört für sie: Während programmatische Entscheidungen von allen Mitgliedern diskutiert und kollektiv und transparent getroffen werden, sollen die Entscheidungen über die eigenen Bedürfnisse sowie über das eigene Beitragen individuell und anonym bleiben.

Aus der Perspektive commonsbasierter, commonsschaffender Peerproduktion ist faszinierend, dass sich auch Fabriken, die in Notsituationen von ihren Arbeiter_innen besetzt werden, heutzutage als Commons verstehen und versuchen, sich zu organisieren. Das aktuellste Beispiel stellt die Fabrik *Vio.Me* in Thessaloniki dar. Bis zur Wirtschaftskrise in Griechenland stellte diese chemische Baustoffe her. Nachdem die Eigentümerin von *Vio.Me* die Löhne erst nur noch teilweise und dann ab Mai 2011 gar nicht mehr gezahlt hatte, begannen die Arbeiter im Juli desselben Jahres zu streiken. Daraufhin verschwand die Fabrikeigentümerin. Die Beschäftigten entschieden, das Betriebsgelände zu besetzen. Dabei war klar, dass sich auch die Produktion ändern sollte. Zum einen waren Materialien genutzt worden, die nicht nur teuer, sondern auch schlecht geeignet gewesen waren – die Profitlogik dahinter lag darin, dass die Zulieferfabrik derselben Eigentümerin gehörte. Zum anderen waren umweltschädliche Produkte hergestellt worden. Darüber hinaus wurde zuvor ausschließlich an einige Großabnehmer geliefert.

»They cannot! We can!« wurde zum Slogan der Arbeiter von *Vio.Me*. Zunächst gründeten sie einen Solidaritätsfonds, um jenen unter ihnen helfen zu können, die es am notwendigsten brauchten. Im Februar 2013 wurde dann mit der Produktion von biologischen Seifen sowie Reinigungsmitteln begonnen. Aus *Vio.Me* wurde juristisch eine Genossenschaft. Doch *Vio.Me* verfolgt nicht deren traditionelles Konzept, welches zwar Solidarität nach innen bedeutet, sich nach außen hin jedoch in die Marktstrukturen hinein begibt – wodurch sich historisch immer wieder die 1896 von Franz Oppenheimer nach einer empirischen Analyse formulierte Gesetzmäßigkeit wiederholt: »Nur äußerst selten gelangt eine Produktivgenossenschaft zur Blüte. Wo sie aber zur Blüte gelangt, hört sie auf, eine Produktivgenossenschaft zu sein.«

Tatsächlich betrachten die Arbeiter *Vio.me* als Commons – so betonte es beispielsweise Theodoros Karyotis auf einer Veranstaltung der *Un/Commons*-Konferenz in Berlin im Herbst 2015. Den Sinn sehen sie demnach nicht einfach darin, weiterhin ihr Einkommen zu sichern, sondern darin, dass ihr Betrieb der Community dienen soll. Letztlich ginge es darum, das (und nur das) zu produzieren, was gesellschaftlich gebraucht werde.

Der Verkauf der Seife, welche die neue Genossenschaft auf der Basis von natürlichen Rohstoffen wie Olivenöl, ätherischen Ölen aus Pinien und einheimischen Kräutern herstellt, läuft gut. Doch dass die Produktion der Nachfrage manchmal nicht hinterher kommt, liegt auch daran, dass durch die Umstellung manuell produziert werden muss. Mit den anderen Produkten (Flüssigseife, Reiniger und Waschmittel) ist die Genossenschaft allerdings weniger erfolgreich – was vielleicht daran liegt, dass zumindest bei weißer Wäsche die Flecken hinterher noch besser heraus scheinen ... Aber eine erfolgreichere Biowaschmittelfirma, wie es solche ja gibt und die eigentlich auch fair wirtschaften, wird trotzdem sicher nicht verraten, wie es besser zu machen wäre. Denn unter heutigen Bedingungen muss sie die Konkurrenz fürchten.

In *Vio.Me* ist aus Arbeit ein Stück weit Tätigkeit geworden: »The factory is a place of fun now.« Die Arbeiter erhalten (nein, nicht ›dafür‹) 30 Euro am Tag. Das ist so viel bzw. so wenig, wie das Arbeitslosengeld wäre. Ihren ursprünglichen Plan, Profit, der über ihre Löhne hinausginge, an Erwerbslose abzugeben, werden sie sicher nicht so schnell verwirklichen können.

Vertrieben werden die Seifen und Waschmittel über die sozialen Bewegungen, »denn wir verabscheuen die Marktkonkurrenz«, so Makis Anagnostou.[112] Unterstützung aus den sozialen Bewegungen gab und gibt es nicht nur als Nachfrage nach ihren Produkten, sondern auch als Beratungen sowohl in politischer als auch in betrieblicher Hinsicht. Statt sich einzureihen im Kampf um Marktanteile, geht es darum, bedürfnisorientiert zu produzieren. Allerdings sieht Makis Anagnostou nicht, wie – solange das derzeitige Wirtschaftssystem bestehe – im Fall einer Ausweitung der Produktion vermieden werden könne, sich der Marktkonkurrenz auszusetzen. Entsprechend wurde von Anfang an der Wunsch formuliert, dass sich ein größeres Netzwerk aus anderen Produktionsstätten bilden würde.

In der Praxis wird *Vio.Me* derzeit wie eine CSA von ›solidarity supporters‹ auch durch einen monatlichen Beitrag unterstützt; umgekehrt erhalten diese von ihnen benötigte *Vio.Me*-Produkte. Auch hier gilt erklärtermaßen die Devise: »Jeder trägt bei, was er kann.« Entscheidungen darüber, was produziert werden soll bzw. was gebraucht wird, werden gemeinsam mit Konsument_innen besprochen. Die Hilfe geht dabei nicht nur einseitig in Richtung *Vio.Me*; als die Regierung verbot, Lebensmittelsozialmärkte im Freien abzuhalten, stellte *Vio.Me* eine Halle zur Verfügung.

Theodoros Karyotis sieht auf der erwähnten Veranstaltung in dieser Hinwendung vom reinen Genossenschaftsgedanken hin zum Commoning eine entscheidende Wende: »Das ist eine weltweite Veränderung! Wir [Aktivist_innen weltweit] wenden uns weniger an Regierungen; wir machen es selbst.« Commons würden auf diese Weise die Demokratie vertiefen – »transforming us and transforming the world around us«.

In einem von Dario Azzellini und Oliver Ressler erstellten Video reflektieren mehrere Arbeiter von *Vio.Me* ihr Tun. Einer von ihnen betont dabei eben diesen Aspekt der Selbstveränderung und stellt ihn indirekt in Zusammenhang mit Commoning:

> »If we don't go through a new learning process, if there are no educational experiences such as *Vio.Me*, how can we do this? We cannot unlearn in one year what we have been learning throughout our lives. This is the great importance of *Vio.Me*, but also of the rest of the links in this chain, since *Vio.Me* is an important link in a wider chain, a chain that wants to extend this self-government, horizontality and equity to all spheres of social life. This is why we don't propose workers‹ control as a long-term goal, instead we propose social control: Society will enter the workplaces and altogether we are going to decide not only what we produce, how we produce and how we distribute it, but also how we want to live, what sort of social relationships we want to create around us.«[113]

Ob es *Vio.Me* noch geben wird, wenn dieses Buch veröffentlicht ist, ist derzeit völlig ungewiss. Für den Fall einer legalisierten Betriebsübernahme werden die Anteile der Arbeiter an der Fabrik kein Eigentum sein – sie sind weder vererb- noch verkaufbar. Würde also jemand verrentet oder aus einem anderen Grunde ausscheiden, ginge sein Anteil an jemand anderes über. Doch in der alten, vermutlich fingierten Buchhaltung stehen noch 120.000 Euro Schulden an den Mutterkonzern Lafarge, mit 15 Milliarden Euro Jahresumsatz der weltweit zweitgrößte Baustoffhersteller. Dieses Geld soll jetzt über eine Zwangsversteigerung eingetrieben werden. Bislang, das heißt bis Ende des Jahres 2015, wurden Woche für Woche die Termine durch Mobilisierungen erfolgreich verhindert. Die Zukunft aber ist offen.

Vio.Me ist dabei vielleicht nicht einmal das spannendste Commons-Phänomen in Griechenland. Denn inzwischen gibt es im ganzen Land 60 Solidaritätskliniken, davon sind 48 auf der Basis autonomer Prinzipien vernetzt und werden jeweils von offenen lokalen als auch von einer nationalen Versammlung getragen. Sie entstanden aus der Unterstützungsgruppe für einen 46 Tage dauernden Hungerstreik von über 50 Geflüchteten in Thessaloniki. Inzwischen stellt die dortige Klinik jeweils einen Großteil dessen zur Verfügung, was an medizinischen Leistungen benötigt wird: von Allgemeinmedizin (sowohl schulmedizinische als auch naturheilkundliche) über Geburtshilfe, Kinder- und Jugendmedizin bis hin zu zahnmedizinischer Versorgung, psychiatrischer und neurologischer Behandlung. Dazu gehören außerdem kostenfreie Apotheken.[114]

Denn seit 2011 waren die Menschen in Griechenland dazu gehalten, sich selbst um ihre medizinische Versorgung zu kümmern – angesichts der Armut bedeutete dies vielfach für die Menschen, schlichtweg keinen Zugang mehr zu haben oder dafür auf Nahrung verzichten zu müssen, da sie sich beides nicht leisten konnten. In den Solidaritätskliniken aber wird alles umsonst zur Verfügung gestellt: sowohl Medikamente als auch Materialien sowie die gesamten Tätigkeiten – es kommt alles zusammen als Beitragsökonomie. »Wir wussten nicht, was Commons sind, während wir es machten«, sagt Ilektra Bethymouti auf jener *Un/Commons*-Veranstaltung im Herbst 2015 in Berlin. Sie entdeckten es; vielleicht als sie ganz ähnlich wie Theodor Karyotis herausfanden: »Gesundheit ist ein Recht, aber aus der Sicht der Commons ist Gesundheit mehr, denn ›Rechte‹ bedeuten, jemand soll diese zur Verfügung stellen. Nein, wir machen es!«

Auch Ilektra betont die Selbstveränderung und zudem, wie sich auch die

Begriffe dabei verändern: »Während wir die Sprache veränderten, veränderten wir uns selbst.« Es wird versucht, die Kluft zwischen Expert_innen und Laien zu überwinden. So wird nicht von Patient_innen gesprochen und sprachlich nicht unterschieden in ›Ärztin‹ etc.: »›Wir machen‹ umfasst alle.«

Gleichzeitig geht es aber nicht darum, den existierenden Staat aus der Verantwortung zu lassen. Während die öffentlichen Kliniken ausbluteten, bot die griechische Regierung den autonomen Geld an. Doch diese lehnten ab – zum einen aus Angst vor Kontrolle, zum anderen, weil vermutet wurde, dass der Staat auf diese Weise mit wenig Geld für Menschen, die sich aufopfern, dafür ›gesorgt‹ haben wollte, dass die Masse nicht verelendet.

Das mit dem Aufopfern ist schon ziemlich wörtlich gemeint. Christina Gerdts von der Bundeskoordination Internationalismus besuchte das Krankenhaus in Thessaloniki im Rahmen einer Solidaritätsreise. Gegenüber einer der Ärztinnen machte Christina keinen Hehl daraus, dass sie die Ringe unter deren Augen besorgniserregend fand. Die antwortete: »Keine Sorge. Was wir tun, gibt uns Stolz und Freude.« Christina macht sich aber trotzdem weiterhin Sorgen.

Die Solidaritätskliniken fordern gleichzeitig, dass der Staat seiner Funktion der Daseinsfürsorge nachkommt. Nick Dyer-Witherford (2007), viel zitiert mit seiner Aussage, »If the cell form of capitalism is the commodity, the cellular form of a society beyond capital is the common«, bemerkt, dass die Bewegung gespalten ist in autonome Teile mit starker anti-staatlicher Perspektive und jene, die die Wohlfahrtsfunktion einfordern. Er ruft dazu auf, das Potenzial auszuloten, welches sich im Zusammenspiel dieser beiden Positionen ergebe. Doch dieser Standpunkt wird mit unterschiedlichen Gewichtungen vielfach vertreten. Silke Helfrich und David Bollier schreiben:[115] »Wir brauchen einen Staat, der Allmendeprinzipien aktiv unterstützt und deren Torpedierung sanktioniert, so wie er derzeit das Marktprinzip unterstützt und dessen Übertretung sanktioniert«; und Yochai Benkler bemerkt, er sehe keinen Grund, warum beispielsweise Bildung nicht weiter überwiegend staatlich finanziert werden solle.[116] Doch wie auch bei den Solidaritätskliniken in Griechenland, kann dies mit Direkter Aktion in David Graebers Definition als »eine Form, ›schon jetzt die Zukunft aufzubauen‹« einhergehen.[117] Nicht zu fordern, nicht zu warten, sondern das Neue zu leben. Commoning.

Und dann ist da noch *Cecosesola*. Diese Genossenschaft im venezolanischen Barquisimeto ist mir seit Jahren ein Begriff; sie besteht seit fast einem halben Jahrhundert. Nach dem Tod eines Aktivisten schlossen sich damals einige Compañer@s zusammen zu einem Beerdigungsinstitut, da sie nicht länger akzeptieren wollten, dass manche Menschen auch zum Sterben zu wenig haben. Heute besteht *Cecosesola* aus insgesamt 60 Kooperativen und insgesamt rund 20.000 Mitgliedern, davon sind 1.300 Vollzeit dabei. In ihrem Verständnis erhalten sie dafür keinen Lohn, sondern sie zahlen sich gegenseitig bedürfnisabhängige Vorschüsse aus, im Schnitt etwa das Doppelte des staatlichen Mindestlohns.

2010 machte *Cecosesola* einen Umsatz von 100 Millionen US-Dollar. Rund ein Viertel der Bevölkerung in der Millionenstadt versorgt sich auf einem der genossenschaftlichen Wochenmärkte mit Gemüse; deren Preise liegen fast ein Drittel unter den marktüblichen. Dabei wird nicht zwischen den Gemüsearten unterschieden, sondern alle Sorten gemeinsam gewogen und zusammen berechnet. In den Gesundheitsprojekten, einschließlich eines voll ausgestatteten Krankenhauses, werden rund 200.000 Behandlungen pro Jahr vorgenommen; hier liegen die Preise fast zwei Drittel unter den üblichen. 150.000 Personen sind für den Fall ihres Todes bezüglich der Bestattungskosten bei *Cecosesola* abgesichert.

Von allem, was ich von ihr hörte, erschien mir diese Kooperative immer als etwas Besonderes: Erstens aufgrund ihrer schieren Größe; zweitens, weil auch Freund_innen, die vor Ort waren, bestätigten, dass die Prinzipien der Horizontalität, der Rotation sowie die ständigen Versammlungen nicht nur auf dem Papier standen; und drittens, weil sich an *Cecosesola* nicht das oben zitierte Oppenheimer Gesetz erfüllt. Sprich: Sie sind erfolgreich und bleiben dennoch genossenschaftlich organisiert.

Oder passt ›genossenschaftlich‹ auch hier nicht? Im Rahmen ihres zweiten Sammelbandes zu Commons führt Silke Helfrich Interviews mit Mitgliedern von *Cecosesola*.[118] Warum eine Genossenschaft in einem Buch zu Commons? Im Folgenden dazu einige etwas durcheinandergeworfene Antworten und Gedanken:

»Philosophisch könnte man sagen: Wir heben Eigentum auf, ohne es abzuschaffen«, so der aus Deutschland stammende Jorge Rath. Und sein Genosse Noel Vale Valera: »Entscheidend ist doch, dass wir uns nicht nach dem Markt(-preis) richten. Wenn irgendwo die Preise für Tomaten und Kartoffeln steigen, heißt das nicht, dass wir sie auch erhöhen. Wir richten uns nur nach dem, was wir brauchen.«

Der Übergang zu den Kund_innen ist fließend; zum einen durch die Mitgliedschaften, zum anderen, weil die Bedürfnisse immer wieder mit den

Nutzenden gemeinschaftlich diskutiert werden. 3.000 Versammlungen gibt es pro Jahr, alle Lokal-, Regional- und Arbeitsbereichsversammlungen mitgezählt. Das sind knapp zehn pro Tag. Schon klar, dass lange nicht alle an allen teilnehmen müssen, aber trotzdem: Wie lässt sich das aushalten? Noel Vale Valera: »Wenn wir uns treffen, haben wir nie die Erwartung, dass gemeinsam Entscheidungen gefällt werden. Wir reden einfach viel darüber, wie und entlang welcher Kriterien eine Entscheidung zustande kommen kann. Die Entscheidung selbst kann letztlich von ein, zwei oder drei Personen gefällt werden.«

Lizeth Vargas: »Leicht ist es natürlich nicht. Wir sind schließlich 1.300 Personen. Aber wir müssen auch nicht alles gemeinsam besprechen. Wir sind uns oft sicher, dass uns die anderen Mitglieder gut vertreten und dass sie uns mitteilen, was entschieden wurde.« Jorge Rath: »Leicht ist es nicht, aber wir wollen es so, weil *Cecosesola* nicht unsere Arbeit ist. Es ist unser Lebensprojekt.« Und weiter: »Na ja, wir wollen weniger ein ›unser‹ als vielmehr ein ›uns‹ produzieren. Wir wollen uns verstehen und verändern. Daraus entsteht eine Art kollektive Energie. Natürlich gibt es Situationen, in denen sie nicht spürbar ist, aber wir stellen diese Energie immer wieder gemeinsam her.« Noel Vale Valera: »Es ist auch eine Frage der Perspektive. Wir versuchen *Cecosesola* als persönlichen Entwicklungsprozess zu begreifen, nicht als Arbeit. Arbeit! Schon der Gedanke ermüdet!« Lizeth Vargas: »Ich habe jedenfalls nie das Gefühl, dass ich arbeite.«

Und abschließend sei noch einmal Jorge Rath zitiert:

> »Es gibt viele Theorien über Commons. Das ist nicht so unser Thema. Wir zeigen, wie eine Commons-Praxis aussieht oder aussehen kann. Wir brauchen mehr Praxis! Nicht im Sinne von ›Modellen‹. Cecosesola ist kein Modell und möchte auch keines sein – aber Commons-Theorie kann sich nur aus einer gemeinschaftlichen Praxis, aus konkreten Prozessen speisen. Cecosesola ist unser Commons.«

»Die Wirtschaft wird nicht den Kräften des Marktes überlassen, sondern ist etwas, das wir gemeinsam machen« hatte Theodor Karyotis von *Vio.Me* noch gesagt. Mit anderen Worten: Die Wirtschaft als Commons. Eine Ecommony. Sich zusammensetzend aus Leuten, die – nun, vielleicht nicht immer lieben, was sie tun, aber sich doch selbst aus Überzeugung dafür entscheiden. Niemand müsste sich mehr darauf begrenzen, welche Fähigkeiten er oder sie am Markt verwerten kann, entweder beschränkt durch Niedrigqualifikation oder verengt auf die eine spezielle Qualifikation, bei der sich viele andere auskonkurrieren lassen. Es müsste auch niemand in Eigenarbeit alles selbst machen. Aber es wäre ein Ende des ›strukturellen

Hasses‹. Es wäre ein System struktureller Gemeinschaftlichkeit, indem wir aufbauen auf dem, was andere schaffen. Ein Miteinander. Doch ohne die Enge von Gemeinschaft, und ohne, dass wir bessere Menschen sein müssten. Wir würden einfach in einem System anderer Selbstverständlichkeit leben.

Natürlich müssen wir jetzt aber noch den Drang nach der Frage der Sanktionen befriedigen. Zunächst Elinor Ostrom. In ›Die Verfassung der Allmende‹ konstatiert sie, angesichts der stets lauernden Versuchungen sei die hohe Regelkonformität in den von ihr untersuchten Commons bemerkenswert.[119] Zwar verfügten alle Allmende-Systeme über eingebaute Überwachungs- und Sanktionsmaßnahmen, doch falle auf, so Ostrom, dass in fast jeder ihrer Fallstudien die Bußen für Verstöße gegen die Normen überraschend niedrig seien. Konkret: »Sie betragen selten mehr als einen Bruchteil des Geldwerts, den ein Regelverstoß einbrächte.«[120] Nach wirtschaftswissenschaftlicher Logik bedeutet das aber nichts anderes, als dass sie als Sanktionsmechanismen irrelevant sind für die Einhaltung: Wenn die Bestrafung weniger kostet als das Vergehen, entscheidet sich jeder Homo Oeconomicus für das Vergehen. Offensichtlich geht es dabei also vielmehr um die Symbolfunktion: Um das Markieren des Selbstverständlichen im jeweiligen Commons-Raum.[121]

Silke Helfrich stellt die Frage »Wenn alle immer nur noch machen, worauf sie Lust haben, wer macht dann die Drecksarbeit?« dem beitragsökonomisch lebenden Architekten Van Bo Le-Mentzel. Dieser setzt dem entgegen:

> »Wer macht die Drecksarbeit heute? Man zahlt Menschen, die auf Geld zum Überleben angewiesen sind, ein kleines Geld, und dann machen die alles: Klos putzen, in Bergwerken Erze abbauen, Sexarbeit, Baumwolle pflücken. In Indien fangen Frauen neuerdings an, gegen Geld Babys auszutragen. Das ist für mich keine Alternative. Freiwillig machen diese Menschen das nicht.«[122]

Es gelte, unschöne Tätigkeiten schön zu gestalten – das ist sinngemäß der zweite Teil von Van Bo Le-Mentzels Antwort. Und entspricht auch einem der Aspekte, mit denen Christian Siefkes auf diesen Standardeinwand reagiert: Vieles sei nur im Kapitalismus so organisiert, dass es unangenehm sei. Die Müllabfuhr schlägt er als eine Art Computerspiel vor. Doch Kratzwald wendet zu Recht ein, dass es besser praktisch keine Müllerzeugung mehr geben solle.[123] Dies entspricht einem Punkt, den sie häufig betont: Viele Care-Tätigkeiten fallen nur an, weil Kinder, Alte, Kranke, Verwirrte etc. weggesondert werden. Und sie werden deshalb weggesperrt, weil sie die Effizienz des Arbeitsalltags stören. Wenn Tätigwerden nicht mehr der Verwertungslogik unterworfen ist, können Menschen wieder integrierter miteinander leben. Und vieles, was heute an Care-Arbeit anfällt und deshalb Leid verursacht, weil Menschen den ganzen Tag nichts anderes tun dürfen als beispielsweise Senior_innen zu helfen, zur Toilette zu kommen, würde im Alltag wesentlich mehr integriert werden können.

Überhaupt würden viele Arbeiten, ja, ganze Berufe schlichtweg überflüssig, denn es gibt sie nur, weil es Geld gibt. Franz Schandl begann in einer Mail an mich aufzuzählen, welche ihm einfallen: »Steuerberater, Kassiererinnen, Versicherungsmakler, Immobilienmaklerinnen, Mahnverrechner, Buchhalterinnen, Kalkulationsersteller, Gerichtsvollzieher (Exekutoren), Börsenspekulanten, Geldtransporteure, Bankangestellte etc.« Das reizt sofort, weiterzumachen: alle Verkäufer_innen, Vertreter_innen und sowieso alle Finanzbeamten. Und jetzt sind Sie dran.

Dazu kommen die Sektoren, die sich nicht offiziell, aber faktisch fast nur mit Geld beschäftigen: »Auch der überwiegende Teil der Kriminalität würde mangels Geld sich verflüchtigen. Dazu auch die nötige Juristerei, die ja geradezu durch Kapital, Korruption und Kriminalität erzeugt wird.«

Dann die Bereiche, die nicht direkt, aber indirekt ihre Existenzberechtigung aus dem Geld ziehen, hier nennt Schandl insbesondere die Werbung; und damit auch all diejenigen, die das Papier, die Maschinen oder die Büros dafür herstellen, transportieren, warten oder reinigen. Das wiederum, so Schandl, betreffe große Teile der industriellen Kernsektoren (Hochbau, Tiefbau, Maschinenbau), was wiederum zur Folge habe, dass weniger Energie verbraucht werden müsste, weniger Kraftwerke, Züge, Flugzeuge, Busse hergestellt werden und in Betrieb sein müssten. Und der gleiche Effekt trete auf durch die Abschaffung der geplanten Obsoleszenz. Dass die Haltbarkeit von Produkten oft um ein Vielfaches höher liegen könnte, habe immense Auswirkungen auf Produktionsaufwand, Distributionsaufwand, auf die Müllerzeugung, das Verkehrsaufkommen sowie die menschliche Verausgabung.

Insgesamt würde sich zeigen, ob etwas wirklich notwendig ist, denn vieles wird nur getan, weil die einen es nicht selbst machen müssen und die anderen aus Not gezwungen sind, es zu tun. Doch natürlich fällt nicht jede unangenehme Aufgabe automatisch weg. Viele langweilige Routinetätigkeiten könnten automatisiert werden; darauf weist wieder Christian Siefkes hin.[124] Die Angst, Jobs zu ›killen‹, bestünde nicht mehr.

Von Männern werden meist als erstes das Reinigen der Toilette oder

Reinigungsarbeiten allgemein als unangenehme Tätigkeiten genannt – aber haben die alle eine Putzkraft zu Hause, dass sie das im Kapitalismus nicht auch tun? Frauen, so Brigitte Kratzwalds Wahrnehmung, führten oft die Arbeit im Bergwerk an.[125] Doch erstens erlaube heutige Technik, Menschen sicher auf den Mond und wieder zurück zu fliegen, warum also nicht auch sicher ins Bergwerk rein und wieder raus, und zweitens stiegen Menschen auch freiwillig in Höhlen, um sie zu erforschen; warum sollten nicht welche einige Zeit in einer Mine tätig werden wollen, wenn die Bedingungen entsprechend seien?

Kratzwald vermutet, die Angst, gerade die ›lebensnotwendigen‹ Tätigkeiten könnten übrig bleiben, sei von den Erfahrungen aus dem kapitalistischen System geprägt, wo eben diese Tätigkeiten sozial so gering bewertet werden. Bleibe jedoch etwas über, dann könne dies in einen Pool, aus dem alle etwas erledigen. »Das wäre auf jeden Fall besser, als die schwächsten Mitglieder einer Gesellschaft dazu zu zwingen, diese Aufgaben zu übernehmen, wie es heute passiert.«[126]

Yochai Benkler verweist wiederholt darauf, dass eine Aufgabenverteilung umso leichter erfolgt, je kleiner die einzelnen Arbeitsschritte sind.[127] Denn vieles wird nur deshalb ungern getan, weil es lange, womöglich immer getan werden muss. Vor einiger Zeit hörte ich einen Busfahrer seufzen. »Oh ja, nochmal 20 Jahre jünger sein!.« Um sich dann gleich zu korrigieren: »Ach nee, besser nicht, dann müsste ich ja noch 20 Jahre länger arbeiten …« Während mein Vater, Rechtsanwalt und Notar, Zeit seines Lebens davon träumte, Straßenbahnfahrer zu sein.

Zusammengefasst: Nicht jede Tätigkeit wäre beliebt, doch abgesehen vom bereits erwähnten ›Gesetz‹, »Given enough people you will find a nerd for every task that has to be done«, dessen Wahrheit sich immer wieder erstaunlich bestätigt findet, gäbe es zahlreiche Möglichkeiten, Tätigkeiten maschinell zu ersetzen oder angenehmer zu gestalten oder unter allen Betroffenen zu verteilen oder auch einfach darauf zu verzichten. Denn wo wir niemanden durch ungerechte Wirtschaftsstrukturen ausbeuten können, wird vielleicht das ein oder andere nicht mehr produziert werden – doch das ist dann eine politische Entscheidung.

Die sich daraus formende systematische Abbildung wäre keine Pyramide, sondern eher ein Kristallgitter (wenn auch nicht so monoton gleichförmig). Die Versorgung mit Brot läge vermutlich abhängig von lokalen Gegebenheiten eine andere Räumlichkeit nahe als jene mit Wasser oder jene mit Energie oder jene mit technischen Geräten. Die Möglichkeit der lokalen Herstellung von Produktionsmitteln muss nicht bedeuten, das Leben lokal begrenzt zu gestalten.

Um jede Form von top-down, aber auch von endlosen Aushandlungsprozessen zu vermeiden, wird in Peerproduktion bei einer großen Anzahl Beteiligter das indirekte Kooperationsverfahren der ›Stigmergie‹ angewandt, ›hinweisbasierte Aufgabenverteilung durch lokale Informationen‹. In dem Prozess bilden sich Spuren, die zur Ausführung der nächsten Aktivitäten anregen. Stefan Meretz verdeutlicht dies am Beispiel der roten Links bei *Wikipedia*; Begriffe, die der Erklärung harren, werden auf diese Weise markiert. Dabei lässt sich auch ersehen, welche davon am häufigsten verwandt werden. Aus diesen autogenerierten To-Do-Listen kann gewählt werden, welchen Beitrag jemand leisten möchte. So wird polyzentrische Selbstorganisierung ermöglicht.[128]

Brigitte Kratzwald fühlt sich durch die roten Links bei *Wikipedia* an rote Kirschen am Baum erinnert – diese seien ein mindestens genauso sichtbares Zeichen. Nun, wer das Märchen von der Glücksmarie kennt, weiß das. Und dann sei da noch das schreiende Kind. Der wachsende Berg Wäsche im Badezimmer. Das schmutzige Geschirr, das sich in der Spüle türmt. Die Weintrauben, die schwer am Stock hängen: Unsere Welt sei voll von stigmergischen Symbolen, von Zeichen, die uns sagen, wo es etwas zu tun gibt. »Brauchen wir wirklich immer Menschen, die uns zwingen? Brauchen wir wirklich immer Geld dafür als Belohnung? Es ist doch eher so, dass die roten Kirschen nicht sagen ›Du musst‹, sondern sogar eine Verlockung sind, der mensch schwer widerstehen kann!.«[129] Mmh, wer das Märchen von der Pechmarie kennt, hat da auch ihre Zweifel ...

Kratzwald sinniert über einen Unterschied zwischen Freier Software und Care: Das rote Wort in *Wikipedia* könne dort jahrelang so stehen bleiben, wenn sich keine finde, die sich seiner annimmt. Doch würden die Lebensmittel nicht zur rechten Zeit geerntet, gäbe es keine im Winter; und wenn das schreiende Baby nicht rechtzeitig versorgt werde, erschüttere dies sein Vertrauen in die Welt nachhaltig. Genau auf diese Dringlichkeit bezögen sich Subsistenztheoretikerinnen und andere feministische Wirtschaftskonzepte, wenn sie die ›Notwendigkeiten‹ betonten: Tätigkeiten, die zur Befriedigung existenzieller Bedürfnisse erledigt werden müssen.[130]

Doch Christian Siefkes, mit dem sie dies noch im Prozess des Schreibens diskutiert, widerspricht ihr: Nur Menschen, die wenig mit Computern zu tun hätten, könnten der Meinung sein, dass solche Aufgaben nach Belieben erledigt würden. Bei freien Softwareprojekten müssten strikte Zeitvorgaben eingehalten und Sicherheitsprobleme umgehend behoben werden, schließlich verwendeten viele Menschen freie Software, weil sie diese für sicherer hielten. Auch Yochai Benkler betont, *Wikipedia* erfordere ein hohes Maß an Selbstdisziplin. Siefkes widerspricht aber noch grundsätzlicher: Im Gegenteil gehöre zur menschlichen Selbstentfaltung die Sinnhaftigkeit des Tuns dazu.[131]

Genau. Vielleicht schlägt da die Kunstbanausin in mir durch, doch der Gedanke, mich nur in zweckfreiem Schaffen verwirklichen zu sollen, schreckt mich. Dabei heißt es auch bei Marx: »Das Reich der Freiheit beginnt in der Tat erst da, wo das Arbeiten, das durch Not und äußere Zweckmäßigkeit bestimmt ist, aufhört.«[132] Sofern es durch Not bestimmt ist, ja. Doch durch Zweckmäßigkeit? Als Marx ›Das Kapital‹ schrieb – befand er sich da im Reich der Notwendigkeit? Oder hat es ihm womöglich manchmal Lust bereitet? Falls ja – sind uns deshalb seine Werke nicht mehr zweckdienlich?

Und was hätte seine Ehefrau Jenny dazu gesagt? Womöglich wäre sie Anhängerin von Michael Alberts Ansatz *Parecon* gewesen. Als eins von vier Kriterien für sein *Program for a Participatory Economy* (2000) nennt Albert eine Arbeitsteilung, welche auf den jeweiligen Fähigkeiten aufbauend für jede_n einen fairen Anteil stupider und lästiger Routinearbeiten bereithält, als auch einen Anteil erfüllender und weiterbringender Arbeiten.

Mit dem Prinzip ›Beitragen statt Tauschen‹ würden auch Sorgetätigkeiten abgedeckt, denn die Unterscheidung zwischen produktiven und reproduktiven Tätigkeiten wird in einer commonsbasierten Peerproduktion obsolet und damit einer alten feministischen Forderung gerecht. Das ist alles andere als selbstverständlich in Ansätzen alternativen Wirtschaftens. Tätigkeiten wie ›das-Kind-zu-Bett-bringen‹ befinden sich auch in allen noch in Tauschlogik verankerten Entwürfen alternativen Wirtschaftens in einem Dilemma: Entweder sie werden ähnlich wie in der traditionellen Frauenarbeit wieder in die Privatsphäre verschoben – und damit nicht als Arbeit gewertet. Oder sie werden quasi als ›Erwerbsarbeit‹ in die Tauschlogik einbezogen und damit Rationalisierungsprozessen sowie Entfremdung unterworfen. Welche Folgen das hat, erfahren wir unter heutigen Verhältnissen in der Kantine oder spätestens im Senior_innenheim. Nur in einer Form des Wirtschaftens, in welcher diese Unterscheidung hinfällig wird, nur dann, wenn Tätigkeiten nicht dem Tauschzwang unterliegen, ist diese Zwickmühle zu lösen.

Diese Prinzipien gelten genauso für die produktiven wie die reproduktiven Tätigkeiten. Das ist entscheidend, denn nur so wird das ansonsten auch in alternativen Ansätzen bestehende Dilemma aufgehoben, letztere entweder zu privatisieren oder aber durch Einbeziehung in die bewertete Arbeitszeit Rationalisierungsdruck und Entfremdung auszusetzen. Häufig hebt sich diese Trennung sogar auf, wie in einem Interview von 2009 David vom Karlshof betonte: »Die Bereitstellung von Lebensmitteln – ist das produktiv oder reproduktiv? Die Reparaturen an den Gebäuden – produktiv oder reproduktiv? Die Grenze verschwimmt in dem Moment, wo du nicht als Marktsubjekt auftrittst und die Sachen nicht nach außen verkaufst.«[133]

Allerdings befragte ich Menschen aus Projekten, die auf Tätigkeiten im Reproduktionsbereich spezialisiert sind, konkret auf die Versorgung mit Lebensmitteln sowie in den Bereichen Kinderbetreuung und medizinische Versorgung. Ergebnis: Äußerst spannende nichtkommerzielle Strukturen sind auch hier im Entstehen, und darin liegt erhebliches Potenzial für eine andere Gesellschaft. Gleichzeitig aber ist es kein Zufall, dass das Prinzip ›Beitragen statt Tauschen‹ gerade bei den klassischen Reproduktionsarbeiten im gegenwärtigen System an seine Grenzen kommt: Ab und an Brot backen oder einmal in der Woche für ein Kind zum ›Großpapa‹ zu werden, ist das eine. Wenn die ›arbeitsintensivste Aufgabe auf Erden‹ (Silvia Federici) aber umfasst, alltäglich ein Kind morgens zur Schule zu bringen, weil die Eltern erwerbsarbeiten müssen, dann ist dies kaum intrinsisch motiviert zu vollbringen.

Darum: Zum gegenwärtigen Zeitpunkt darf der Staat gerade im Bereich Care nicht aus der Verantwortung entlassen werden. Aber als politische Bewegung, die eine Transformation der Arbeits- und Lebensverhältnisse anstrebt, dürfen wir uns auch nicht darauf ausruhen. Wenn staatliche Versorgung unsere Perspektive einer Revolution ist, wird es auch nicht darüber hinausgehen. Wenn wir uns eine Gesellschaft wünschen, in der wir uns als Menschen jenseits von privater Isolation, von staatlichen Vorgaben und von marktwirtschaftlichen Anforderungen verwirklichen wollen, müssen wir auch hier ansetzen.

Freiwilligkeit /Offenheit

Freiwilligkeit ist das, was das Beitragen vom Tauschen unterscheidet. Dies geht nur mit der Offenheit des Zugangs von Ressourcen, sonst wäre keine Freiwilligkeit gegeben.

Offenheit ist für Commons charakteristisch – sonst wären sie Gemeinschaftseigentum. Das ist auch entscheidender Unterschied zu Kommunen der 1970er Jahre, welche noch scharf unterschieden in innen und außen. Ressourcen werden offen oder zumindest über die eigene Gemeinschaft hinaus zur Verfügung gestellt. Das ist auch deshalb zu betonen, weil Elinor Ostrom in ihren Bauprinzipien explizit formuliert: »Es existieren klare und lokal akzeptierte Grenzen zwischen legitimen Nutzern und Nicht-Nutzungsberechtigten. Es existieren klare Grenzen zwischen einem spezifischen Gemeinressourcensystem und einem größeren sozio-ökologischen System.«[134] Diese Formulierung ist, wenn nicht sogar stark umstritten, so zumindest intensiv diskutiert in der Commons-Bewegung. Entscheidend ist: Wird sie derart verstanden, dass es ausschließlich um die Gemeinschaft geht, handelt es sich eigentlich nicht mehr um ein Commons, sondern um ein Gemeinschaftseigentum. Rifkin umschifft die Frage elegant durch Formulierungen, in denen er die ganze Menschheit in einem vernetzten globalen Commons integriert sieht.[135] Was dahinter steht ist aber, dass Commons die starre Gegensätzlichkeit von innen und außen aufheben. Commons ist, wenn die Güter des Umsonstladens allen zur Verfügung stehen – auch wenn diejenigen, die darin tätig sind, ihren privilegierten Zugang durchaus nutzen. Commons ist, wenn eine Produktionsstätte mit denjenigen, die ihre Produkte abnehmen, gemeinsam besprechen, was produziert werden soll, und sich doch die Entscheidung vorbehalten. Commons ist, wenn alle *Wikipedia* nutzen können und sogar auch mitgestalten können, auch wenn organisatorische Entscheidungen letztlich von wenigen Administrator_innen getroffen werden. Commons ist, wenn eine Hausgemeinschaft entscheidet, ob ein freies Zimmer von jeder beliebigen Person bezogen werden kann, oder ob es Menschen sein sollen, auf die sich die bereits dort Wohnenden einigen. Dies kann nur eine Aufzählung bleiben, denn jeder Commons-Community steht es frei, die eigenen Regeln zu gestalten.

Die Offenheit ist aber auch im Sinne freier Kooperation zu verstehen, also der Möglichkeit, im Konfliktfall sich aus einem Zusammenhang heraus möglichst ohne Verluste verabschieden zu können. Denn auch, wenn Lebensformen ohne Ausbeutung nicht tolerant neben jenen mit Ausbeutung existieren könnten, so impliziert die commonsbasierte Peerproduktion keine Vorgaben an den Lebensstil.

Bewegungen für eine andere Welt

Der knapp vier Hektar große Gezi-Park am Taksim-Platz in Istanbul sollte einem Einkaufszentrum weichen. Gleichzeitig war dies Teil einer größeren Restrukturierung Istanbuls zugunsten der ›wirtschaftlichen Entwicklung‹. In den Jahren zuvor kam es bereits zu Räumungen und Zerstörungen von Privathäusern, welche auf im Prinzip als Allmende aufgefasstem, ungenutztem Grund gebaut worden waren. Der Park wurde besetzt, und viele Anwohner_innen schlossen sich den Protestierenden an. Malerei- und andere Workshops wurden durchgeführt, ein Streich-Ensemble und andere Musikgruppen gaben Konzerte, Nachbar_innen und Buchverlage brachten Bücher vorbei und stellten sie in öffentlichen Regalen zur Verfügung. Die Besetzer_innen brauchten kein Geld. »Die Menschen, die hier herkommen, seit 18 Tagen, geben kein Geld aus. Und wenn sie sich daran gewöhnt haben, kein Geld ausgeben zu müssen, dann ist das wie eine Revolution in ihnen selbst«, so die Journalistin Çiğdem Öztürk.[136]

Diese Erfahrung endete in brutaler staatlicher Repression: Acht Menschen verloren ihr Leben, die Verletzten werden insgesamt auf 8.500 geschätzt. Die scheinbar ewige Wiederholung, für mich das erste Mal 1980 am Fernseher verfolgt: wie die Republik Freies Wendland, das Anti-AKW-Hüttendorf in der Nähe von Gorleben zerstört wurde; hieraus entstand ein Lied mit dem Refrain »Ein ganzes Dorf könnt ihr zerstören/ doch nie die Kraft, die es geschaffen hat«. Mem Aslan, ›antikapitalistischer Muslim‹, resümiert mit Blick auf den Taksim: »Der Platz hat uns viel gezeigt. Vor allem hat er uns gelehrt, dass Menschen tatsächlich zusammenkommen und ein ›common life‹ ohne herrschende Macht, Hegemonie oder ein Monopol leben können.«[137]

In jüngeren sozialen Bewegungen werden die Prinzipien commonsbasierter Peerproduktion wie selbstverständlich gelebt, auch wenn den wenigsten Aktivist_innen diese bewusst sind. Niemandem wird das Essen verwehrt, es wird auf Tausch verzichtet und darauf vertraut, dass sich mehr oder weniger alle nach ihren Fähigkeiten und Prioritäten einbringen.

Gegen Ende des letzten Jahrtausends begann von den ›Rändern‹ des Globus, von den in der Globalisierung am meisten Abgehängten, häufig indigenen, aber auch Bauern- und Bäuerinnen-, Landlosen-, Fischerei-, Textilarbeiterinnen-, Obdachlosen-, Dienstmädchen- und vielen anderen Bewegungen vor allem des Globalen Südens eine Welle von radikalen Abwehrkämpfen gegen die Durchliberalisierung der Weltwirtschaft und letztlich gegen den Kapitalismus (vgl. Habermann 2014). Als Ausgangspunkt gilt vielen der Aufstand der indigenen Bewegung der Zapatistas im mexikanischen Bundesstaat Chiapas 1994. Dass diese als wesentlichen Grund für ihre Rebellion die Privatisierung der Allmenden – ›ejidos‹ – und damit der Errungenschaft der Revolution unter Emiliano Zapata ansahen, erschien zunächst wie eine mexikanische Besonderheit. Ihr Spruch »Todo para todos, nada para nosotros« – »Alles für alle, für uns nichts« hörte sich zwar gut an, blieb aber den meisten etwas mystisch. Was sollte dies aussagen? Sollte es nicht für alle etwas geben? Ging es nicht um »Alles für alle«?

Ja. Doch mit der Unterscheidung von Besitz und Eigentum könnte formuliert werden: ›Alles als Besitz bzw. als Commons für alle. Nichts als Eigentum für uns‹. Die Zapatistas kämpften nicht für ein größeres Stück vom Kuchen, sondern für nicht weniger als eine Welt, »in die viele Welten passen«; eine Welt, worin – nun in den Worten von Karl Marx zusammen mit Friedrich Engels, »die freie Entwicklung eines jeden die Bedingung für die freie Entwicklung aller ist«.[138]

Das zapatistische »Wir schreiten fragend voran« wird in den Jahren nach dem Aufstand in zahlreichen Artikeln den Abschluss bilden, mahnend, dass es im Hier und Jetzt kein fertiges Bild einer anderen Gesellschaft geben kann; dies kann erst im gemeinsamen Fortschreiten entstehen. Gleichzeitig aber verbreitet sich durch das gemeinsame politische, bewusste oder unbewusste, Tun von Menschen innerhalb und außerhalb von Bewegungen eine neue Bedeutung von Commons, die neue Möglichkeiten für eine menschliche Gesellschaft sichtbar macht.

1996 riefen die Zapatistas zum »Ersten Interkontinentalen Treffen gegen den Neoliberalismus und für eine menschliche Gesellschaft« in den Dschungel von Chiapas. 3.000 Menschen aus sozialen Bewegungen aus allen Teilen der Welt folgten ihrem Ruf. An der Arbeitsgruppe über Wirtschaft, in der ich selbst landete, nahm Massimo de Angelis teil, der in Großbritannien Politische Ökonomie lehrt, und sich schon lange mit ›enclosures‹ – ›Einhegungen‹, also der Privatisierung von Commons beschäftigte. Die Erfahrungen innerhalb der autonomen zapatistischen Zonen schärften seine Theorien zu Commons.[139]

Aus dem Nachfolgetreffen, ein Jahr später in Spanien, resultierte eine globale Vernetzung von Basisbewegungen, *Peoples Global Action.* Was sich mir damals inhaltlich noch nicht erschloss, prägte ihn weiter: dass ein Großteil der Kämpfe, so unterschiedlich sie zunächst schienen, um Commons gingen. So war das durch Staudämme bedrohte Narmada-Tal in Indien ein Commons, das erlaubte, gut zu leben, statt im Slum der nächsten Großstadt vor sich hin zu vegetieren – selbst, wenn dafür der eine Dollar fünfundzwanzig pro Tag für die Überschreitung der extremen Armutsgrenze überschritten wird, kann das immer noch heißen, dass die Menschen vorher gut lebten und jetzt, mit diesem Geld, das irgendwo herkommen muss, hungern. So beschreibt Arundhati Roy, die sich selbst mit diesem Kampf verband, einen Mann mit seinem kranken Kind auf dem Arm, wie er ihr verträumt die 46 unterschiedlichen Früchte aufzählt, die er essen konnte, als er noch nicht aus seinem Dorf vertrieben war. Und die er nie wieder würde essen oder seinen Kindern anbieten können; es sei denn, er stehle sie.[140]

Im Kontext dieser Erfahrungen in der Globalisierungsbewegung startet de Angelis Anfang des Jahrtausends das Webjournal *The Commoner*, welches erstmals als Plattform für eine transnationale Debatte zu Commons dient.[141] 2002 erklärt er in einer Reflektion für das Europäische Sozialforum in Florenz, dass aus den Praktiken der aktuellen transnationalen Solidaritäts- (bzw. Globalisierungs-)bewegung Commons als strategischer Horizont hervorträten. Unabtrennbar von Commons aber seien die gemeinschaftlichen, sich weiter entwickelnden Praktiken.[142]

Ganz ähnlich argumentiert er mehr als zehn Jahre später. Soziale Bewegungen hätten seit Mitte der 1990er nicht nur gegen den Neoliberalismus Widerstand geleistet, sondern auch neue Demokratieformen mit Blick auf Commons entwickelt. Trotz all der Unterschiedlichkeiten der Kämpfe der Zapatistas in Mexiko oder jenen gegen Staudämme in Indien oder der ›Indignados‹, der Empörten in Spanien, oder von ›Occupy‹ in den USA oder von ›Reclaim the Streets‹ in Großbritannien oder der diversen Kämpfe des Arabischen Frühlings – alle diese Bewegungen organisierten sich auf der Basis einer ›Rund um die Uhr‹-Präsenz, womit (und hier bezieht er sich auf Silvia Federici) die Trennung zwischen dem Persönlichen und dem Politischen sowie der Reproduktion des alltäglichen Lebens aufgehoben werde.[143]

George Caffentzis, ein US-amerikanischer Philosoph und ein weiterer Mitstreiter aus *Peoples Global Action*, schreibt:

> »Die weltweite Bewegung von (faktisch) Besetzer_innen verlangen ›common spaces‹, wo sie leben können, um ihre politischen Gedanken zu verkörpern. Darum beinhalten die ersten Taten einer Besetzung Hausarbeit: Wo schlafen wir, wo essen wir, wo lassen wir Wasser und wo erledigen wir unsere Notdurft, wer macht was sauber und so weiter?«[144]

Wie Wellen würden diese Bewegungen dann wieder niedergehen, so Caffentzis weiter, um sich in diesen Zeiten zu festigen als neue soziale Formen im Alltagsleben. Es schiene, als sei kein Sieg erreicht, und zum großen Teil stimme das auch. Doch aus der Perspektive einer zukünftigen Welt würden diese Erhebungen möglicherweise als wesentliche Momente auf dem Weg ihrer Verwirklichung angesehen.

»Das ist es, was die Regierung und die Wall Street so besonders hassen an den Besetzungen, und warum so viel Gewalt gegen sie losgelassen wurde: Sie zeigen einen anderen Weg auf, die Gesellschaft zu organisieren und neue Commons entstehen zu lassen.«[145]

Commons entstünden oft gerade aus Kämpfen gegen ihre Verneinung, betont de Angelis: Kämpfe gegen Landgrabbing eröffnen die Frage nach Land für die, die es bebauen; Kämpfe gegen intellektuelle Eigentumsrechte die Frage nach der Wissensallmende; Kämpfe gegen Umweltzerstörung die Frage nach den natürlichen Commons; Kämpfe gegen die Privatisierung von Wasser, Bildung und Gesundheit die Frage nach Wasser, Bildung und Gesundheit als Commons.[146]

Die Frage nach einer Begrenzung des Kapitals zu stellen bedeute auch, so de Angelis weiter, die Frage nach der Begrenzung des menschlichen Unternehmungsgeistes durch das Kapital zu stellen. Dies beinhalte, sich den Diskurs der Freiheit wieder anzueignen. Der freie Unternehmungsgeist (›the free enterprise‹) der Bewegung könne in zweierlei Hinsicht verstanden werden. Erstens, frei von den Restriktionen durch Eigentum als freier Fluss von Kooperation, Erfindungsgeist und gesellschaftlichen Neuerungen, angetrieben durch Bedürfnisse und Sehnsüchte und nicht durch Profit. Zweitens, frei von Herrschaftsverhältnissen als die Vielfalt der Mächte-zu (›powers-to‹), welche danach strebten, alle Mächte-über (›powers-over‹) loszuwerden.[147]

Es ist sicher kein Zufall, dass so viele jener Gruppierungen, welche seit Jahrzehnten kontinuierlich dissidente Politik machen – seien es die Bauernbewegung KRRS oder die Adivasi in Indien, die Schwarzen Gemeinschaften Kolumbiens oder die Kuna in Panama – über eine gemeinsame kulturelle und ökonomische Basis verfügen. Solche anderen Räume des Zusammenlebens ermöglichen nicht nur ökonomische Absicherung, sondern auch andere Denk- und Handlungshorizonte. Genau dies war der Gedanke, der hinter der Subsistenztheorie der ›Bielefelderinnen‹ stand:

»Wenn wir es mit der Alternative zum herrschenden System ernst meinen, müssen lokale Gemeinwesen versuchen, wieder Kontrolle über die Produktionsbedingungen und

Ressourcen zu gewinnen, von denen ihr Leben im Einklang mit der Natur abhängt. Diese Kontrolle können sie weder dem Staat noch den Transnationalen Konzernen überlassen. Das heißt, sie müssen sich um die Verteidigung und Wiederaneignung der lokalen Gemeingüter, der Allmenden bemühen. Sonst hängen alle Forderungen nach Freiheit, Selbstbestimmung und Autonomie in der Luft.«[148]

Auch die Träume der spätmittelalterlichen Bauernbewegungen von der kommunistischen Brüderlichkeit kamen nicht aus heiterem Himmel, sondern entstammten ihrer Alltagserfahrung, darauf weist David Graeber hin: in der gemeinschaftlichen Nutzung der Allmende, in der täglichen Zusammenarbeit und in der nachbarschaftlichen Solidarität.[149] Und das Bewusstsein über diesen Zusammenhang ist auch in der Commons-Bewegung präsent. Freiheit durch Subsistenz, durch die Unabhängigkeit vom Marktsystem sei der Idee der Fab Labs eingeschrieben, argumentiert Christian Siefkes. Sinnbildlich wird dies im *RepRap*, dem *Replicating Rapid*-Prototyp, einem 3D-Drucker, der alle Kunststoffteile seiner Bauteile selbst herstellen kann. Metall- und Elektroteile können einfach und billig besorgt werden, so dass die Produktionsmaschinen breit zugänglich werden. Zugleich können sie, weil alle Pläne im Netz verfügbar sind, auch beständig weiterentwickelt werden. »Bei dem RepRap-Projekt, an dem ich beteiligt bin«, so Christian Siefkes, »da war diese Vision – ›Wealth without money‹ – von Anfang an im Gründungstext drinnen. Das ist genau dieses Ziel der bedürfnisorientierten Produktion, und da wir selber die Produktionsmittel in der Hand haben, können wir das Leben selbst in die Hand nehmen. Da ist das Ziel ›wir produzieren für das Leben‹ auch schon drin formuliert.«[150] Auf diese Weise kommen die jüngeren sozialen Bewegungen mit der Commons-Bewegung und mit der Care-Bewegung zusammen. Letztlich, so Siefkes, gehe es auch bei der commonsbasierten Peer Produktion darum, das Leben zu reproduzieren, ein gutes Leben, und zwar ohne Geld.[151]

GESTERN

Wie das Eigentum erfunden wurde

»›Haben‹ ist ein täuschend einfaches Wort. Jeder Mensch *hat* etwas: seinen Körper, seine Kleider, seine Wohnung, bis hin zum modernen Menschen, der ein Auto, einen Fernsehapparat und eine Waschmaschine hat. Zu leben, ohne etwas zu haben, ist praktisch unmöglich. Warum sollte ›haben‹ also problematisch sein?«[152]

So fragte Erich Fromm 1976 in seinem Buch *Haben oder Sein*. Um gleich darauf fortzufahren:

»Für jene, die glauben, dass ›haben‹ eine höchst natürliche Kategorie innerhalb der menschlichen Existenz ist, mag es überraschend sein, wenn sie erfahren, dass es in vielen Sprachen kein Wort für ›haben‹ gibt.«[153]

Im Hebräischen beispielsweise müsse ›ich habe‹ durch die indirekte Form ›jesh li‹ (es ist mir) ausgedrückt werden. Tatsächlich gebe es mehr Sprachen, die Besitz in dieser Weise ausdrückten, als durch ›ich habe‹.

»Bemerkenswert ist, dass in der Entwicklung vieler Sprachen die Konstruktion von ›es ist mir‹ später durch die Konstruktion ›ich habe‹ ersetzt wird, während eine umgekehrte Entwicklung (...) nicht festzustellen ist. Diese Tatsache scheint darauf hinzudeuten, dass sich das Wort ›haben‹ in Zusammenhang mit der Entstehung des Privateigentums entwickelt, während es nicht in Gesellschaften mit funktionalem Eigentum, das heißt Eigentum für den Gebrauch vorkommt.«[154]

– Sprich: in auf Besitz beziehungsweise Commons basierenden Gesellschaften.

Eigentum gelte in unserer Gesellschaft als geheiligtes Recht, und *Privat*eigentum, von ›privare‹, was auf lateinisch ›rauben‹ bedeute, werde es genannt, weil es andere vom Gebrauch und Genuss ausschließe. Doch auch wenn uns heute Eigentum als etwas Natürliches und Universales erscheine, so stelle es über die ganze Menschheitsgeschichte hinweg doch die Ausnahme dar.[155]

Auch Rifkin betont, Eigentum im Sinne von andere davon auszuschließen sei erst in der Neuzeit zur Norm geworden. Für ihn gehört dies zur

»verschwiegenen Geschichte des Kapitalismus« – und dass es derart schwerfalle, sich ein Leben nach dem Kapitalismus auch nur vorzustellen, liege nicht zuletzt daran, dass das Wissen fehle, wie es zu ihm kam.[156]

Das grundlegende Eigentumsrecht, das wir aus den Augen verloren hätten, sei dagegen das »Recht auf Teilhabe«, »darauf, mit eingeschlossen zu sein« durch den »Zugang zu Gemeingut«: »Die Commons – Gemeingüter oder Allmende – sind älter als sowohl der kapitalistische Markt als auch die repräsentative Regierung; sie sind die älteste institutionalisierte Form demokratischer selbstverwalteter Aktivität.«[157]

Die Vorstellung unumschränkter Verfügungsgewalt und damit die Idee von dem, was wir heute unter Eigentum verstehen, entstammt dagegen der Sklaverei. Der Begriff ›dominium‹, der erstmals im römischen Recht für unumschränktes Privateigentum steht, taucht auch dort erst gegen Ende der Republik auf: um die Zeit, als hunderttausende von Gefangenen als Zwangsarbeiter_innen nach Italien kamen und Rom infolgedessen eine Sklavenhaltergesellschaft wurde. Um 50 v. Chr. gingen die römischen Autoren dann davon aus, dass Arbeitskräfte das Eigentum von irgendjemandem waren.[158]

Abgeleitet wurde der Gedanke aus dem Patriarchat, konkret aus der männlichen Vormachtstellung des Mannes als Hausherr, wie der Anthropologe David Graeber darlegt. Dieses ging später soweit, dass ein ›pater familias‹ im Wandel des römischen Rechts Sklav_innen hinrichten durfte, seine Kinder hinrichten durfte – und auch zahlungsunfähige Schuldner.[159]

> »Die Schaffung des Begriffs *dominium* und dadurch die Entwicklung des modernen Grundsatzes der unumschränkten Macht über Privateigentum ging somit folgendermaßen vonstatten: Die römischen Juristen nahmen das Prinzip der häuslichen Autorität, der unumschränkten Macht über Menschen, definierten einige dieser Menschen (Sklaven) als Sachen und dehnten dann diese Logik, die ursprünglich nur für Sklaven galt, auf Gänse, Streitwagen, Scheunen, Schmuckschatullen und so weiter aus – das heißt auf alle anderen Arten von Sachen, mit denen das Recht irgendetwas zu tun hatte.«[160]

Doch die Durchdringung Europas mit dem römischen Rechtssystem sollte noch dauern. Wie weiter oben von Rosa Luxemburg bereits dargelegt, herrschten in der Landwirtschaft Verhältnisse, die von Commons geprägt waren. Bauernversammlungen entschieden über die Landverteilung, über Anbau, Fruchtwechsel oder die Nutzung von Wald und Wasserressourcen sowie gemeinschaftliche Aktivitäten – und gegebenenfalls über die Zahl der Tiere, die jeder auf die gemeinschaftlichen Weiden trieb.[161]

Während im 15. Jahrhundert das ›gemeine Volk‹ zu derart großem

Wohlstand kam, dass Regierungen diesem das Tragen von Seidenstoffen und Hermelinmänteln verbat (die Zahl der Festtage machte teilweise über ein Drittel des Jahres aus), wirkten ab dem 16. Jahrhundert ausgehend von England neue ökonomische Kräfte in Europa.[162] Allmenden wurden nach und nach, zunächst vom Adel, angeeignet, was durch die damit verbundene Trennung der Menschen von ihren Lebensgrundlagen zur ›Freisetzung‹ als Industrieproletariat führte. Bis zum Beginn des 19. Jahrhunderts wurden Millionen von Bauernfamilien von ihrem angestammten Land vertrieben. Dies blieb selbstverständlich nicht ohne theoretische Legitimation.

In den älteren Schriften der Kirche erschien individuelles Eigentum stets als Unrecht. Denn alles gehörte Gott, wenn er auch die Gütermenge den Menschen zum ›Nießbrauch‹ überlassen habe. Entsprechend gingen die Kirchenväter von der Gütergemeinschaft als naturrechtliches Gebot aus. Insofern verstieß das römische als *dominium* bezeichnete Besitzverhältnis, welches durch die unumschränkte Verfügungsgewalt einer Person über eine Sache charakterisiert war, gegen das Naturrecht beziehungsweise gegen Gottes Willen. Auch Kauf und Tausch waren demnach ungerechtfertigt, weil ihnen die private Aneignung vorausging.[163]

Dass die Kirche im Laufe der Zeit selbst immer mehr materielle Güter anhäufte und so zum größten Grundbesitzer im mittelalterlichen Europa wurde – mit Päpsten und Bischöfen, die den Luxus zu schätzen wussten – blieb allerdings nicht ohne Einfluss auf die kirchliche Einstellung zu Eigentum. Den Widerspruch zu lösen, leistete erstmals Thomas von Aquin (1225-1274). Er brachte die Argumente des griechischen Philosophen Aristoteles für individuellen Besitz, wonach jeder mehr Sorgfalt auf das verwende, was ihm allein gehöre, als auf das, was allen gehöre. Es führe zu einer großen Verwirrung, wenn jeder ohne Unterschied für alles Mögliche zu sorgen habe; eine Aufteilung in individuellen Besitz bringe dagegen eine eindeutige Zuordnung von Kompetenzen, Aufgaben und Verantwortlichkeiten. Wie bei Aristoteles bedeutet ›Eigentum‹ damit allerdings eigentlich lediglich individuelle Bewirtschaftung und Verwaltung von Gütern, um diese dann gemeinsam zu nutzen – und damit immer noch Commons.[164] Dennoch werden die Ausführungen von Thomas von Aquin als Wendepunkt hin zur Legitimation von Eigentum in der christlichen Lehre angesehen.

Als Wendepunkt im säkularen Recht gelten die *Zwei Abhandlungen über die Regierung* von John Locke aus dem Jahr 1690, beziehungsweise konkreter die zweite »*über den wahren Ursprung, Umfang und Zweck des staatlichen Gemeinwesens*«. Ausgangspunkt war auch bei ihm, die Natur als Allmende zu verstehen. Doch über die »freie, d.h. für ihn: private« (Brie 2015) Verfügung über den eigenen Leib rechtfertigt Locke den Übergang zu einem Verständnis von Eigentum als Ausschluss:

> »Obwohl die Erde und alle niedrigeren Geschöpfe den Menschen gemeinschaftlich gehören, so hat doch jeder Mensch ein Eigentum an seiner eigenen Person; auf diese hat niemand ein Recht als er selbst. Die Arbeit seines Körpers und das Werk seiner Hände, können wir sagen, sind im eigentlichen Sinn sein Eigentum. Alles also, was er dem Zustand, den die Natur vorgesehen, und in dem sie es gelassen hat, entrückt, hat er mit seiner Arbeit gemischt, ihm etwas zugesellt, was sein eigen ist, und macht es dadurch zu seinem Eigentum. Da es durch ihn dem gemeinsamen Zustand, in den die Natur es gestellt hatte, entzogen worden ist, hat es durch diese seine Arbeit etwas hinzugefügt erhalten, was das gemeinschaftliche Recht anderer Menschen ausschließt. Denn da diese Arbeit das unbestreitbare Eigentum des Arbeiters ist, kann niemand als er selbst ein Recht auf das haben, womit diese Arbeit einmal verbunden worden ist, wenigstens da, wo genug und ebenso gutes für den gemeinschaftlichen Besitz anderer vorhanden ist« (II § 27).

Selbst Locke hält es also für notwendig, an dieser Stelle darauf hinzuweisen, dass dieses Recht auf Ausschluss kein unbedingtes ist, sondern ins Verhältnis zu setzen ist damit, ob andere hierdurch Mangel erleiden müssen oder nicht.

Ganz ähnlich liest es sich bei Thomas von Aquin: »Die Verteilung und Aneignung der Dinge, die nach menschlichem Recht vor sich geht, hindert nicht, dass der Not des Menschen durch eben diese Dinge begegnet werden muss.«[165]

Ein Verständnis, wonach – wie im Jahr 2015 – 62 Einzelpersonen so viel wie der ärmeren Hälfte der Weltbevölkerung gehören kann,[166] von denen wiederum ein bis zwei Milliarden Menschen durch Unterernährung in ihrem Recht auf Leben bedroht sind, hätten demnach auch die Wegbereiter des Eigentums Thomas von Aquin und John Locke von sich gewiesen.

Was aber Theoretikern in all den unzähligen Artikeln und Diskussionen der vergangenen Jahrhunderte über die Lockesche Legitimation von Eigentum nicht auffiel, führen Adelheid Biesecker, Christa Wichterich und Uta von Winterfeld aus:

> »Bei John Locke, dem ›geistigen Vater‹ bürgerlichen Eigentums, ist es eine bestimmte menschliche Arbeit, die mit den Objekten der Natur gemischt das Eigentum hervorbringt: Das Wasser gehört demjenigen, der es schöpft – und nicht derjenigen, die die Quelle hegt und pflegt. Die Birnen gehören derjenigen, die sie sammelt oder pflückt – nicht demjenigen, der für das Gedeihen des Baumes sorgt.«[167]

Sorge- und Pflegetätigkeiten aller Art also, die per Definition nicht zur Aneignung beziehungsweise ›Eroberung‹ eines Gutes führen, sondern zu dessen Erhalt und Gedeihen, legitimieren nicht zu Eigentum. Damit sind es insbesondere jene Tätigkeiten, die (der dankenswerterweise geschlechtergerechten Sprache der drei Autorinnen zum Trotz) traditionell und immer noch überwiegend von Frauen geleistet werden.

An dieser feministischen Ergänzung des Lockeschen Zitats lässt sich verdeutlichen, was Christa Wichterich mit dem Begriff ›Care-Extraktivismus‹ erfasst.[168] ›Extraktivismus‹ bedeutet die Ausbeutung von Rohstoffen und wird unter diesem Begriff in den letzten Jahren besonders in Ländern Lateinamerikas stark kontrovers diskutiert. ›Care-Extraktivismus‹ wäre dann nicht nur der auf Natur bezogene ›Extraktivismus‹, also – um in den obigen Bildern zu bleiben – der Aneignung und Privatisierung von Wasser und der Birnen, sondern ebenso der darin eingegangenen Erhaltungs- bzw. Sorgetätigkeiten.

Nun wird ein Agrarbetrieb auch das Pflanzen und das Düngen eines Baumes mit in seinen Kostenplan aufnehmen. Doch die Wahl des Pflückens durch Locke ist kein Zufall, sondern Ausdruck der dann bei Adam Smith auch theoretisch vollzogenen Trennung in produktive und reproduktive Arbeit. Smith hat diese Trennung ebenfalls nicht benannt, doch es sind ausschließlich Waren und bezahlte Dienstleistungen, welche nach ihm den ›Wohlstand der Nationen‹ begründen.

Auch für die Eroberung der auf Commons beruhenden Kulturen und Ökonomien, Menschen und Länder, die dem westlichen Kolonialismus zum Opfer fielen, diente diese implizite Unterscheidung den Weißen als Legitimation. Die nicht-erobernden Tätigkeiten wurden nicht als ›Arbeit‹ anerkannt. Noch 1885 argumentierte ein kanadischer sogenannter ›Indianerbeamter‹, da die Indigenen »nicht das göttliche Gebot erfüllt haben, sich die Erde untertan zu machen (…) sind ihre Ansprüche auf Eigentum unhaltbar«.[169]

Stellvertretend für eine die Natur pflegende Art und Weise indigener Bewirtschaftung sei die Beschreibung durch Sharmi Bai, eine Adivasi aus Rajastan, zitiert:

> »Wir sorgten für die Wälder und regelten miteinander ihre Nutzung, nicht nach Management-Prinzipien, sondern in einem Prozess des Teilens. Wir holten Holz für verschiedene Zwecke, aber wir taten das mit Bedacht, um sicher zu gehen, dass sich der Wald erholen und seinen Reichtum mehren konnte. Wir wussten, wie wir die Pflanzen ernten müssen, (...) ohne die Triebe zu verletzen oder die Knoten zu zerstören, aus denen neue Triebe sprießen. Wir achteten darauf, die Pflanzen so zu beernten, dass wir sicher gehen

konnten, dass für den nächsten Wachstumszyklus genug bleiben würde. Auf diese Weise haben wir gemeinsam den Wald genährt, nicht indem wir ihn unter uns aufteilten, sondern indem wir uns gemeinsam darum kümmerten.«[170]

Michael Brie bringt diese Legitimierung der kolonialen Aneignung auf den Punkt:

»Locke hat nicht nur die Enteignung der englischen Bauern, sondern auch die Kolonialisierung Nordamerikas und die Vertreibung und Vernichtung der indigenen Völker vor Augen, Prozesse, die er als legitim ansieht, da diese Völker keine ›Arbeit‹ (im genannten Sinne) auf das von ihnen gemeinschaftlich besiedelte Land verwenden würden. Solche Nicht-Nutzung rechtfertige Enteignung, denn ›Eigentum aus Arbeit‹ – immer im Sinne effektiver Verwertung – müsse ›eine größere Bedeutung erlangen (...) als das gemeinsame Eigentum an Land‹, sei es doch die Arbeit, ›die jedem Ding seinen unterschiedlichen Wert gibt‹.«[171]

Diesem Subtext entsprechend nimmt John Lockes Argumentation noch eine unerwartete Wendung. Zum eigenen Eigentum – nun wechselt Locke von der dritten Person auf die erste – gehört für ihn auch:

»Das Gras, das mein Pferd gefressen, der Torf, den mein Knecht gestochen, und das Erz, das ich an irgend einer Stelle gegraben, wo ich ein Recht darauf in Gemeinschaft mit anderen habe, wird auf diese Weise mein Eigentum ohne die Anweisung oder Zustimmung irgend jemandes. Die Arbeit, die die meinige war, es aus dem gemeinschaftlichen Zustand, in dem es sich befand, zu versetzen, hat mein Eigentum daran festgestellt« (II § 28).

Aus der Tatsache, dass der Torf nicht zum Eigentum des Knechtes wird, ergibt sich zweierlei. Erstens: »Die Arbeit der unmittelbaren Produzenten begründet in der bürgerlichen Gesellschaft gerade kein Eigentum an den Früchten der Arbeit.«[172] Der Mythos, Eigentum sei im Kapitalismus der Lohn für Arbeit, wird damit schon in seinem Ursprung als solcher entlarvt.

Zweitens wird stattdessen hier deutlich, dass mit dem bürgerlichen Eigentumsbegriff ein spezifischer Freiheitsbegriff einhergeht.[173] Denn wer »jedes Eigentums unfähig« sei, könne »nicht als ein Teil der bürgerlichen Gesellschaft betrachtet werden, deren Endzweck die Erhaltung des Eigentums ist«, so schrieb es Locke selbst (II § 85).

Mit diesem Kunstgriff überbrückten die englischen bürgerlichen Revolutionäre vermeintlich die Kluft zwischen dem Anspruch auf Freiheit und Gleichheit aller Menschen einerseits und dem eigenen kolonialen Machtstreben andererseits. Helmut Friessner resümiert:

»Ursprünglich streng an die Regel gebunden, Eigentum könne nur durch Bearbeitung des Bodens erworben werden (...) ersann Locke die Theorie vom Vorzug des legitimen und uneingeschränkten Bodenerwerbs durch die ›Fleißigen und Vernünftigen‹ gegenüber denjenigen, die dem Boden [angeblich] nur beschränkt Nutzen abgewinnen konnten. Zudem sollte die Erwerbsmöglichkeit mittels Geld das Zeitalter der Akkumulation des Reichtums einläuten. Ihre Vollendung findet die Schaffung von Eigentum an Grund und Boden in Staaten durch Gesetz und Satzung, soll heißen: Eigentum wird vertraglich erworben und staatlich verbüchert. Das Bürgertum dankte es Locke emphatisch. Noch dazu hatte er das Kunststück zuwege gebracht, ihre Ansprüche als liberale Menschenrechte einzurichten, als welche sie im Übrigen noch heute firmieren.«[174]

Wieder Michael Brie:

»Erst kommt der außerökonomische Zwang der Enteignung und dann folgt der ökonomische Zwang gegenüber den Enteigneten und im Ausnahmefall der despotische Zwang gegenüber den Eigentumslosen. Und wo all dies nicht hilft, wird die Sklaverei eingeführt, um die Zuckerrohr- und Baumwollplantagen der Kolonien profitabel bewirtschaften zu können. Im Namen der Freiheit boomt zwischen dem 17. und 19. Jahrhundert der transatlantische Sklavenhandel.«[175]

Explizit rechtfertigt Locke Sklav_innen als zum Eigentum geworden: »Menschen, die in einem gerechten Krieg zu Gefangenen gemacht und so durch Naturrecht dem absoluten Dominium (...) unterworfen sind.« Im selben Absatz unterscheidet er davon den Knecht: »Ein freier Mann macht sich selbst zum Knecht eines anderen dadurch, dass er ihm gegen Lohn, den er zu empfangen hat, für eine gewisse Zeit den Dienst verkauft.« Und damit wird der vom Knecht gestochene Torf zum Eigentum von John Locke. Rifkin konstatiert in diesem Zusammenhang, es sei in der Folge lediglich zu »lendenlahmen Versuchen« gekommen, die Aneignung des Mehrwerts durch eine Person, die selbst nicht diese Arbeit vollbringt, zu rechtfertigen.[176] Er zitiert Richard Schlatter:

»Die klassische Schule war, ausgehend von der Annahme, dass Arbeit Eigentum schaffe, nicht in der Lage, eine Wirtschaftstheorie zu entwickeln, die konsistent gewesen wäre und nicht zu dem Schluss geführt hätte, dass die Person, die profitiert, ohne zu arbeiten, zwangsläufig den Arbeiter beraube.«[177]

Der Übergang zur Neoklassik, und damit zur vom Individuum ausgehenden Nutzentheorie, welche sich direkt im Anschluss an die Veröffentlichung von Marx erstem Band des Kapitals vollzog, erlaubte, all diese unbequemen Fragen von nun an gar nicht mehr stellen zu müssen. Eigentum wurde nicht mehr hinterfragt.

»Kämen Außerirdische, würden wir sofort sagen: ›Moment mal, die Erde gehört uns!‹«, so der Ökonom Jürgen Leibiger auf einer Veranstaltung über ›Die Eigentumsfrage heute‹ 2013 in Berlin, um damit die Natürlichkeit des Eigentumsverständnisses zu belegen. Nun, insofern wir nicht eh das Problem hätten, dass die Außerirdischen sich für intelligenter als uns hielten und sie sich dadurch veranlasst sähen, uns als Nahrungsergänzungsmittel zu züchten (der Philosoph Paul Singer wies einmal auf dieses Problem hin), so täten wir zumindest gut daran, die Erde als unser Commons zu verteidigen. Gerade weil den Indigenen Amerikas der Eigentumsgedanke fremd war, versäumten sie dies.

Die Existenz als Arbeiter sei, so Christoph Lieber auf ebendieser Veranstaltung der Hellen Panke Berlin, ein historischer Fortschritt gegenüber der Situation, »als Anhängsel einer indischen Dorfgemeinschaft« zu leben. Vom indischen Dorfkommunismus war bereits die Rede, viel wissen wir nicht darüber, er war sicher auch nicht hierarchiefrei, doch geht es bei diesem Argument wohl weniger um differenziertes gegeneinander Abwägen als um die Anrufung unserer dumpfen Vorstellungen des Lebens vorm Kapitalismus. Immer wieder ist selbst von Linken/Feminist_innen zu hören, der Kapitalismus sei ein notwendiges Übel gewesen. In dieser Erzählung wird der Kapitalismus als Held der Geschichte begriffen, der im Kampf gegen die Natur und das düstere mittelalterliche Dorf sämtliche heutigen Annehmlichkeiten sowie den Individualismus ermöglicht hat; denn wenn er auch wie Rambo oder andere Superhelden in seiner Aggressivität zu kritisieren ist und wir ihn uns eigentlich weniger gewalttätig wünschten, so meinen wir letztlich doch sehr genau zu wissen, dass die Menschheit ohne ihn und seine zerstörerische Kraft noch vor sich hinsumpfen würde.

Dies entspricht dem Mythos, dass erst der Kapitalismus die Trennung der Subjekte aus kollektiven Strukturen heraus ermöglichte. Doch waren beispielsweise die nordamerikanischen Indigenen in der Regel in einer dezentralen, auf Bezugsgruppen basierenden und auf Konsens beruhenden Basisdemokratie organisiert, die an heutige Bewegungsstrukturen erinnert. *Property Rights and Indian Economies* heißt der 1992 von dem Ökonomen und langjährigem Präsidenten des *Property and Environment Research Centers* Terry L. Anderson herausgegebene Sammelband über die Gesellschafts- und Wirtschaftsstrukturen der Indigenen Nordamerikas – als bekennender Vertreter des Freihandels der Romantisierung dieses Themas unverdächtig. Gerade deshalb beziehe ich mich auf dieses Werk, denn diesem Vorwurf ist die Beschäftigung hiermit schnell ausgesetzt.

Das Buch widmet sich der Suche nach den Eigentumsrechten in den indigenen Gesellschaften Nordamerikas; begründet wird dies im Beitrag von Bruce L. Benson damit, dass es sich um »busy and creative people« gehandelt habe. Aus diesem Grund wird vermutet, dass es den europäischen ähnliche (Eigentums-)Strukturen mit daraus folgenden Anreizen gegeben haben müsse. Dass dies in keiner der Beschreibungen tatsächlich auch nur ansatzweise zu finden ist, wird nicht reflektiert. Stattdessen wird versucht, Besitzverhältnisse als Eigentumsverhältnisse zu interpretieren.

Besitzrechte legitimieren sich durch Nutzung, und ein Besitzverhältnis wurde auch zum Beispiel bei den Inuit nur so lange anerkannt, solange es aktiv bestand; ansonsten konnte beispielsweise das Stück Flussufer von jemand anderem zum Fischen und damit in Besitz genommen werden. Zudem wurde ein solches Besitzrecht gebrochen durch das Recht eines Menschen, sich ernähren zu können. Im Grunde entsprach dies dem bei John Locke vorzufindenden Hinweis, dass Aneignung unter dem Vorbehalt erfolge, dass »genug und ebenso gutes für den gemeinschaftlichen Besitz anderer vorhanden ist« (II § 27).

Das Grundproblem bei Beobachtungen zu den Gesellschaftsstrukturen in den Kolonien besteht darin, dass überhaupt erst im 19. Jahrhundert solche angestellt wurden – als die Logik von Tausch und Handel selbstverständlich bereits Einfluss auch auf die Kolonisierten genommen hatte. Wenn also bei den Yuroks beispielsweise Kanus verkauft wurden, bleibt offen, ob dies vorher ebenso gewesen war. Aber auch hier galt, dass wer im Besitz eines Kanus war, dazu verpflichtet war, es auszuleihen oder auch, Reisende über den Fluss zu bringen – ansonsten mussten diese entschädigt werden. Entstand dem Besitzer des Kanus dabei ein Schaden, und sei es durch Abwesenheit zu Hause, so war dieser durch die Reisenden zu ersetzen.

Das Land gehörte allen; einzelne Frauen – denn Landwirtschaft war überwiegend Frauensache – konnten, wie bei den Irokesen, zwar auch einzelne Felder bestellen, es gab hierfür aber wenig Grund, denn es tut sich leichter in der Gemeinschaft, verkauft wurde sowieso nichts, und kam es im Winter tatsächlich bei anderen Familien zu Engpässen, diente es nicht dem Zusammenleben, wenn eine Familie hortete.

Besitzrechte waren nicht nur in unterschiedlichen Ethnien verschieden gestaltet. Sie waren zudem immer wieder Gegenstand von Neuregelungen, beispielsweise bei den Irokesen durch den Dorfrat, welcher sich aus den Delegierten der Bezugsgruppen (mal matrilinear strukturierte Patchworkfamilien, mal Nachbar_innen, die eine Schwitzhütte teilten) zusammensetzte. Chiefs, so beispielsweise bei den Yuroks, in vielen Ethnien durchaus auch weibliche, waren eher für Routine-Entscheidungen zuständig und wurden bei Missfallen abgesetzt. Bei Beschlüssen, die eine ganze Ethnie betrafen, kamen Delegierte aus den jeweiligen Dörfern zusammen; war die Diskussion sehr umstritten, gab es Vollversammlungen. Die Entscheidungsfindung wurde als Konsens gestaltet, war letztlich jedoch nicht bindend.

E. Adamson Hoebel, der für seine anthropologischen Studien von Rechtssystemen bekannt wurde, urteilte (hier in Bezug auf die Comanche): »the individual is supreme in all things.«[178] Was über die europäischen Individuen dieser Zeit wohl kaum behauptet werden kann. Warum sollte dies weniger fortschrittlich gewesen sein denn eine Existenz als Proletarier? Die Vorstellung des afrikanischen oder indianischen Häuptlings als patriarchaler Mini-König ist eine europäische Phantasie. Insofern ist unsere Blindheit gegenüber bewahrenswerten Elementen der vom Kapitalismus zerstörten Kulturen und Wirtschaftsweisen sowohl in den kolonialisierten Weltgegenden als auch im europäischen Raum als Ideologie zu erkennen, die wir überwinden müssen, wenn wir wirklich neue Horizonte möglicher Wirtschafts-, Gesellschafts- und Lebensweise erreichen wollen.

> »Der erste, der ein Stück Land mit einem Zaun umgab und auf den Gedanken kam zu sagen ›Dies gehört mir‹ und der Leute fand, die einfältig genug waren, ihm zu glauben, war der eigentliche Begründer der bürgerlichen Gesellschaft. Wie viele Verbrechen, Kriege, Morde, wieviel Elend und Schrecken wäre dem Menschengeschlecht erspart geblieben, wenn jemand die Pfähle ausgerissen und seinen Mitmenschen zugerufen hätte: ›Hütet euch, dem Betrüger Glauben zu schenken; ihr seid verloren, wenn ihr vergesst, dass zwar die Früchte allen, aber die Erde niemandem gehört‹« (Jean-Jacques Rousseau).[179]

Wie die Arbeit erschaffen wurde

»Es ist unsere heilige Pflicht als Regierung, diese Kinder aus Faulheit und Müßiggang herauszuholen«, so Cecil Rhodes, Minenmonopolist und Premierminister des zur Kolonie erklärten südöstlichen Afrikas Ende des 19. Jahrhunderts. Gemeint waren die dort lebenden Schwarzen; diese sollten endlich die »Würde der Arbeit erkennen«.[180]

Auch Anfang des 20. Jahrhunderts und nach seinem Tod hieß es aus der rhodesischen Minengesellschaft heraus:

> »Die Erziehung, die dem Status des Eingeborenen entspricht und die seine Position erfordert, muß in erster Linie die Tugenden der Ordnung, der Disziplin und des Gehorsams einschärfen, damit der Eingeborene endlich nützlich wird für seinen Arbeitgeber

und sich daran gewöhnt, Arbeit als die natürliche Weise anzusehen, seinen Lebensunterhalt zu verdienen.«[181]

Doch ›natürlich‹ war an Arbeit nichts. Die im Zitat eingeräumte Tatsache, dass die Schwarzen Arbeit nicht als etwas Natürliches ansahen, beweist es ja schon; schließlich begannen sie nicht erst zu leben, als sie in die Minen getrieben wurden. Im Gegenteil: Wie in anderen Erdteilen auch, entstand das Phänomen dauerhaften Massenelends und Massenhungers auch auf dem Schwarzen Kontinent erst im Zuge der Kolonialisierung.[182]

Reimer Gronemeyer, dessen Bericht »vom weißen Kreuzzug gegen den schwarzen Müßiggang« diese Beispiele entnommen sind, betont: Arbeit als Abstraktion existierte in den Sprachen des südöstlichen Afrika nicht. Lediglich »Wörter, die Tätigkeiten bezeichnen, aber kein chemisch gereinigtes, von konkreten Bezügen befreites Abstraktum«.[183]

Doch auch in den europäischen Sprachen war dieses Abstraktum erst allmählich entstanden. Dabei hat Arbeit in allen diesen eine Grundbedeutung, die das Mühselige und häufig auch ein Abhängigkeitsverhältnis hervorhebt: Das russische ›rabot‹ ist abgeleitet von ›rab‹, der Sklave; *travail* von *tripalim (›Dreipfahl‹)*, was zunächst eine Vorrichtung zur Bändigung von Pferden war und als *›tripulare‹* später eine Foltermethode; ›labor‹ mag im angelsächsischen Raum eine bezahlte Tätigkeit sein – in Österreich wird an Krankheiten laboriert, denn ursprünglich stand es für »Wanken unter einer schweren Last«, so lehrt es das etymologische Wörterbuch des Deutschen.[184] Und *Arbeit* war seit dem 8. Jahrhundert belegt mit der Bedeutung ›Mühsal, Plage, schwere körperliche Anstrengung‹ und ging zurück auf ›arbejo‹, was in etwa »bin verwaistes und daher aus der Not zu harter Arbeit gezwungenes Kind« bedeutete.[185]

»Ein Plastikwort auf dem Weg zur Weltformel«, so beschreibt Gronemeyer den Prozess, wie Arbeit erschaffen wurde.[186] Dabei seien die Parallelen in Europa und Afrika verblüffend – so als habe jemand ein Lehrbuch zur Einführung der Arbeitsgesellschaft zu Rate gezogen.[187]

> »Zwangsarbeit, Arbeitshäuser, die Enteignung des Bodens und seiner Schätze, die Zerstörung sozialer Zusammenhänge, die Serialisierung und Instrumentalisierung der Körper, die Implantierung eines rigiden Zeitbewusstseins sowie die Erziehung zu Ordnung, Pünktlichkeit und Gehorsam – das waren nicht nur die Ingredienzien des kolonialen Großversuchs, die Schwarzen zum Evangelium der Arbeit zu bekehren, das waren auch schon die Imperative, mit denen die Arbeitsgesellschaft einst in Europa durchgesetzt wurde.«[188]

Wenn auch kein Lehrbuch geschrieben, so hatte immerhin in der Mitte des

19. Jahrhunderts Earl Grey die entscheidenden zwei Schritte analysiert und damit eine wirksame Doppelstrategie propagiert: Man müsse den Afrikanern erstens das Land wegnehmen und zweitens Steuern erheben. Dann stünden sie schon als Arbeitskräfte zur Verfügung.[189] Denn der erste Schritt muss in den etwas späteren Worten von Lord Delamare folgendes Problem angehen: »Solange die Eingeborenen ein hinreichendes Stück Land ihr eigen nennen, auf dem sie sich niederlassen können, solange ist das Problem eines zufriedenstellenden Nachschubs an Arbeitskräften nicht zu lösen.«[190] Hierfür bietet sich die direkte Aneignung des Bodens an, und Delamare ging mit Beispiel voran: In seinem Falle waren es 150.000 Morgen.

Der zweite Schritt war notwendig dafür, um einen Bargeldbedarf zu erzwingen. Dazu wiederum Cecil Rhodes:

> »Wir wollen diese jungen Leute in den Griff bekommen, und die einzige Art und Weise, das zu erreichen, besteht darin, sie zur Zahlung einer Arbeitssteuer zu zwingen (...) Es muss ihnen klargemacht werden, dass in Zukunft neun Zehntel von ihnen ihr Leben mit täglicher (Lohn-)Arbeit verbringen werden.«[191]

»Und so konnte man schon bald nach der Ankunft der Pioniere in Rhodesien Kolonialbeamte damit beschäftigt sehen, eine Hüttensteuer zu erheben«, schreibt Gronemeyer. »Da kaum jemand über Bargeld verfügte, war von diesem Augenblick an die Aufnahme einer Lohnarbeit unvermeidlich.«[192]

Für Europa sieht Reimer Gronemeyer das Arbeitshaus als Sinnbild für die Entwicklung hin zur Arbeitsgesellschaft:

> »Dort fanden sich Tretmühlen, in denen die zur Arbeit Gezwungenen wie Goldhamster im Käfig gehalten wurden. Die Tretmühle ist dabei sinnfällig für das, was da Neues kommt, weil sie eine mechanische Disziplinierung der Körper erzwingt. Man kann sich nicht ausruhen oder träumen oder das Tempo verlangsamen, ohne daß dies nicht sofort seine sichtbaren und kontrollierbaren Auswirkungen hätte. Die Maschinisierung setzt Zwänge und Normen, mit denen die unwilligen Körper mechanisch ›bewegt‹ werden. Und erst in einem langsamen, allmählichen Sozialisationsprozeß gelingt es, diese ›Maschinenförmigkeit‹ in die Menschen zu implantieren.«[193]

Die Tretmühle wurde nach innen verlegt, ins seelische Inventar des Arbeitenden. Müßiggang galt forthin als Diebstahl, Arbeit wurde zur Pflicht – und allmählich sogar Recht.[194] Das Arbeitshaus verschwand, weil ganz Europa zum Arbeitshaus wurde; ein Prozess, den der französische Philosoph Michel Foucault in seinen Werken so trefflich analysiert hat.[195]

> »Langsam aber sicher wanderten die Tugenden der Arbeitsgesellschaft in die Menschen ein; bis sie schließlich von selbst tun, was sie sollen. Sie müssen dann nicht mehr zu

Ordnung, Pünktlichkeit und Gehorsam erzogen werden, sondern sie betrachten die Arbeit als das Sinn-Zentrum ihres Lebens und verachten alles, was nicht den Imperativen der zur Gottheit gewordenen Arbeitsidee gehorcht.«[196]

»Wer nicht arbeitet, soll auch nicht essen«, stand sowohl in Lenins *Staat und Revolution* als auch in der ersten Verfassung der Sowjetunion. Und wie viele Linke, die den Arbeitsethos perfekt analysieren können, kennen das dunkel drückende schlechte Gewissen, gerade nicht produktiv zu sein!

Nicht für jedermann funktioniert es, dieses schlechte Gewissen mit reproduktiven Tätigkeiten beruhigen zu wollen. Viele zählen diese nicht als Arbeit. Das sah schließlich auch die Arbeiterbewegung schon so. Der Weg zur ›Befreiung der Frau‹ ging über die Erwerbsarbeit.

An ganz anderer Stelle in ganz anderem Zusammenhang veranschaulicht ein 2009 von Marianne Gronemeyer geschildertes Erlebnis, was aus Arbeit bis zum heutigen Tag geworden ist:

»Ich war kürzlich zu einer Lesung ans Berner Stadttheater geladen. Zwei Freundinnen begleiteten mich. Nach einer längeren Autofahrt kamen wir ziemlich ausgehungert in Bern an. Es war Samstagnachmittag kurz vor 17 Uhr, also kurz vor Geschäftsschluß. Wir hasteten in eines dieser Kaufhäuser mit den ausgedehnten Lebensmittelabteilungen, um noch rasch etwas Essbares zu ergattern. Der Zwiebelkuchen schmeckte so, wie diese Massenbackwaren, denen man heutzutage sogar den Backgeruch aus der Sprühdose verpasst, nun einmal schmecken. Also wollten wir uns an einem Maronentörtchen von der Kuchentheke schadlos halten. Wir diskutierten noch einen Augenblick, ob wir dieser oder jener Variante den Vorzug geben sollten, die eine zu 4 Franken 50 und die andere zu 4 Franken 80. Ein stolzer Preis. Wir gaben der Verkäuferin unsere Bestellung auf, zwei von diesen und eins von jenen. Sie schaute uns sekundenlang an, dann auf die Uhr und dann ergriff sie mit kalter Entschlossenheit das Tablett mit den kleinen runden Törtchen und beförderte sie mit einem unwiderstehlichen Schwung in einen der bereitstehenden Müllsäcke. Vollkommen verblüfft zeigten wir schnell auf die andere Sorte und orderten – nun ganz unkompliziert – die drei dort verbliebenen Tortenstücke und versicherten, dass wir sie ordnungsgemäß bezahlen wollten, den vollen Preis, selbstverständlich. Wir wurden wieder keines Wortes, nur eines, wie uns schien, leise triumphierenden Blickes gewürdigt, und auch diese Tortenteile wurden vor unseren Augen mit einer zusammenraffenden Gebärde in den Müllsack befördert. Alles, was sonst noch in der schmuck hergerichteten Auslage lag, nahm denselben Weg. Ich versuchte noch einen von Resignation schon geschwächten Protest. Keine Reaktion, nur die zügige, unbeirrte Fortsetzung der Kuchenvernichtung. Das war nun allerdings schwer zu begreifen für einen halbwegs normal arbeitenden Verstand. Wir waren Zeugen eines dramatischen Werteverfalls geworden. Eine Ware, die eben noch 4 Franken 50 wert war, wurde im Handumdrehen und ohne erkennbare Veränderung ihrer Qualität zu Müll, zu einem Unwert. Und was eben noch verführerisch mit allerlei Zierrat zum Kauf angeboten wurde, wurde auf einmal zu etwas, vor dem man sich ekeln musste, Schmutz, Abfall. Schmutz entsteht Zygmunt Bauman zufolge durch Deplatzierung. Das Spiegelei, so

Bauman, das, auf dem Teller liegend, einem das Wasser im Mund zusammenlaufen lässt, erregt, wenn es auf das Sofakissen gerutscht ist, Ekel.

In unserer Situation war etwas anderes ausschlaggebend für die wundersame Verwandlung einer Leckerei in eine ekelhafte Pampe. Der Sekundenzeiger der maßgeblichen Uhr war auf die 12 gesprungen, und die 17-Uhr-Position war erreicht. Dienstschluß für die Damen hinter der Verkaufstheke. Feierabend. Zunächst richtete sich unser Zorn gegen die Verkäuferinnen, die so rigoros mit uns, ihren Torten und ihrer Dienstpflicht verfuhren. Dann aber die Frage: Wäre die Prozedur etwa besser gewesen, wenn wir unser Törtchen noch für teures Geld erhalten hätten, während es eigentlich schon zu Müll umdeklariert war? Und dann eine weitere Frage, die uns ahnen ließ, daß Zorn eine ganz unangemessene Gemütsregung gegenüber den Frauen, die uns so schnöde hatten leer ausgehen lassen, war. Mitleid war angebracht. Was richtet diese tägliche Nichtung ihrer Arbeit in den Frauen an? Den ganzen Tag sollen sie allen Eifer nebst einstudierter Freundlichkeit darauf richten, die Kunden auf den Geschmack zu bringen und ihnen die süße Ware als äußerst begehrenswert anzudienen. Und mit dem abendlichen Garaus wird ihnen ihr Tagewerk als ein durch und durch trügerisches, wenn nicht gar betrügerisches entlarvt. Und die Kunden werden ihnen von ihren Auftraggebern – in geheimer Komplizenschaft – als Deppen präsentiert, die verführbar sind, sich mit Ramsch abspeisen zu lassen und dafür auch noch stattliche Geldsummen zu verausgaben. Allabendlich wird den Frauen die vollkommene Sinnlosigkeit ihrer Arbeit bescheinigt. Sie hatten den ganzen Tag niemandem eine Freude gemacht.«[197]

Marianne Gronemeyer geht es nicht speziell um das Arbeitselend von Verkäuferinnen. Die ehemalige Lehrerin und emeritierte Professorin nimmt selbst lehrende und heilende Berufe nicht aus, wenn sie Arbeit als solche kritisiert: »Bei genauerem Hinsehen wird man feststellen, dass beinah alles, was heute berufsmäßig an Arbeit verrichtet wird, menschen- und naturschädigend ist.«[198]

Wie Geld in die Welt kam

Es ist umständlich, ein Fahrrad gegen Brötchen einzutauschen, wenn der Bäcker Milch braucht und auch der Bauer kein Fahrrad, sondern lieber einen Pullover hätte, undsoweiterundsofort. Das hatte mir bereits im Vorschulalter eine Comicsendung im Fernsehen überzeugend vorgeführt. Und damit vom Nutzen des Geldes überzeugt.

So sehr ist uns eingetrichtert worden, dass es ohne Geld nur primitive Tauschwirtschaft geben kann, dass wir uns anderes gar nicht mehr vorstellen können. David Graeber macht sich in seiner Untersuchung über die Entstehung des Geldes ›Schulden. Die ersten 5000 Jahre‹ ausführlich lustig über diese Phantasielosigkeit. Denn Tausch ist nicht einfach Geben und Nehmen. Während Geben und Nehmen überhistorische Konstanten sind, so ist Tausch eine Transaktion, bei der offiziell gleiche Werte ausgetauscht werden.

Graeber zitiert zahlreiche Beispiele aus Lehrbüchern, die alle demselben Muster folgen: »Wie muss das damals gewesen sein? Nun, stellen wir uns ein Wirtschaftssystem vor ähnlich wie unser heutiges, nur ohne Geld. Das muss sehr unpraktisch gewesen sein! Ganz sicher haben die Leute das Geld erfunden, weil es praktischer war.« Zur Veranschaulichung übernehme ich ein von ihm angeführtes Zitat aus dem im Jahr 2000 erschienenen Lehrbuch *Economics* von Joseph Stiglitz (ansonsten bekannt für brillante Analysen neoliberaler Wirtschaftspolitik) und John Driffill:

> »Wir können uns einen altmodischen Farmer vorstellen, der in seiner Stadt mit dem Schmied, dem Schneider, dem Lebensmittelhändler und dem Arzt Tauschhandel betreibt. Doch damit ein einfacher Tauschhandel funktioniert, muss es eine doppelte Koinzidenz der Wünsche geben ... Henry hat Kartoffeln und möchte Schuhe, Joshua hat ein Paar Schuhe übrig und möchte Kartoffeln. Ein Tauschgeschäft kann beide glücklich machen. Aber wenn Henry Feuerholz hat und Joshua kein Feuerholz braucht, dann muss einer von beiden oder müssen beide, damit Joshua seine Schuhe an den Mann bringen kann, mehr Leute suchen in der Hoffnung, dass ein Tausch über mehrere Ecken zustande kommt.«[199]

Graeber kommentiert lakonisch: »Welcher Mensch, der bei Verstand ist, würde an einem solchen Ort einen Lebensmittelladen eröffnen?« Der Realität entspricht weder diese Vorstellung noch die Szenerie des anderen bei Ökonomen beliebten, von Adam Smith übernommenen indigenen Märchenlandes.[200] Doch auch ein weiterer scharfer Analytiker und Kritiker von Neoliberalismus und sogar Kapitalismus, Yanis Varoufakis, wiederholte jüngst diese Vorstellung vom ursprünglichen Tausch: »Wenn einer unserer Vorfahren einem anderen eine Banane anbot und dafür einen Apfel wollte, war das eine Form des Austauschs; ein unvollkommener Markt, bei dem eine Banane den Preis für einen Apfel darstellte und umgekehrt.«[201] Dass hierbei nicht einfach Austausch, sondern Tausch im Sinne von äquivalenten Werten gemeint ist, bezeugt der Nachsatz. Und wo auch immer dieses Land mit Bananen und Äpfeln gelegen haben mag – niemals wurde von der ›Entdeckung‹ eines Landes berichtet, in dem Tauschhandel betrieben wurde: »Seit Jahrhunderten suchen Forscher mittlerweile nach diesem sagenhaften Land des Tauschhandels – alle ohne Erfolg.«[202]

Seit Adam Smith wird Tausch von Ökonomen als überhistorische Eigenschaft des Menschen angesehen und in jeder Kultur vorausgesetzt. Umgekehrt jedoch lässt sich sagen: Es kommt in unterschiedlichen Kulturen zu ganz unterschiedlichen Wirtschaftsformen – nur Tausch kommt nicht vor. Um dies zu illustrieren, versucht Graeber eine anthropologisch abgesicherte Variante des Beispiels von Stiglitz und Driffill – allerdings mit, wie er selbst betont, Übernahme der Tatsache, dass Henry und Joshua offensichtlich als Oberhäupter patriarchaler Haushalte gedacht werden:[203]

> »Kehren wir zur Erläuterung dessen, was ich meine, noch einmal zu den wirtschaftswissenschaftlichen Lehrbüchern und dem Problem der ›doppelten Koinzidenz der Wünsche‹ zurück. Als wir Henry verlassen haben, brauchte er ein Paar Schuhe und hatte nur einige Kartoffeln herumliegen. Joshua hatte ein überzähliges Paar Schuhe, brauchte aber eigentlich keine Kartoffeln. Da das Geld noch nicht erfunden ist, haben beide ein Problem. Was können sie tun?
> (...)
> Falls zum Beispiel Henry in einem Langhaus der Seneca, einem nordamerikanischen Indianerstamm aus dem Bündnis der Sioux, leben sollte, würde er es niemals betreten. Er würde seiner Frau von der Sache erzählen, die würde das Thema im Kreis der anderen Frauen zur Sprache bringen, Material aus dem gemeinsamen Lager des Langhauses holen und ihm Schuhe nähen.«[204]

Um ein weiteres Szenario für ein imaginäres wirtschaftswissenschaftliches Lehrbuch zu bekommen, so wieder Graeber, könnten wir alternativ Joshua und Henry auch bei den Nambigwarea oder den Gunwinggu verorten.

> »Henry trifft Joshua und sagt: ›Hübsche Schuhe!‹
> Joshua erwidert: ›Ach, sie sind nichts Besonderes, aber wenn sie dir gefallen, kannst du sie gern haben.‹
> Henry nimmt die Schuhe.
> Von Henrys Kartoffeln ist gar nicht die Rede, weil beide genau wissen, dass Henry Joshua jederzeit Kartoffeln geben würde, wenn er welche brauchen sollte.«[205]

Noch weitere Beispiele zusammenfassend, schreibt Graeber:

> »In all diesen Szenarien verschwindet das Problem der ›doppelten Koinzidenz der Wünsche‹, das die wirtschaftswissenschaftlichen Lehrbücher immer wieder beschwören, wie von selbst. Henry hat womöglich nichts von dem, was Joshua gerade jetzt haben will. Aber die beiden sind Nachbarn, und da ist es offensichtlich nur eine Frage der Zeit, bis der Fall eintreten wird.«[206]

Das anthropologische Standardwerk über Tauschhandel von Caroline Humphrey von der Universität Cambridge ist eindeutig in seinem Ergebnis: »Schlicht und einfach wurde nicht ein einziges Beispiel einer Tauschwirtschaft jemals beschrieben, ganz zu schweigen davon, dass daraus das Geld entstand; nach allen verfügbaren ethnografischen Daten hat es das nicht gegeben.«[207]

Wichtig aber sei diese Vorstellung für den Mythos, dass ›die Wirtschaft‹ einfach der Bereich sei, in dem Menschen ihrer natürlichen Neigung zum Handeln und Tauschen nachgeben könnten: Da wir schon immer gehandelt und getauscht hätten, würden wir es auch in Zukunft immer tun (solange kein Zwangsregime uns daran hindert, diesem inneren Trieb folgen zu dürfen zumindest). Damit existiere scheinbar so etwas wie ›die Wirtschaft‹, und diese funktioniere scheinbar unabhängig vom moralischen und politischen Leben nach ihren eigenen Regeln. Und insofern das Handeln von Menschen in diesem Bereich von Bedeutung ist, so scheint es nur dann ›rational‹, solange es sich an diesen – den anderen Bereichen menschlichen Zusammenlebens durchaus entgegengesetzten – moralischen Werten ausrichtet. Geld sei in dieser Vorstellung einfach nur das effektivste Mittel.

> »Die Entwicklung ist ganz einfach und geradlinig, sie bewegt sich auf immer mehr Raffinesse und Abstraktion zu, und das führte die Menschheit logisch und unausweichlich von der Steinzeit, als man Mammutstoßzähne tauschte, zu Aktienmärkten, Hedgefonds und verbrieften Derivaten.«[208]

Adam Smith, der die These vom menschlichen Trieb zum Tauschen in die Welt setzte, siedelte seine Geschichte bei den Indigenen Nordamerikas an. Zu seinen Lebzeiten gab es, so Graeber, in schottischen Büchereien keine verlässlichen Informationen über das Wirtschaftssystem der amerikanischen Ureinwohner. Aber ab Mitte des 19. Jahrhunderts wurden die ersten Beschreibungen veröffentlicht, mit dem einheitlichen Ergebnis: Niemand tauschte je Pfeilspitzen gegen Fleischstücke. Stattdessen fand sich »eine unendliche Vielfalt wirtschaftlicher Systeme«. Aber bis heute konnte niemand eine Weltgegend identifizieren, wo der gewöhnliche wirtschaftliche Austausch zwischen Nachbarn in der Form stattfand: »Ich gebe dir 20 Hühner für diese Kuh.« Die Ökonomen aber ignorierten diese Information schlichtweg – bis heute. Obwohl selten eine historische Theorie so vollkommen und systematisch widerlegt wurde, so Graeber, wurde die neue Geschichte nie geschrieben. Die Lehrbücher blieben einfach bei ihrer Geschichte von den zwei Nachbarn, die miteinander – zum Beispiel – Schuhe und Kartoffeln tauschen wollten und nicht konnten.[209] Für Graeber ist der Grund offensichtlich: »Geld ermöglicht es, uns so zu sehen, wie die Ökonomen es uns glauben machen wollen: als eine Ansammlung von Individuen und Staaten, deren Hauptbeschäftigung es ist, Dinge zu tauschen.«[210]

Beispiele für Tausch finden sich dagegen ausschließlich bei Begegnungen zwischen Fremden, die sich höchstwahrscheinlich nie wiedersehen werden und zwischen denen es ganz sicher keine regelmäßigen Kontakte geben wird.[211] Kein Wunder also, dass in den 100 bis 200 Jahren vor Adam Smith die Wörter für Tauschen zum Beispiel im Englischen, Französischen oder Deutschen wörtlich ›beschwindeln‹, ›hereinlegen‹ und ›übers Ohr hauen‹ bedeuteten.[212]

Nur Gesellschaften, die bereits Geld kannten, entwickelten in Situationen, wo es nicht mehr zur Verfügung stand, Systeme des Tausches.[213] Das erklärt, warum es beispielsweise in Gefängnissen zu Alternativwährungen kommt. Yanis Varoufakis führt die Erfahrungen des Ökonomen und späteren IWF-Mitarbeiters Robert A. Radford als britischer Offizier in einem deutschen Lager für westliche Kriegsgefangene aus. Als Geld dienten dort Zigaretten; Radford konnte sogar Zigaretten-Inflation, Zigaretten-Kredite und Zigaretten-Banken beobachten. Doch dass es immer dort, wo kein Geld zur Verfügung steht, zu solchen Ersatzwährungen kommt, ist ein Mythos. Varoufakis hatte das Buch bereits beendet, als er auf die Idee kam, seinen Vater zu fragen, der vor und nach dem Ende des griechischen Bürgerkrieges von 1946 bis 1949 in den Gefangenenlagern auf Makronnissos und Ikaris interniert gewesen war, ob sich dort auch Zigaretten zu einer Währung herausgebildet hätten? Des Vaters Antwort war: »Nein, bei uns wurde alles geteilt.«[214]

Die Hauptthese des Buches von Graeber besagt, dass Geld eben nicht aus Tauschbeziehungen, sondern aus Schuldbeziehungen entstanden ist. Und aus dieser Perspektive sei die entscheidende Eigenschaft des Geldes seine Fähigkeit, Moral in eine Sache unpersönlicher Arithmetik zu verwandeln und dabei Dinge zu rechtfertigen, die ansonsten empörend oder obszön erscheinen würden.[215]

> »Denn wenn die Geschichte etwas zeigt, dann dies, dass es keine bessere Methode gibt, auf Gewalt gegründete Beziehungen zu verteidigen und moralisch zu rechtfertigen, als sie in die Sprache von Schuld zu kleiden – vor allem, weil es dann sofort den Anschein hat, als sei das Opfer im Unrecht. Mafiosi wissen das. Auch die Kommandeure von Invasionsarmeen. Seit vielen tausend Jahren reden gewalttätige Männer ihren Opfern ein, sie würden ihnen etwas schulden.«[216]

Selbst die rund anderthalb Millionen Sklav_innen, die über die Bucht von Biafra aus Afrika nach Amerika verschleppt wurden, gerieten überwiegend wegen Schulden in die Sklaverei.[217] Und die gespenstische Gier der Männer des Hernán Cortés erscheint in diesem Licht nicht mehr als urmenschliche Eigenschaft. David Graeber zitiert aus dem Tagebuch des Expeditionsteilnehmers Bernal Díaz del Castillo:

»Im übrigen bedrückten uns alle schwere Schulden. Für eine Armbrust musste der Mann vierzig bis fünfzig Piaster zahlen, für eine Muskete hundert, für einen Degen fünfzig und für ein Pferd achthundert bis tausend und darüber. So teuer mussten wir alles bezahlen. Ein Chirurgus, der einige gefährliche Wunden geheilt hatte, verlangte für seine Kuren ungeheure Summen; ein Apotheker und ein Barbier spielten gleichfalls den Arzt. Solche Prellereien gab es in Hülle und Fülle. Sobald die Mannschaften ihren Beuteanteil bekamen, wurden ihnen diese Gelder abgefordert.«[218]

Einem Aufstand beugte Cortés dadurch vor, dass er die am lautesten Aufbegehrenden beauftragte, neue Kolonien anzulegen. Diesen Männern wurde die Kontrolle über die Provinzen übertragen. Sie schufen die örtlichen Verwaltungen und Arbeitssysteme und setzten die Steuern fest.[219]

Arbeitssysteme bedeuteten die ersten Jahre der Kolonialisierung für Millionen von Indigenen, in die Minen und damit ziemlich direkt in den Tod geschickt zu werden, weshalb zunehmend zu »dem üblichen Trick« (Graeber) einer Besteuerung der Bevölkerung übergegangen wurde. Wobei die Unglücklichen, die diese Abgaben nicht aufbringen konnten, Geld gegen Zinsen leihen mussten und diese Schulden dann mit Arbeitsdiensten zu tilgen versuchen.[220]

Wie diese Schuldenpolitik bis in die heutigen Tage reicht, verdeutlicht Graeber an einem Land, in dem er selbst längere Zeit gelebt hat: Madagaskar. 1895 drang Frankreich nach Madagaskar vor, setzte die Regierung der damaligen Königin Ranavalona III. ab und erklärte das Land zur Kolonie. Als eine der ersten Maßnahmen nach der sogenannten ›Befriedung‹ erlegte General Joseph Gallieni der Bevölkerung von Madagaskar hohe Steuern auf, teils als Rückzahlung der Kosten, die bei der Invasion entstanden waren, teils auch, um die Eisenbahnlinien, Straßen, Brücken, Plantagen etc., also die Infrastruktur zum Ausbeuten des Landes zu finanzieren.[221] Mit anderen Worten: »Gallieni ließ Geld drucken und verlangte dann, alle Bewohner der Insel sollten ihm davon etwas abgeben.« Genannt wurde diese Kopfsteuer ›impôt moralisateur‹, ›erzieherische‹ oder ›moralisierende‹ Steuer. »Die Steuer sollte – um es in den Begriffen der damaligen Zeit auszudrücken – die Eingeborenen den Wert der Arbeit lehren.«

Für die Bauern war es am einfachsten, einen Teil ihrer Ernte zu verkaufen, doch da das angesichts von Jahreszeiten und Steuerabgabeterminen alle gleichzeitig taten, war der Preis sehr niedrig und nur wenig dafür zu bekommen. Wurde das Essen im Laufe des Jahres knapp, stiegen die Preise erheblich an. Oft musste von denselben Händlern Reis auf Kredit zurückgekauft werden. In der Folge verschuldeten sich die Bauern, die bis dahin gut hatten leben können, hoffnungslos.[222] Aufstände wurden brutal unterdrückt; bei einem im Jahr 1947 soll es bis zu einer halben Million Tote gegeben haben.

Die erkämpfte Dekolonialisierung funktionierte immer noch ähnlich: Nach der Unabhängigkeit »hörten die Madagassen vom ersten Tag an, sie schuldeten Frankreich Geld, und daran hält man bis heute fest, und der Rest der Welt findet das gerecht. Soweit die ›internationale Gemeinschaft‹ ein moralisches Problem erkennt, ist es üblicherweise ihre Einschätzung, die Regierung von Madagaskar zahle ihre Schulden zu langsam zurück.«[223]

... und wie wir entstanden

Wie kommt es, dass heute das Argument, der Mensch sei nun einmal egoistisch und von Natur aus konkurrent, überzeugend scheint, während es zu vielen Zeiten in vielen Kulturen überhaupt keinen Sinn ergeben hätte? Wie kommt es, dass wir normal finden, Entscheidungen fast ausschließlich danach auszurichten, ob dadurch mehr oder weniger Geld auf unserem Konto landet, während selbst der Hauptbegründer des Utilitarismus, Jeremy Bentham, darunter verstand, unsere Entscheidungen sollten sich am größtmöglichen Glück der Menschheit ausrichten? Und wie kommt es, dass heute einerseits das Ideal des erfolgreichen Karrieremenschen für alle Geschlechter und alle un/rassifizierten Menschen gilt, andererseits weiße, männliche, körperlich leistungsfähige etc. Menschen trotzdem immer noch eher Karriere machen?

Diesen Fragen habe ich ein ganzes Buch gewidmet, darum hier nur kurze Bezüge. In *Der Homo Oeconomicus und das Andere* von 2008 führe ich historisch und theoretisch aus, wie unsere heutigen Identitäten in Interaktion mit der Ökonomie entstanden, allerdings ohne darauf reduzierbar zu sein. Meine Hauptthese ist, dass im Ringen um Privilegien, dem Zugang zu Ressourcen oder auch um eine angenehme Arbeitsteilung Identitätskategorien konstruiert wurden und werden. In *Der unsichtbare Tropenhelm* von 2013 versuche ich speziell für Rassismus sichtbar zu machen, wie unbewusst dies häufig passiert.

Dass wir immer nur in einem gesellschaftlichen Kontext existieren, besagt bereits der queerfeministische Ansatz und wird inzwischen noch stärker betont durch den ›material turn‹. Neu in diesem ist das Einbeziehen dessen, was Ökofeminist_innen zusammen mit lateinamerikanischen Indigenen als Pachamama, ›Mutter Erde‹ bezeichnen: dass wir einfach Teil des gesamten Lebens auf dieser Erde sind.

Wie unterschiedlich wir, obwohl selbstverständlich unseren Identitäten verhaftet, dennoch durch unsere jeweilige Umwelt beeinflusst werden, dafür illustriere ich in einem kleinen Beitrag des Commons-Sammelbandes von 2012 Experimente, die zeigen, wie Kinder ihre intrinsische Lust am Malen verlieren, wenn ihnen Gummibärchen als Belohnung angeboten werden, und wie Kleinkinder die Selbstverständlichkeit des Helfens einbüßen. Oder wie Erwachsene keine Rücksicht auf andere mehr nehmen, sowie sie meinen, ›die bekommen ja Geld dafür‹.[224]

Andere Versuche zeigen, dass es schon ausreicht, nur an Geld zu denken. Der Biophysiker Stefan Klein warnt,

> »wie jedes Suchtmittel, so hat auch Geld gefährliche Nebenwirkungen: Es fördert den Egoismus. Auf welch subtilen Wegen Euro und Dollar die Psyche verändern, zeigte vor Kurzem die US-Psychologin Kathleen Vohs. Sie manipulierte das Unbewusste ihrer Versuchspersonen mit Worträtseln, in denen immer wieder Begriffe wie ›Gehalt‹ oder ›Vermögen‹ vorkamen. Dann bat sie die Probanden um eine kleine Hilfeleistung, etwa ein paar heruntergefallene Stifte aufzuheben.
>
> Das Ergebnis der Studie kann erschrecken: Die Versuchspersonen, die man mit Floskeln aus der Finanzwelt konfrontiert hatte, waren wesentlich weniger hilfsbereit als jene, die ein Rätsel mit neutralen Begriffen gelöst hatten. Auch waren Erstere weniger willens, selbst Hilfe in Anspruch zu nehmen oder für eine gute Sache zu spenden. Vohs vermutet, der bloße Gedanke an Geld rufe eine Illusion persönlicher Unabhängigkeit wach: Mit einem vollen Portemonnaie meinen wir eher, andere nicht zu brauchen, und erwarten umgekehrt auch von ihnen, ihre Probleme selbst zu lösen.
>
> In einer zweiten Serie von Experimenten saßen die Versuchspersonen einem Poster mit Geldscheinen verschiedener Währungen gegenüber, betrachteten dieses Motiv als Bildschirmschoner oder sahen nur etwas Monopoly-Geld in der Ecke herumliegen. Und wieder waren die Probanden weniger zur Zusammenarbeit mit anderen bereit. Zudem äußerten sie weniger Lust, ihre Freizeit mit anderen zu verbringen, und rückten sogar körperlich von ihren Gesprächspartnern ab. Offenbar ist die egoistische Natur des Menschen auch eine sich selbst bestätigende Prophezeiung: Behandelt man Personen, als seien sie eigennützig, werden sie es.
>
> Damit leisteten die Theorien über die grenzenlose Gier der Menschen genau dieser Gier Vorschub.«[225]

Morgen

»A lot has changed in the past 300 years«, belehrt Captain Picard von der USS Enterprise-D im Jahr 2364 unseren frisch aufgetauten ehemaligen Zeitgenossen Ralph Offenhouse über die Tatsache, dass es kein Geld mehr gibt. Dieser macht sich Sorgen: »What will I do? How will I live?« und vor allem: »What's the challenge?« Jean-Luc Picard unterdrückt ein leichtes Genervtsein, bevor er gedehnt antwortet: »The challenge, Mr. Offenhouse, is to improve yourself, to enrich yourself. Enjoy it!«

»There are a lot of things I haven't told you about our world – we do not use money any more in this country. On this planet.« »You don't use money?« Dieses Mal handelt es sich um den Teaser des noch entstehenden Films ›Waking Up‹ des Norwegers Harald Sandø; auch hier muss einem frisch aufgetauten Ex-Zeitgenossen von uns dasselbe erklärt werden. Diesmal bereits im 22. Jahrhundert und von einer jungen Frau, deren Gesichtszüge zwar weniger genervt erscheinen, aber doch geprägt von demselben Gefühl kultureller Überlegenheit: »No.« »So you could have anything you want?« »Well, yes, but – we do not want more than we need … It works pretty much as your old libraries used to work. Accept that we can keep whatever we want or need – as long as we need it!« Und als sie das skeptische Gesicht sieht, fügt sie hinzu: »Don't worry, you gonna love the future!«

Die Null-Grenzkosten-Gesellschaft

So könnten die Ergebnisse aussehen von Jeremy Rifkins Prognose, die da lautet: »In der Abenddämmerung der kapitalistischen Ära zeichnet sich ein neues Wirtschaftsmodell ab.«[226] In der Gegenwart sähen wir uns vor dem fundamentalen Widerspruch im Herzen des Kapitalismus: Die Steigerung der Produktivität als Motor des Systems bewirke einen gnadenlosen Wettlauf, welcher an Fahrt gewinne bis zu dem Punkt, an dem die optimale Effizienz und damit der Höchststand der Produktivität erreicht sei. Ab dann aber seien die Grenzkosten für jede zusätzliche Einheit nahezu null. »Ist diese Ziellinie überschritten, sind Güter und Dienstleistungen nahezu kostenlos, die Profite trocknen aus, der Austausch von Eigentum auf den Märkten kommt zum Erliegen, und das kapitalistische System geht ein.«[227]

Schwups – weg ist es?! Nein, so einfach stellt auch Rifkin sich das ›Eingehen‹ des Kapitalismus nicht vor – zum einen geht er von einigen Jahrzehnten aus, wobei allerdings seine Zeitangaben schon für die Verdrängung der Zweiten durch die Dritte Industrielle Revolution (also dem Übergang von kapitalintensiven, vertikal organisierten Großkonzernen zu kapitalextensiver und dezentraler Produktion) wage sind: »höchstwahrscheinlich im Lauf der nächsten drei Jahrzehnte, zumindest teilweise« – nun, daran kann sozusagen nichts falsch sein.

Zum anderen sieht auch er den Übergang nicht als automatische technische Entwicklung, sondern als Bewusstseinswandel. »Die neuen Commoners sind weit mehr als nur eine politische Bewegung. Sie stehen für einen tiefgreifenden gesellschaftlichen Umbruch, der wahrscheinlich nicht weniger bedeutend und dauerhaft sein wird als der (...) zu Beginn der kapitalistischen Ära.«[228]

Was Rifkin an Stelle des Kapitalismus kommen sieht, ist eine Wirtschaft, in welcher immer mehr Güter und Dienstleistungen entstehen durch in Peer-to-Peer-Netzwerken getragene Kommunikation, Energiegewinnung und Produktion.[229] Durch das daraus sich zusammensetzende ›Internet der Dinge‹ komme es zu einer dramatischen Steigerung von Effizienz und Produktivität, welche die Kosten für die Erzeugung zusätzlicher Einheiten von Gütern und Dienstleistungen, also abgesehen von den anfänglichen Investitions- und den Fixkosten, so gut wie eliminierten. Auf diese Weise werde die neue Ökonomie, statt durch vertikal integrierte Unternehmen auf dem kapitalistischen Markt der Profitlogik zu folgen, das Gemeinwohl durch horizontal integrierte Netzwerke in kollaborativen Commons optimieren.[230]

Dies überschreite allerdings den Denkrahmen der heutigen Ökonomen:

> »Viele, wenn auch nicht alle aus der alten Wirtschaftsgarde können sich schlicht nicht vorstellen, wie wirtschaftliches Leben sich in einer Welt gestalten sollte, in der fast alle Güter und Dienstleistungen nahezu kostenlos sind, in der es keinen Profit mehr gibt, in der Eigentum bedeutungslos und der Markt überflüssig geworden ist.«[231]

Klassische wie neoklassische Wirtschaftstheorie – und es sei hinzugefügt: auch keynesianische – versagten in dem Augenblick, in dem die Grenzkosten der produktiven wirtschaftlichen Aktivität einer Gesellschaft gegen null gingen. Denn wenn die Preise für Güter und Dienstleistungen nicht länger an den Markt gebunden sind, verschwinden die Profite. Dann aber, so Rifkin, verliere die operative Grundlage des Kapitalismus als Allokations- und Distributionsmechanismus ihren Sinn, weil die Dynamik des Kapitalismus Knappheit voraussetzt.

> »Umsonst impliziert also nicht nur Freiheit vom Preis, sondern auch Freiheit von der Knappheit. Liegen die Grenzkosten für die Produktion zusätzlicher Einheiten eines Gutes oder einer Dienstleistung bei nahezu null, bedeutet das, Überfluss hat die Knappheit ersetzt. Der Tauschwert wird nutzlos, da jeder sich so gut wie alles verschaffen kann, was er braucht, ohne dafür zu bezahlen. Produkte und Dienstleistungen haben Gebrauchs- und Teilwert (insofern sie sich mit anderen teilen lassen), aber sie haben ihren Tauschwert verloren.«[232]

Der Gedanke, das wirtschaftliche Leben um Überfluss – ich spreche lieber von Fülle – und Gebrauchs- und Teilwert anstatt um Knappheit und Tauschwert zu organisieren, sei unserer ökonomischen Theorie und Praxis so fremd, dass wir uns das einfach nicht vorstellen könnten. Aber genau das beginne sich abzuzeichnen.[233]

So sehr sich die vertikal integrierten Monopole der Zweiten Industriellen Revolution des 20. Jahrhunderts auch des Angriffs zu erwehren versuchten, so Rifkin weiter, ihre Bemühungen erwiesen sich als fruchtlos. Selbst eine Modernisierung der Infrastruktur der großen Konzerne, wie sie die Zweite Industrielle Revolution geprägt haben, dürfte kaum eine messbare Wirkung auf Effizienz, Produktivität und Wachstum haben. Denn das, was die riesigen Monopole, die über Musikbranche, Verlagsindustrie, Print- und elektronische Medien sowie weiterer Teile der Unterhaltungsindustrie herrschten, bereits erfahren mussten – die dramatische, Grenzkosten schmelzende Wirkung der Skaleneffekte einer Peerproduktion in horizontal integrierten Netzwerken – stehe letztlich im Grunde allen Sektoren bevor. Das bedeute eine Umwälzung von Produktions- und Lebensweise.[234]

Das Entstehen der Infrastruktur eines Internets der Dinge mit ihrer offenen, dezentralen Architektur ermögliche es, das Monopol der vertikal integrierten Riesen auf dem kapitalistischen Markt zu durchbrechen. Dies geschehe, indem sie die Peerproduktion in lateral, also horizontal skalierten kontinentalen und globalen Netzwerken bei Nahezu-null-Grenzkosten möglich mache.[235] Hierfür nennt Rifkin mehrere ineinandergreifende Gründe, wie sie sich im ›Internet der Dinge‹ zusammenfinden – dieses setzt sich aus den Aspekten Kommunikation, Energie, Logistik sowie dezentrale Produktion zusammen. Im Folgenden seien die einzelnen Aspekte skizziert.

Kommunikation

> »Hätte ich Ihnen vor fünfundzwanzig Jahren gesagt, dass in einem Vierteljahrhundert ein Drittel der Menschheit in riesigen weltweiten Netzwerken aus Hunderten von Millionen Mitgliedern miteinander – schriftlich wie audiovisuell – kommunizieren würde und man das Wissen der ganzen Welt über sein Mobiltelefon abrufen könnte; hätte ich Ihnen gesagt, dass jeder Einzelne von uns eine neue Idee posten, ein Produkt vorstellen oder seine Gedanken einer Milliarde Menschen gleichzeitig würde mitteilen können, und das praktisch kostenlos, Sie hätten ungläubig den Kopf geschüttelt. Und jetzt gehört das alles zum Alltag.«[236]

Um das Veränderungspotenzial der modernen Kommunikationsmittel für das Morgen zu verdeutlichen, blicke ich kurz zurück in meiner eigenen Geschichte. Können Sie sich auch erinnern?

... und Medien

»Wir haben jetzt Internet«, verkündete mein Chefredakteur im Sommer 1995 in der morgendlichen Redaktionssitzung unserer Tageszeitung. Damals zuständig für das Wirtschaftsressort, war es noch mein Alltag, den Agenturmeldungen aus dem Faxgerät zu folgen. Nicht nur ahnte ich nicht im Geringsten, wie sehr das Internet Tätigkeiten wie die meine verändern würde; nein – wie peinlich ist das denn! – an diesem Morgen habe ich mich nur gefragt: »Internet? Was ist das?«

Heute geht praktisch nichts mehr im Journalismus ohne digitale Medien. Doch die Entwicklung ist noch viel tiefgreifender: Printmedien sind massiv in ihrer Existenz bedroht durch das Internet.

... und Widerstand

Ende der 1990er Jahre wurde ich als Aktivistin der Globalisierungsbewegung von Journalist_innen angesichts der Proteste gegen G8, IWF, Weltbank und die Welthandelsorganisation oft nach der Rolle des Internets in unserer Vorbereitung gefragt – und obwohl ich selbst erst wenige Jahre vorher damit in Berührung gekommen war, erschien mir diese Frage absolut überflüssig. Das war doch offensichtlich, dass es ohne Internet und ohne Email-Kommunikation gar nicht gegangen wäre! Zumal *Peoples Global Action* eine Vernetzung von Menschen und Bewegungen aus über 70 Ländern in fünf Kontinenten darstellte. Und wir mussten oft in Echtzeit miteinander kommunizieren; zum Beispiel als es 1998 darum ging, weltweit gleichzeitig für eine *Global Street Party* auf die Straße zu gehen. Aber die Frage erschien mir nicht nur überflüssig, sondern auch langweilig. Ja, klar – und? Das Internet war mir so selbstverständlich. So selbstverständlich, als habe es schon immer Internet gegeben.

Mit den Protesten gegen die zweite Ministerkonferenz der Welthandelsorganisation (WTO) in Seattle 1999 wurde die Globalisierungsbewegung nicht nur endlich sichtbar in den Mainstream-Medien. Es entstand auch eine globale Vernetzung von Medienaktivist_innen: *indymedia.org*. Hier konnten (und können) Texte, Audios und Videos von allen hochgeladen werden, was teilweise zu einer wesentlich umfassenderen Berichterstattung führte, als es Nachrichtenportale zu leisten vermögen. Gleichzeitig stellte es damit eine erste Generation vom Web 2.0 dar – auch wenn dieser Begriff erst vier Jahre später in die Welt kam. Und heute lässt sich formulieren: Aus Internet-Konsument_innen wurden Prosument_innen, das heißt, die Unterscheidung zwischen Konsumierenden einerseits und Produzierenden andererseits hebt sich auf.

Eine Weiterführung dessen fand in den sozialen Medien statt. Für die Proteste des Arabischen Frühlings sowie die Occupy-Bewegung gelten Facebook, Twitter und Blogs als zumindest unterstützend, wenn nicht entscheidend.

... und Bildung

Nachrichten und Proteste sind natürlich nur Teilbereiche dessen, was revolutioniert wird. Rifkin spricht auch von einer ›Nahezu-null-Grenzkosten-Bildung‹ und fragt: »was, wenn Schüler und Studenten rund um die Welt, die nie Zugang zu höherer Schulbildung gehabt haben, mit einem Mal Kurse der renommiertesten Gelehrten auf dem Planeten belegen können und diese offiziell anerkannt wären? Und das alles umsonst?«[237]

Wie sehr Online-Massenvorlesungen bereits heute Realität sind, darüber ging es bereits im Abschnitt zu ›Heute‹. Und wie sieht es im Morgen von Rifkins Vision aus?

> »Im kollaborativen Zeitalter werden Schüler Wissen als mit anderen in einer Gemeinschaft von Gleichen geteilte Erfahrung sehen lernen. Schüler lernen als Gruppe in einer Gemeinschaft, die ihr Wissen teilt. Der Lehrer agiert als Begleiter, der Anregungen zu Fragestellungen gibt, denen die Schüler in kleinen Gruppen nachgehen. Ziel ist die Stimulation kollaborativer Kreativität – was der Erfahrung junger Leute entspricht, die sich in einem der zahlreichen sozialen Räume im Internet engagieren. Der Wechsel von der hierarchischen Macht in der Hand des Lehrers hin zur lateralen Macht einer Lerngemeinschaft ist eine pädagogische Revolution.«[238]

Energie

Nach seiner Erinnerung daran, dass es vor 25 Jahren noch kein Internet gegeben hatte, schließt Rifkin an: »Aber was, wenn ich Ihnen jetzt sage, dass in fünfundzwanzig Jahren der größte Teil der Energie für Heizung, Haushaltsgeräte, Geschäfte, Kraftfahrzeuge und die gesamte Weltwirtschaft praktisch gratis sein wird?«[239]

Rifkins Prognose baut auf dem Phänomen dezentraler regenerativer Energien auf. Am Rande der Klimaverhandlungen in Paris Ende 2015 verweist Naomi Klein auf der Veranstaltung ›Now is not the time for small steps‹ auf die 900 in den letzten Jahren in Deutschland neu entstandenen Energiegenossenschaften. Nicht alle, aber die meisten davon setzen auf erneuerbare Quellen. Und, so Rifkin: Solar- und Windkraftanlagen stünde ein ähnlicher Preisverfall bevor wie bei der Computertechnik, gemäß dem sogenannten Moor'schen Gesetz: Gordon Moore, Mitbegründer von Intel, formulierte 1975 (eine eigene, noch optimistischere Prognose abschwächend), dass sich die Komplexität integrierter Schaltkreise wie in der Halbleitertechnik alle zwei Jahre verdoppele – bei gleichzeitigem Kostenverfall. Dies hat sich seitdem nicht nur bei Mikrochips als wahr erwiesen, sondern gilt für viele andere Informationstechnologien auch; offenkundig wird uns dies bei jedem neuen Kauf eines USB-Sticks, eines Computers oder eines Mobiltelefons. Und das trotz der Milliardenprofite in diesen Bereichen. Denn sind die Kosten für Forschung, Entwicklung und Einführung einmal amortisiert, sinken die Herstellungskosten dramatisch. Und tatsächlich gilt eine ähnliche Steigerung der Leistung bei gleichzeitigem Kostenverfall auch für erneuerbare Energien. Um zwei Zahlen zu nennen: Zwischen 2008 und 2014 fielen die Preise für die Panele von Solaranlagen um mehr als drei Viertel[240] – das berichtet *Spiegel online* 2015 angesichts des Phänomens, das Ökostrom in Texas nachts teilweise bereits umsonst abgegeben wird, unter der Überschrift »Gratisstrom für alle«. Auch das ›Nadelöhr‹ der Speicherung beginnt sich zu weiten: Allein zwischen dem ersten und dem zweiten Halbjahr 2014 fiel der Durchschnittspreis für Solarstrom-Batterien um ein Viertel.[241]

Die Transformation der europäischen Energieversorgung innerhalb von zehn Jahren von einer Koexistenz regionaler Monopole hin zu der Tendenz, dass Konsumierende zu Produzierenden werden, lässt auch RWE ins Strampeln geraten. »Der Energiekonzern gewährte dem SPIEGEL Einblicke in diesen Überlebenskampf«, und zwar für einen Artikel im Mai 2015 unter der Überschrift *Sisyphus in der Grube.*[242] In den fünf Jahren davor schrumpfte der Gewinn um mehr als die Hälfte und der Börsenwert des Unternehmens sank um rund zwei Drittel:

> »Die Energiewelt ist eine andere geworden. Das Stromgeschäft wird kleinteilig und dezentral. Nicht mehr die Konzerne mit ihren Kraftwerken bestimmen den Markt, sondern viele kleine Erzeuger, die Strom auf Hausdächern, mit Wasserrädern und Windmühlen produzieren, im Idealfall dort, wo er gebraucht wird.«[243]

Für Millionen von früh Eingestiegenen haben sich die Anlagen amortisiert, und damit überschritten sie bereits die Schwelle praktisch kostenloser Energieerzeugung. Dies auf die Gesellschaft auszudehnen, sieht Rifkin als »die nächste große Aufgabe für eine im Übergang vom kapitalistischen Markt zu den kollaborativen Commons begriffene Kultur«.[244] Das Ziel, das er dabei im Auge hat: überall grüne Energie zu produzieren und über das Internet der Dinge zu Nahezu-null-Grenzkosten zu teilen.

Internettechnologie und erneuerbare Energien sieht Rifkin zu einem ›Energie-Internet‹ verschmelzen, welches Produktion und Verteilung von Strom in unserer Gesellschaft völlig umkrempele. Auf diese Weise würden in der kommenden Ära Hunderte von Millionen Menschen dezentral erneuerbare Energie produzieren, und miteinander grünen Strom teilen, »so wie wir heute online Information erzeugen und teilen«.[245]

Die politische Ausrichtung in der Europäischen Union sowie speziell auch mit der Energiewende in Deutschland, selbst bei dezentraler Produktion das Übertragungsnetz zentralisiert zu gestalten, kritisiert Rifkin in seiner Eigenschaft als offizieller Regierungsberater von Angela Merkel in diesem Sinne scharf. Eine solche Zentralisierung erhöhe nur die Verletzbarkeit, denn wenn das Hauptsystem versage, schalte sich auch der Mikrostrom ab, was ihn sogar lokal nutzlos mache.[246]

Dies ist eine der Stellen bei Rifkin, wo er das politische Handeln in der vorausgesagten Entwicklung stark macht: Er betont, die Energieproduktion sei unbedingt gemeinschaftlich zu organisieren und ›peer-to-peer‹ über Gemeinschaften und Regionen hinweg zu teilen, um genügend laterale Skaleneffekte zu erzielen – denn erst dann sinken die Grenzkosten für alle in der Gesellschaft auf nahezu null.

In diesem Zusammenhang sind die Kämpfe um Energiesouveränität zu nennen, welche in den letzten Jahren im Rahmen der Bewegung für Klimagerechtigkeit entstanden sind. Grundgedanke ist, erneuerbare Energien mit dezentraler Produktion sowie der Selbstorganisierung der Prosument_innen bzw. der durch das Aufstellen der Anlagen Betroffenen zu verbinden. Das gilt auch weltweit: In der Climate Justice-Bewegung geht es darum, den Klimawandel zu vermeiden, ohne dass dies in Klimakolonialismus umschlägt, beispielsweise weil für erneuerbare Energien Landgrabbing im Globalen Süden betrieben wird, für Windkraftanlagen vor den Küsten Mexikos oder Solaranlagen in der Wüste Nordafrikas oder die Umwandlung von Wald in Mozambique für Biomassekraftwerke in Wales.

Rifkin ruft dazu auf, aus der Bedrohung des Klimawandels eine Chance zu machen:

> »Wir haben sowohl die Architektur des Plans als auch das technologische Know-how, ihn umzusetzen. Beides wird uns jedoch nichts nützen ohne eine fundamentale Änderung in unserem Bewusstsein. Wir müssen heraus aus der Kirchturmpolitik der Vergangenheit und als Großfamilie in einer gemeinsamen Biosphäre zu denken und zu handeln beginnen. Was wir jetzt dringend brauchen, ist ein neuer Way of Life auf unserem Planeten Erde, soll unsere Spezies überleben und weiter gedeihen.«[247]

Neben der Revolutionierung von Kommunikation im engeren Sinne und den mit dezentraler, erneuerbarer Energie verbundenen Entwicklungen gehören zum Internet der Dinge noch weitere Tendenzen: zum einen im Bereich Logistik, zum anderen in der Produktion.

Logistik

Die Effizienz des US-amerikanischen Transportgewerbes (welches 2009 ein Zehntel des Bruttoinlandsprodukts ausmachte) schätzt Rifkin auf nicht einmal 10 Prozent. Dies führt er nicht zuletzt auf die Konkurrenz der Speditionen zurück – weder Lagerhäuser noch (im Kapitalismus natürlich) die Aufträge werden geteilt, weshalb es häufig zu Leerfahrten kommt. Mit logistischen Commons dagegen sei eine Effizienz von bis zu 100 Prozent möglich.[248]

Rifkin spricht hier von einem ›Logistik-Internet‹: Dann müsse der erste Fahrer nur bis zu einem Verteilpunkt in der Nähe, von wo aus er mit seiner Zugmaschine einen anderen Auflieger nach Hause fahren könnte.[249] Ein zweiter fahre zum nächsten Hub in der Kette, und so weiter, woraus sich eine Point-to-point-Verknüpfung ergebe. Die Fahrer_innen könnten am selben Abend zu Hause sein. Oder es funktioniert gleich ganz ohne, denn führerlose Fahrzeuge sind im Kommen.

Das gilt auch für den privaten Personenverkehr. Während so manchem davor graust, nicht selbst fahren zu dürfen, sähen »die Milleniumskinder«, so Rifkin, dies als Befreiung der Zeit für interessantere Tätigkeiten im virtuellen Raum.[250]

Rifkin erblickt im Auto das Symbol für die Einhegung schlechthin: »In der kapitalistischen Ära haben wir gelernt, Freiheit negativ, als das Recht nämlich, andere auszuschließen, zu definieren. Und das Auto hat sich als Symbol dieser traditionellen Auffassung von Freiheit etabliert.«[251] Entsprechend positiv sieht er den Rückgang des Anteils von autofahrenden 19-jährigen in den USA von zwei Drittel in den 1990ern auf inzwischen unter die Hälfte.

Das Wall Street-Journal *Marketwatch* prognostiziert, in 25 Jahren, 2040, sei das Privatauto eine Rarität geworden, nur noch etwas für »hobbyists, hot rodders and Flat Earthers« – also sinnvoll nur noch als Hobby, zum Angeben und für jene, bei denen die Zeit stehengeblieben ist. »Everyone else will be happy to share.« Denn die Ausstattung von Autos mit der künstlichen Intelligenz zum Selbstfahren »will not so much change the game but burn down the casino«. Die selbstfahrenden Autos könnte man per App rufen und nach dem Aussteigen einfach weiterfahren lassen. Gezahlt würde, so *Marketwatch*, nicht für das Auto, sondern für die Strecke, was die US-Amerikaner_innen vermutlich 1,3 Billionen US-Dollar (nein, kein Fehler, wirklich Billionen, im englischen Text sind es trillions) jährlich weniger ausgeben lassen würde. Heutige Autos erschienen dann wie Casio Taschenrechner und DOS-Befehlseingabefelder – als hoffnungslos veraltete Technik. »Erinnert ihr euch an cab drivers? Wisst ihr noch, was Staus waren? Kennt ihr noch die Angst von Eltern, ihre jugendlichen Söhne und Töchter würden in einem Unfall sterben?«[252]

Doch selbstfahrende Autos wären nicht das einzige Element des Logistik-Internets der Personenbeförderung, sondern wenn vom Car-Share-Wagen in die Stadtbahn gewechselt wird, welche eine zum Zug bringt bis zu einem Bahnhof, an dem auf ein solarbetriebenes E-Bike umgestiegen werden kann. Ermöglicht durch die online koordinierte Planung der *Integrated Transportation Provider Services* (ITPS).[253]

All dies birgt ein Mobilitätspotenzial mit wiederum enormen Folgen in Richtung einer Null-Grenzkosten-Gesellschaft: »Kraftfahrzeughersteller sehen sich in derselben unhaltbaren Position wie andere kapitalistische Firmen in anderen Wirtschaftssektoren. Die Entwicklung eines vernetzten Commons treibt die Grenzkosten der Mobilität nach unten.«[254]

Zudem werden die riesigen Autokonzerne heute durch das Entstehen kleiner Produktionsstätten herausgefordert. Machbar wird diese Revolutionierung von Industrien durch Möglichkeiten des Internets, die Logik der Zweiten Industriellen Revolution mit ihrer Konzentration von Arbeit und Kapital durch die neue Logik der Zusammenarbeit zu untergraben. Um mögliche Entwicklungen im Morgen erahnen zu können, braucht es auch hier wieder den Blick auf die jüngsten Entwicklungen.

Das Off-Road-Modell *Rally Fighter* des US-amerikanischen Herstellerbetriebs *Local Motors* ist das Ergebnis von Crowdsourcing, wie die Übernahme von Teilaufgaben durch Freiwillige genannt wird. Vorschläge für Design und Technik wurden komplett in einer internationalen Online-Community erstellt, gesammelt und abgestimmt. Für die Manufaktur wurde darüber hinaus auf ›Guerilla-Labs‹, Offene Werkstätten der Umgebung, zurückgegriffen; umgekehrt wird die Werkstatt von *Local Motors* jeden Donnerstagabend als Hackerspace zur Verfügung gestellt.

Der Name des Betriebs verweist auf die Vision einer dezentralen ›Massen‹-Produktion der Fahrzeuge. Die Software für die Konstruktion wird teilweise verkauft, teilweise stehen die Pläne im Web kostenlos zur Verfügung – wie auch für den *Rally Fighter*. Als Ziel formuliert das Team von *Local Motors* aber noch etwas ganz anderes: Zum globalen ›transportation hub‹ zu werden, zum Drehkreuz für alle, die Lust haben, an Fortbewegungsmitteln aller Art mit zu konstruieren, seien es Autos, Boote, Züge, Fahrräder oder Flugzeuge.

Weshalb tragen Freiwillige zum Crowdsourcing bei? Die Antwort des Firmengründers Jay Rogers ist einfach: Weil es sie glücklich macht. Eine internationale Gemeinschaft ähnlich Gesinnter gebe sich gegenseitig Feedback und Unterstützung; dazu komme die Freude, wenn selbst oder gemeinsam Beigetragenes realisiert werde.

Noch expliziter dem peer-to-peer-Gedanken verschrieben haben sich die freiwilligen Konstrukteur_innen beim Auto *Wikispeed* – der ständigen Weiterentwicklung eines Autos, das weniger als eine Gallone Sprit auf 100 Meilen verbraucht, nämlich rund 1,5 Liter auf 100 Kilometer. Der US-Amerikaner Joe Justice beteiligte sich 2008 an einem internationalen Wettbewerb, mit dem ausgelotet werden sollte, ob ein Auto mit einem solch geringen Verbrauch möglich sei, wenn es gleichzeitig den im Straßenverkehr notwendigen Sicherheitsstandard erfüllt. Joe Justice bloggte seine Erfahrungen, und hierdurch entstand um ihn ein Team aus mehreren Ländern mit 44 Mitgliedern. Der erste funktionierende Prototyp wurde in nur drei Monaten erstellt, während in der Automobilindustrie zehn Jahre üblich sind. Ähnliches gilt für verbesserte Modelle; auch hierfür braucht es in der industriellen Massenproduktion mehrere Jahre, bei *Wikispeed* waren es sieben Tage. Für 800 US-Dollar und in drei Tagen wurde dem Modell eine attraktive Karosserie aus Carbonfaser verpasst, so dass die Aussteller der *North American International Auto Show* 2011 sich nicht scheuten, es direkt neben dem Sportwagen von Chevrolet zu platzieren.

Grundkonzept ist auch in der Konstruktion von *Wikispeed* die modulare Struktur – so kann beispielsweise in nur zehn Minuten der Benzinmotor ausgetauscht werden gegen einen Elektroantrieb. Und die Karosserie kann von einem Cabrio in einen Kleintransporter verwandelt werden. Dabei wird so wenig Material wie nötig verbraucht; das Fahrgestell ist das leichteste der Welt, welches den 5-Sterne-Sicherheitsstandards entspricht. Mit Hilfe von Social Media-Werkzeugen wird der gesamte Arbeitsprozess transparent gestaltet.[255]

Die Tatsache, dass Rob Huggins für sein Studium sparte, hinderte den angehenden Studenten nicht daran, einen Prototyp zu bauen: Alles, was er an Produktionsmitteln brauchte, war eine Bandsäge für weniger als hundert US-Dollar und ein selbstgebauter CNC-Router – statt den üblichen 100 Millionen US-Dollar in der Automobilindustrie.

Inzwischen ist das *Wikispeed*-Team auf über hundert Mitglieder angewachsen. Diese nutzen die entstandenen Strukturen ihrer Zusammenarbeit nun auch für ganz anderes, wie zum Beispiel der Ausrottung von Kinderlähmung oder der Einrichtung von ›low-cost‹-Kliniken. Das ist gut, denn Andrea Vetter, Spezialistin für das Konzept konvivialer Technik, hat recht, wenn sie Projekte wie *Local Motors* und *Wikispeed* als in vieler Hinsicht begrüßenswert beurteilt, doch (André Gorz wiedergebend) daran erinnert, dass das Ding, das am Ende steht, immer noch ein Auto ist: eine lebensgefährliche, luftverschmutzende, ressourcenverschwendende, teure und sozial ausschließende Art, sich fortzubewegen. »Kurz: Es ist ein Ding, das keine Antwort darauf gibt, wie Mobilität in einer freieren Gesellschaft organisiert werden könnte.«[256]

Seit 2012 kooperiert *Wikispeed* zudem mit *Open Source Ecology* (OSE), ein ebenfalls auf Crowdsourcing aufbauendes Netzwerk. Dessen Ursprungsgedanke war, 50 Maschinen als Open Hardware (das heißt offen zugängliche Baupläne) zur Verfügung zu stellen: das *Global Village Con-*

struction Set. Indem sie dieses Set mit lokalen Ressourcen nachbauen können, soll weltweit Gemeinschaften ein nachhaltiges und autarkes Leben mit modernem Komfort ermöglicht werden. Auto und Lastwagen sind zwei Elemente davon, weitere betreffen die Bereiche Hausbau, Landwirtschaft, Energiegewinnung und industrielle Fertigung. Zu den Grundlagen der Konstruktionsphilosophie gehören Reproduzierbarkeit, Modularität und weitere ökologische Aspekte, aber auch das jeweilige Anpassen, das Erweitern durch Innovation und das gegenseitige Lernen. In einem Video der deutschen Sektion von OSE heißt es:

> »Dieser offene Innovationszyklus wiederholt sich ständig und treibt in hoher Geschwindigkeit ökonomische Verbesserungen weltweit an. Die Auswirkungen sind enorm. Zusammen entwickeln wir die weltweit offensten nachhaltigen Technologien, lokalisieren die Produktion und die Ökonomie, erfüllen unsere Grundbedürfnisse, überwinden Ressourcenknappheit, leben eine Kultur der Offenheit, Kooperation, Solidarität und des Gemeinwohls, haben mehr Zeit für höhere Ziele – und das menschliche Potenzial entfaltet sich.«[257]

In diesem Sinne wird – während noch nicht alle ursprünglich geplanten 50 Maschinen verwirklicht werden konnten – von den OSE-Aktiven zunehmend von *Open Source Economy* gesprochen und werden über die ursprüngliche Planung hinausgehende Projekte angegangen. Marcin Jakubowski, der Gründer von OSE:

> »Open Source Ecology is really about creating the next Economy, the Open Source Economy … [by] developing open-source products for just anything that we use. So imaine a scenario where now instead corporations all competing, re-inventing the wheel and so forth – a lot of competitive waste – what if everybody were to join together to make the best products, most robust products that are open-source that anyone has access to producing them and therefore we can run an economy in a collaborative way as opposed to a competitive wasteful way?«

Von meinem unverhofften Frühstücksgast Sam stammt der Baggerausleger. Er sah im Internet, was bei OSE gerade fehlte, und erfüllte die nächste, zunächst kleinteilige Aufgabe. Und die nächste. Irgendwann hieß es: Wir brauchen einen Baggerausleger. Und den konstruierte Sam dann – das heißt, er kniffelte theoretisch an der Technik, andere begannen gleich zu bauen. Für Sams Geschmack etwas übereilt, mit mehr Geduld wäre der Knickarm besser geworden, glaubt er. Das nächste Mal werde er lieber erst zu Ende überlegen, bevor er seine Pläne weiterleite. »Die waren zu enthusiastisch«, sagt er. Aber dass er an seinem Computer etwas designte, was andere tatsächlich bauten, war schon – »holy shit« – aufregend.

3D-Druck

Falls Sie in der Sahara ein Wasserglas benötigen, sollten Sie einen Solar-Sinter-3D-Drucker dabei haben: Dieser braucht dafür nur Sonne und Sand.[258] Wasser sollten Sie allerdings auch nicht vergessen.

3D-Drucker sind ein wesentliches Element in Rifkins Vorhersage der technologischen Entwicklung und damit dem kommenden Ende des lange Zeit dominanten Herstellungsmodells der Zweiten Industriellen Revolution:

> »Die neue 3-D-Druckrevolution ist ein Beispiel für ›extreme Produktivität‹. Sie hat noch nicht voll eingeschlagen, aber wenn sie sich durchsetzt, treibt sie unvermeidlich die Grenzkosten gegen null und eliminiert den Profit. Der marktwirtschaftliche Austausch vieler – nicht aller – Produkte wird damit überflüssig und gehört der Vergangenheit an.«[259]

Beim herkömmlichen 3D-Druck werden ein Pulver oder flüssige Materialien wie Plastik oder Metall Schicht auf Schicht gespritzt und dann ausgehärtet. Auf diese Weise entstehen voll ausgeformte Objekte, teilweise sogar mit beweglichen Teilen. Das im März 2015 vorgestellte CLIP-Verfahren scheint die Gegenstände sogar aus der Flüssigkeit nur herauszuziehen – und erreicht damit eine Geschwindigkeit, die bis zu hundertmal höher liegt als bei den bisherigen Technologien.[260]

Doch so oder so: Da der Drucker der Software folgt, können die unterschiedlichsten Produkte entstehen. Auch Rifkin kann sich den beliebten Vergleich mit dem ›Replikator‹ aus der Fernsehserie *Raumschiff Enterprise* nicht verkneifen – dieser ist darauf programmiert, im Weltall vorhandene subatomare Teilchen zu Objekten zu arrangieren. »Tea – Earl Grey – hot!«, muss Captain Picard da nur sagen, und schon kommt der heiße Tee gleich samt Tasse aus der Maschine. Die tiefere Bedeutung dieses Bildnisses, so Rifkin, liege darin, dass auf diese Weise die Knappheit überwunden wurde.[261] Es muss jedoch hinzugefügt werden, dass die Wahl eines Bildnisses, was nicht auch gleich Verschwendung und Müllproduktion symbolisiert, auch nicht schlecht gewesen wäre.

Individuell designte Möbel sowie Flugzeugteile oder Prothesen werden schon etwas länger per 3D-Verfahren hergestellt – berühmt-berüchtigt wurde im Jahr 2013 der erfolgreiche Ausdruck von Waffen. Und waren es vorher aus einzelnen Mauerteilen zusammengesetzte Häuser, kamen sie 2014 gleich ganz aus dem Printer.[262] Der bereits genannte Autoproduzent *Local Motors* konstruierte ebenfalls – wieder mit Hilfe von Crowdsourcing – ein im Vergleich zum ersten 3D-Auto namens *Urbee* des US-amerikanischen Ingenieurs Jim Kor ein weiterentwickeltes; das neue heißt *Strati* und ist elektrobetrieben.[263] Womit schon deutlich wird: So primitiv diese Produkte heute zumeist noch wirken, die rasante Entwicklung in diesem Bereich ist offensichtlich. Wem die Phantasie hierfür nicht ausreicht, den verweist der Ingenieur und Redakteur Ralf Bindel darauf, dass heute jedes Smartphone die Kapazität von IBM-Großrechner-Etagen aus den 1970er Jahren übertrifft.[264]

Rifkin sieht entscheidende Unterschiede zu konventioneller Herstellung, und damit durch 3D-Druck Potenzial für eine bessere Zukunft. Die von ihm genannten Punkte seien im Folgenden referiert und teilweise ergänzt:[265]

- Ist die Software einmal entwickelt, ist für den Ausdruck eines Produkts kaum menschliches Zutun erforderlich; Rifkin spricht deshalb von ›infofacturing‹, in der deutschen Ausgabe übersetzt mit ›infofertigen‹. Auch damit tendieren die Grenzkosten gegen null.
- Die Pioniere des 3D-Drucks haben Schritte unternommen, die gewährleisten sollen, dass die Software quelloffen bleibt. Das Konzept des quelloffenen Designs sieht die Produktion von Gütern als dynamischen Prozess, in dem Tausende, ja Millionen von Prosument_innen voneinander lernen. Die Ausschaltung des Urheberrechts am geistigen Eigentum reduziert wiederum erheblich die Kosten.
- Die Kostenkurve gestaltet sich ähnlich der von Computern, Mobiltelefonen sowie der Nutzung von Wind- und Sonnenenergie: die Leistung steigt exponentiell, die Kosten fallen.
- Die ›additive‹ Infofertigung benötigt nur ein Zehntel des Materials der traditionellen substraktiven Produktionsweise; zum einen gibt es keine Reste (wie es beispielsweise beim Aussägen der Fall ist), zum anderen wird mit Hohlräumen gearbeitet, vergleichbar dem Aufbau von Vogelknochen.
- Ein 3D-Drucker kann seine eigenen Ersatzteile herstellen bzw. einige können sich sogar fast vollständig selbst nachbauen. Warum das wichtig ist? Cory Doctorow verrät in seiner ›short-short-story‹ *Printcrime* von 2006 sogar, warum das wert ist, dafür ins Gefängnis zu gehen: http://craphound.com/overclocked/Cory_Doctorow_-_Overclocked_-_Printcrime.html. Okay, für alle offline-Lesenden: Weil so der Mechanismus entfällt, Menschen durch Knappheit zu erpressen.
- Die Betonung liegt auf Haltbarkeit und Recyclebarkeit ebenso wie auf der Verwendung umweltfreundlicher Materialien. ›Upcycling‹ ist (wie sonst so oft) kein Euphemismus, wenn Plastikmüll, Tetra Paks,

Altglas, Holzreste, Lumpen, Keramikscherben oder Bauschutt in den benötigten Rohstoff verwandelt wird.

- Ein einziges Produkt ist zu praktisch denselben Stückkosten anfertigbar, die zu erreichen ein Großunternehmen eine Serie von 100.000 identischen Stücken braucht. Es ist wesentlich dieser Aspekt, der die dezentrale Architektur des Internets der Dinge als Infrastruktur der Dritten Industriellen Revolution überhaupt erst ermöglicht.

Vor allem dieser letzte stellt einen wesentlichen Grund für die Rolle der 3D-Drucker in Rifkins Vision dar. Doch der wichtigste geht für ihn noch darüber hinaus: 3D-Drucker legten nicht nur eine dezentrale Produktionsweise nahe, sondern sie könnten darüber hinaus kollaborativ und lateral, also horizontal eingesetzt werden. Denn eines muss klar sein: Wenn alle nur ihren eigenen 3D-Drucker individuell im Keller haben und Wassergläser und Teetassen damit auf ex und hopp ausdrucken, dann stellen sie eine ökologische Katastrophe dar.

Durch all dies sieht Rifkin die eingangs beschriebene Angebots- und Nachfragekurve mit den dadurch erzeugten Knappheiten sich auflösen, denn: »Das alte Paradigma von Eigentümern und Arbeitern sowie Verkäufern und Konsumenten beginnt abzubröckeln.«[266] Er geht sogar so weit, zu formulieren:

> »Die Demokratisierung der Fabrikation bedeutet, dass irgendwann schließlich jeder Zugang zu den Produktionsmittel hat, was die Frage, wer sie besitzen und darüber verfügen soll, irrelevant macht und den Kapitalismus mit ihr.«[267]

»How will we live, learn, work, and play when anyone can make anything, anywhere?«, fragt das heutige Fablab in Mailand, verkündet jedoch selbst: »The revolution is well under way.«[268]

Das Internet der Dinge

> »Das Zusammentreffen von Kommunikations-, Energie- und Logistikinternet in einem Internet der Dinge liefert sowohl das kognitive Nervensystem als auch die physischen Mittel, die ganze Menschheit in einem vernetzten globalen Commons zu integrieren, das die gesamte Gesellschaft umfasst.«[269]

Als Grundgedanken hinter dem Internet der Dinge sieht Rifkin die Optimierung der lateralen, also horizontalen Peer-Produktion, universellen Zugang sowie Offenheit für alle:

»Kurzum, es deckt sich mit all dem, worum es bei den Commons geht. Es sind eben diese Besonderheiten im Design des Internets der Dinge, die die sozialen Commons aus ihrem Schattendasein holen und ihnen eine Hightech-Plattform geben, die sie zum dominanten ökonomischen Paradigma des 21. Jahrhunderts machen wird.
Das Internet der Dinge ermöglicht Milliarden von Menschen die Teilnahme an sozialen Peer-to-Peer-Netzwerken, in denen sie gemeinsam mit anderen die zahlreichen neuen ökonomischen Möglichkeiten und Praktiken der kollaborativen Commons schaffen. Die Plattform verwandelt jeden in einen Prosumenten und macht jede Aktivität zur Zusammenarbeit. Das Internet der Dinge verbindet potenziell jeden Menschen mit jedem anderen in einer weltumspannenden Gemeinschaft.«[270]

Statt von Garret Hardins ›Tragödie der Commons‹ kann für all diese Bereiche von Carol Rose' ›Komödie der Commons‹ gesprochen werden: Je mehr Menschen sich in den vernetzten Commons engagieren, desto mehr Nutzen ergibt sich für jede_n einzelnen.[271] So wird auch deutlich, warum es sich bei diesen Visionen nicht um Ansätze anderen Wirtschaftens in übersichtlichen Gruppen handelt, sondern dass sie für global vernetzte Gesellschaften gelten. Die Aktivist_innen und Denker_innen vom Commons-Institut sehen eine auf Commons basierende Gesellschaft als soziales Makronetzwerk, in dem die dezentralen Commons-Einheiten verteilte Knoten im Netz darstellen. Große soziale Netzwerke bildeten über interne Ausdifferenzierung funktionale Verdichtungen und Knotenpunkte mit vielen Verbindungen.[272]

Gefahren

Rifkins Vision des ›Morgen‹ ist deutlich zweckoptimistisch – und das ist gut so. Mögliche Schreckensszenarien der Zukunft sind überall zu lesen. Und auch er betont, ›die Möglichkeit eines unvorhergesehen Rückschlags einmal außer Acht gelassen‹ zu haben; insbesondere führt er hierfür den Klimawandel an. Damit verbunden lauten die Schlussworte seines Werkes:[273]

»Die gewaltigen sozialen Kräfte, die die kommende Null-Grenzkosten-Gesellschaft entfesseln wird, wirken sowohl disruptiv als auch befreiend. Dass sie sich bändigen oder gar umkehren lassen, ist unwahrscheinlich. Der Übergang von der kapitalistischen Ära ins kollaborative Zeitalter gewinnt in allen Regionen der Welt an Schwung – hoffentlich rechtzeitig, um die Biosphäre zu heilen und eine gerechtere, menschlichere und nachhaltigere globale Wirtschaft zu schaffen, die in der ersten Hälfte des 21. Jahrhunderts für alle auf diesem Planeten sorgen wird.«[274]

Zudem warnt er vor mit dem Internet der Dinge verbundene Gefahren. Er benennt den Cyberterrorismus – und aus kritischer Sicht muss hier die Gefahr von Überwachung hinzugefügt werden, denn »diese Technologien ermöglichen eine Überwachung und Kontrolle aller Menschen durch eine kleine Elite, wie sie sich George Orwell 1948 in seinen kühnsten Träumen nicht ausmalen konnte«, so Kratzwald.[275]

Der Big Data-Spezialist Evgeny Morozov (2015) sieht zwei problematische Entwicklungen. Erstens das ›social engineering‹ durch Unternehmen: eine intransparente, verdeckte Manipulation der uns verfügbaren Optionen. Zweitens die sogenannten ›wohlgemeinten Schubse‹ durch staatliche Organisationen, um Menschen gemäß ihres vermeintlich eigenen Wohls zu beeinflussen.

Doch wer garantiert, dass es bei wohlgemeinten Schubsen bleibt – und vor allem für wessen Wohl? Es ist ganz und gar nicht garantiert, dass sich auf staatlicher Ebene nicht zunehmend undemokratische Kräfte durchsetzen. Und drittens könnte auch beides zusammenfallen. In diesem Sinne warnt Harald Welzer (2015) vor der Möglichkeit eines neuen Totalitarismus, der sich als schleichender Wandel der Herrschaftsform, ohne Uniform und Militärstiefel, vollziehen könnte. Diktaturen arbeiteten immer zunächst an der Abschaffung des Geheimen und Verborgenen. Schon jetzt kontrollierten *Google* und andere Internetmonopole nicht nur unser Privatleben, sondern setzten auch Normen. Ihr Geschäftsmodell akkumuliere Macht, und Macht werde in der Regel genutzt.

Der Sozialpsychologe, der sich jahrzehntelang mit dem Verhalten von Menschen im Nationalsozialismus beschäftigt hat, erzählt, wie er (der sich selbst als ›digital nicht affin‹ bezeichnet) dazu kam, sich mit diesem Thema zu beschäftigen:

> »Ich hatte einen erschreckenden Gedanken, der mich dazu getrieben hat, mich näher mit diesen Konzernen auseinanderzusetzen. Wir haben eine Studie über Menschen gemacht, die im Nationalsozialismus verfolgte Menschen versteckt haben. Plötzlich war da der Gedanke: Es haben damals nicht viele überlebt, aber es haben doch ein paar Tausend geschafft, weil selbst eine so totalitäre Gesellschaft wie der Nationalsozialismus nicht eindringen konnte in bestimmte Bereiche. Und dann der Gedanke: Unter den Bedingungen von heute würde keiner unentdeckt bleiben. Es hätte keiner überlebt«

Das Internet der Dinge, ›ideal zur Verwaltung dezentraler Energien‹ und für das Erschaffen eines Energie-Commons, würde zum perfekten Überwachungsapparat. Denn Menschen in den eigenen Wohnungen zu verstecken wäre schon allein durch den von außen messbaren Energie- und Wasserverbrauch praktisch unmöglich.

Evgeny Morozov kritisiert aber auch eine Einstellung wie die von Welzer als rückwärtsgewandt in dem Sinne, dass sie auf die Notwendigkeit reduziert geführt werde, private Daten vor Unternehmen oder vor dem Staat zu schützen. Dies sei nicht hilfreich, wenn es um die zukünftige Gestaltung unserer Gesellschaften gehe:

> »was ist, wenn das wahre Ziel von Datenschutz darin besteht – statt einen gut ausgestalteten Datenbestand an Geheimnissen vor ständigen Angriffen zu schützen –, gute Bedingungen für die Herausbildung einer neuen, zukunftsorientierten Identität zu schaffen, die unabhängig ist von den zahlreichen Beschränkungen durch Staat und Großunternehmen? Mit anderen Worten: Was ist, wenn Datenschutz nicht primär das Ziel hat, sicherzustellen, dass wir verbergen können, was wir verbergen wollen, sondern uns allen zu erlauben, das zu sein, was wir sein könnten.«[276]

Auf diese Ambivalenz der neuen Technologien verweist auch Brigitte Kratzwald:

> »Sie enthalten aber ebenso das Potenzial für ein nie gekanntes Ausmaß an partizipativen Prozessen, an Abstimmungs- und Kommunikationsmöglichkeiten sowie die Aneignung von Produktionsmitteln und -prozessen. Welcher Aspekt schließlich in welchem Ausmaß verwirklicht werden kann, hängt davon ab, ob sich dieser Bereich in Richtung Zentralisierung oder Dezentralisierung bewegt und wer die Kontrolle darüber hat. Diese Technologien einfach abzulehnen, in der Hoffnung, sich dadurch den daraus hervorgehenden Herrschaftspraktiken zu entziehen, ist nicht nur unmöglich, es wäre fahrlässig.«[277]

Denn, so unterstreicht Medienökonom Felix Stalder in einer Betrachtung neuer Formen von Solidarität, wie sie sich in der digitalen Welt entwickelt haben, »dieselben strukturellen Veränderungen können – abhängig von den auf sie einwirkenden politischen Dynamiken – zu völlig anderen gesellschaftlichen Realitäten führen«.[278]

Rifkins Vision zeigt das Potenzial von Entwicklungen auf. Das darf jedoch nicht entnennen, dass es politischen Handels bedarf, damit dieser Prozess nicht in völlig andere Richtungen abdriftet, in dem beispielsweise Internetmonopole eine beherrschende Stellung einnehmen. Ob die jetzigen Chancen auf eine dezentraler produzierende Gesellschaftsform sich verwirklichen können, wird jedoch weniger von technologischem Fortschritt als von unserem alltäglichen und/oder politischen Handeln abhängen.

In diesem Sinne endet auch Welzer weniger kulturpessimistisch: Wir seien zwar »mittendrin« im Systemwechsel, doch »nichts ist zwangsläufig«. Die Interviewer des SPIEGEL haken nach: »Sie machen uns wieder Hoffnung.« Welzer:

> »Bei Adorno gibt es mal diesen lässigen Satz: Nur die Übertreibung ist wahr. Und das stimmt. Man muss doch manche Dinge auch mal konsequent zu Ende denken, um über-

haupt eine Möglichkeit zu entwickeln, die Optik richtig einzustellen. Erst wenn man den Gedanken, dass heute keiner unentdeckt bleibt, ernst nimmt, sieht man, wie notwendig es ist, vehement Sicherungen einzuziehen und Terrain zurückzugewinnen.«

Als eine solche wahre Übertreibung ist auch Rifkins weitgehendes Ausblenden all dieser Gefahren zu verstehen: Um einmal die Möglichkeit zu erkennen, welche verlockende Zukunft wir schaffen könnten. Dass das kein reibungsfreier Übergang ist, sieht auch Rifkin, explizit benennt er wiederholt die Gefahr, dass die von ihm beschriebenen dezentralen, kollaborativen Tendenzen durch Internetmonopole unterlaufen werden. Denn innerhalb der engen Grenzen eines älteren Paradigmas (»der zentralisierten proprietären Beziehungen kapitalistischer Märkte«) manövrieren zu müssen, mache den Aufbau von etwas von Grund auf Neuem zu einem Problem: »Das Ringen zwischen ›prosumierenden‹ Kollaboratisten und investierenden Kapitalisten gestaltet sich, obwohl noch im Anfangsstadium, zur ökonomischen Entscheidungsschlacht der ersten Hälfte des 21. Jahrhunderts.«[279]

Gehen wir mal davon aus, Rifkin meint mit ›ökonomischer Entscheidungsschlacht‹ keine Revolution im engeren Sinne. Dann könnte hierfür kollaborativer Verkehr ein Beispiel werden. Der Vermittlungsdienst *UberPop* wurde in Deutschland aus guten Gründen als wettbewerbswidrig verboten. Doch diese Gerichtsentscheidung ändert nichts an der Tatsache, dass angesichts der technischen Möglichkeiten die Tage des traditionellen Taxis gezählt sind. Es gibt keinen Grund zuzusehen, wie *Uber* oder ein anderes Unternehmen mit einem neuen kommerziellen Konzept aufwartet – eine von der ›Peer-Philosophie‹ geschaffene Alternative, die auf Profit verzichtet, ist ökonomisch immer preis- und damit konkurrenzfähiger. Theoretisch zumindest: Denn bei den gegebenen monopolartigen (Macht-)Verhältnissen im Internet ist es eben mehr als schwierig gegen ein Unternehmen anzutreten, welches wie *Uber* auf die Infrastruktur des finanziell daran beteiligten Giganten *Google* aufbauen kann.

Auch die Einrichtung eines Energie-Internets wird durch globale Energie-Konzerne blockiert und darauf gedrängt, dem intelligenten Netz eine zentralisierte Architektur aufzuzwingen, welche die kommerzielle Einfriedung der neuen Energien ermöglicht. Rifkin kritisiert, dass es hinter den Kulissen Manöver gebe mit dem Ziel eines zentralisierten intelligenten Netzes, das sowohl proprietär als auch geschlossen sei und in dem der Datenstrom nur in eine Richtung fließe, nämlich vom Prosumenten zum Hauptquartier.[280] Den Staat sieht er hier in der Pflicht; er vergleicht die gegenwärtige Situation der Dritten Industriellen Revolution mehrfach mit der sich durchsetzenden Zweiten Industriellen Revolution in den USA, als einerseits eine dezentral aufgebaute flächendeckende Stromversorgung staatlich initiiert wurde und andererseits große Energiekonzerne, aber auch beispielsweise das Telefonieren zu einem natürlichen Monopol erklärt wurden und damit das Telefon als öffentliches Gut galt.[281] Er legt nahe, die für die Internetrecherche, das Social Networking oder Online-Auktionen faktisch zu natürlichen Monopolen gewordenen Giganten *Google*, *Facebook*, *Ebay*, *Twitter* und vergleichbare Schwergewichte öffentlich zu regulieren. Zumal die Ausbeutung der von Milliarden Nutzenden geschaffenen Big Data für geschäftliche Zwecke wieder nichts anderes darstelle als eine Einhegung der Commons.[282] Hier sei auch die offizielle Politik gefordert: »Die Entscheidung darüber, wie wir eine Nahezu-null-Grenzkosten-Gesellschaft finanzieren wollen, wird wahrscheinlich auch darüber entscheiden, wie wir für den Rest des 21. Jahrhunderts das wirtschaftliche, soziale und politische Leben organisieren.«[283]

So sieht Rifkin einen erbitterten Kampf im Gange zwischen Staat, kapitalistischen Unternehmen und den Verfechtern einer aufkeimenden sozialen Commons-Ökonomie. Er macht klar: Hier darf nicht einfach abgewartet werden. Ansonsten sei das große Versprechen des Internets als ein von allen geteiltes weltweit vernetztes Commons bald unwiederbringlich verloren.[284]

Die Care-Revolution

Das Team von *Local Motors* trifft sich regelmäßig nachmittags für einen ›field day‹, an dem die gesamte Werkstatt gemeinsam gesäubert wird.[285] ›Field day‹ wird gemeinhin übersetzt mit ›Klassenausflug‹ oder auch ›einen Heidenspaß haben‹, und die Idee könnte das Feministischste sein, was in *Playboy* jemals zu lesen war. Es zeigt richtigerweise an, wie mit unangenehmen Tätigkeiten umgegangen werden kann. Das gesellschaftliche Care-Problem wird dadurch ›im Morgen‹ jedoch sicher noch nicht gelöst.

Während das Verlockende an Rifkins Theorie ist, dass sich die Utopie innerhalb kapitalisierter Verhältnisse selbst schafft, so umgeht er damit den gesamten Bereich der Sorgetätigkeiten. Silvia Federici sieht sogar in der gesamten Commons-Diskussion die Frage nach der Reproduktion des alltäglichen Lebens vernachlässigt und setzt dagegen: »If commoning has any meaning, then the production of ourselves as a common subject.«[286] Neben der Vernachlässigung klassischer Sorgetätigkeiten kritisiert sie hiermit allerdings auch die häufig anzutreffende Fokussierung auf virtuelle Commons; ihr kommt es an auf die materiellen Anforderungen für die Konstruktion einer commonsbasierten Ökonomie, welche es uns ermögliche, der Abhängigkeit von Lohnarbeit und der Unterordnung in kapitalistische Verhältnisse zu entgehen. In diesem Sinne geht sie also durchaus überein mit Rifkin.

Doch das darf nicht außen vor lassen, sich speziell mit Care im engeren Sinne auseinanderzusetzen und unter gegebenen Verhältnissen dafür explizit materielle Bedingungen einzufordern, ohne die darüber hinausgehende Perspektive aus den Augen zu verlieren. Auch in der bereits erwähnten Veröffentlichung von Mitgliedern des Commons-Instituts wird dies reflektiert:

> »Der ›produktiven‹ Exklusionslogik von Berechnung, Verwertung und Vernutzung steht die ›reproduktive‹ Inklusivität zugewandter und fürsorgender Beziehungen gegenüber. Tatsache ist, dass die sogenannte Reproduktion, die Herstellung und Erhaltung der Grundlagen unseres Lebens, die Basis jeder Gesellschaft ist, ohne die auch kapitalistische Strukturen nicht bestehen können. Weil sie jedoch nicht mit der Konkurrenz- und Exklusionslogik des Marktes kompatibel ist, wird sie in die – meist weibliche – Sphäre des Privaten (Haushalt) ausgelagert.«[287]

Wer die Arbeit in dieser weiblichen Sphäre des Haushalts ausführt, hat sich in der Mittelklasse jedoch vielfach verschoben. Offensichtlich konnten Frauen in den vergangenen Jahrzehnten hierzulande Emanzipationserfolge erreichen hinsichtlich ihrer Möglichkeiten, berufstätig zu werden und Karriere zu machen. Und um Erwerbsarbeit im Normalarbeitsverhältnis nachzugehen und dabei auch noch konkurrenzfähig zu sein, bedarf es nicht nur der doppelten Freiheit, von der Marx sprach: erstens frei zu sein, die eigene Arbeitskraft zu verkaufen, und zweitens ›frei von Produktionsmitteln‹ bzw. der Möglichkeit zur Subsistenz beraubt. Tatsächlich bedarf es einer ›dreifachen Freiheit‹: Auch die Freiheit von Reproduktionstätigkeit ist notwendig (vgl. Brenssell/Habermann 2001). Innerhalb dieses Systems ist Emanzipation aber stets nur möglich auf Kosten von noch weniger Privilegierten. Entsprechend hat sich im Zuge der neuen deutschen Frauenbewegung seit 1968 und ihrer Emanzipationserfolge eine Verschiebung der Zuordnung von Reproduktionsarbeiten von Geschlecht auf migrantisierte (Herrschafts-) Verhältnisse ergeben.

Nichtsdestotrotz scheint die erkämpfte Nicht-Zuständigkeit für Reproduktionstätigkeiten nicht wie beim Mann ein primäres Geschlechtsmerkmal darzustellen, sondern ein sekundäres: ein erst durch die Vermischung mit den Trennlinien von Klasse, Rassifizierung und Nation ermöglichtes. Ganz anders als in der ›Lohn für Hausarbeit‹-Debatte in den 1970ern werden heute die in der Reproduktionsarbeit erforderlichen Qualifikationen nicht als solche anerkannt. Christoph Spehr nennt dies ironisch ›das Putzfrauen-Dilemma‹: Konventionell für die Reproduktionsarbeit zuständig, sei es der Verdienst der Partnerin, welcher mit dem einer Putzfrau (Kindermädchen etc.) gegengerechnet werde. Doch werde auch sie aufgrund von Babypause, Qualifikationsverlust und der allgemeinen patriarchalen Lohnpolitik, zudem mit Kind(ern) meist nur teilzeitbeschäftigt, vergleichsweise schlecht bezahlt. Ziehe sie also den Lohn der Putzfrau von dem ihren ab, so stelle sich heraus: Es lohne sich eigentlich nicht. Ohne Putzfrau aber könne die Frau nicht wieder arbeiten gehen, und mit Putzfrau dann auch nicht. Für die Lösung des ›Putzfrauen-Dilemmas‹ gebe es das ›Putzfrauen-Prinzip‹, denn, so Spehr: »Natürlich haben alle ihre Putzfrau. Natürlich lohnt es sich anscheinend doch. Worum geht es also? Es geht um Ideologie; es geht um die Verteidigung eines Anspruchs; es geht um eine Politik, diesen Anspruch durchzusetzen. Dieser Anspruch lautet: Du musst weniger kosten als ich. Und: Du musst akzeptieren, dass ich den Preis festsetze, so dass du weniger kostest als ich. Und zwar deutlich weniger. Das ist das Putzfrauen-Prinzip.«[288] Die Folge: Die von der Reproduktionstätigkeit befreiten arbeitgebenden Frauen werten diese Arbeit vielfach ab, respektieren nicht die Zeitsouveränität ihrer Angestellten und sehen die »Indienstnahme als Gefallen, Entwicklungshilfe und Bildungsprogramm«.[289]

In der feministischen Bewegung jedoch ist dies seit Jahren stark reflektiert. Unter der Überschrift ›*Care Revolution – für ein gutes Leben für alle*‹ gingen die Frauen des gleichnamigen Netzwerks 2015 am Internationalen Frauenkampftag, dem 8. März, auf die Straße für eine ›bedürfnisorientierte Care-Ökonomie‹: »Wir zielen auf eine Gesellschaft, die nicht die Profitmaximierung, sondern die Bedürfnisse der Menschen ins Zentrum stellt«, heißt es im Aufruf.[290] »Dieses gute Leben für alle ist von den Voraussetzungen her jederzeit denkbar. Die Technik, das Wissen und die Kreativität sind vorhanden. Gleichzeitig ist die Realität eine andere, und die genannten schlichten Vorstellungen wirken wie eine weltfremde Träumerei. Denn eine an Profitmaximierung orientierte Ökonomie verbunden mit Einsparungen in der sozialen Infrastruktur beschränkt menschliche Lebensperspektiven.«

Stattdessen, so die Arbeitswissenschaftlerin Gabriele Winker eine Woche später in Berlin anlässlich der Eröffnung einer ›Aktionskonferenz Care-Revolution‹, brauche es ein ökonomisches bzw. gesellschaftliches System, das fähig sei, die Grundbedürfnisse aller Menschen in ihrer Verschiedenheit zu befriedigen, ohne dabei Menschen aus anderen Weltregionen zu diskriminieren.

Gabriele Winker, und mit ihr die ›Care Revolution‹-Bewegung, plädiert für ›Care Revolution‹ als ein Konzept, das Zeit für Sorgearbeit, Zeit für politisches und zivilgesellschaftliches Engagement sowie Zeit für Muße bei gleichzeitiger sozialer Absicherung zum Ziel gesellschaftlicher Transformation hat. Erste Schritte seien eine radikale Arbeitszeitverkürzung mit Lohn- und Personalausgleich, die Realisierung des Mindestlohns sowie ein bedingungsloses, die Existenz sicherndes Grundeinkommen. Zweitens sei die auf Freiwilligkeit beruhende, individuell geleistete Sorgearbeit in den Familien mit einem deutlich ausgebauten Netz staatlich, genossenschaftlich oder gemeinwirtschaftlich angebotener personennaher Dienstleistungen zu verbinden. Und drittens brauche es eine gesellschaftliche Aufwertung und deutlich höhere Entlohnung dieser Dienstleistungen. Verbunden mit humanen Aufenthaltsgesetzen ließen sich so auch die Arbeitsbedingungen von migrierten Angestellten in der Betreuungs- und Pflegearbeit legalisieren und verbessern.

Doch Sorgetätigkeiten vermehrt in die Logik von Erwerbsarbeit einzubeziehen sehen Feministinnen seit der Diskussion um die Forderung von ›Lohn für Hausarbeit‹ in den 1970er Jahren kritisch. Zum einen, da die geschlechtsspezifische Arbeitsteilung damit nicht nur unangetastet geblieben wäre, sondern sich im Zweifel sogar verstärkt hätte. Zum anderen aber wehrten sich damals viele Frauen gegen die Vorstellung von »Lohn für jede schmutzige Toilette, für jede freche Anmacherei und Vergewaltigung, für jede Tasse Kaffee und jedes Lächeln« – wie es 1977 im Manifest *An alle Regierungen* gefordert wurde – als Zynismus (denn Gewalt bleibt Gewalt) und als totale Vermarktung menschlicher Beziehungen (denn Sorge gegen Geld bleibt ein Widerspruch in sich).[291] »Sorgearbeiten und die Care-Economy unterliegen einer eigenen Logik, nämlich der Für- und Vorsorge, der sozialen Nähe, des Reproduktiven und Lebenserhaltenden«, schreiben Adelheid Biesecker, Christa Wichterich und Uta von Winterfeld in einem Hintergrundpapier für die Enquete-Kommission *Wohlstand, Wachstum, Lebensqualität.*[292] Der aus der Einbeziehung in die monetäre Logik resultierende Rationalisierungsdruck aber reduziert beispielsweise

Pflegetätigkeiten auf das Abarbeiten von fließbandähnlichen Handgriffen; sowohl die pflegende als auch die gepflegte Person werden vertieft der Entfremdung unterworfen.

In der Arbeiterbewegung und in der marxistischen Theorie sind all diese Aspekte zu lange unberücksichtigt geblieben. Christel Neusüß (1983) zitiert die Reaktion ihrer Mutter auf das Marxsche Zitat »Die Summe der zur Produktion der Arbeitskraft notwendigen Lebensmittel schließt also die Lebensmittel der Ersatzmänner ein, das heißt der Kinder der Arbeiter«:[293]

> »›Hör mal, sagt meine Mutter, das kannst du doch nun wirklich nicht sagen. Mal von allem anderen abgesehen, mal auch abgesehen davon, daß ich euch doch die meisten Kleider selbst gemacht, und auch mir, und das Essen gekocht und das ganze Zeug aus dem Wald geholt habe, was glaubst du denn, was aus euch und Papa geworden wäre, wenn ich nicht dagewesen wäre. Dann hätte er sich eine Haushälterin nehmen müssen, die hätte er gar nicht bezahlen können, und ob die euch geliebt hätte, wär auch nicht sicher gewesen.«[294]

Während ›das Essen gekocht‹ genau dem entspricht, was sich unter der Care-Tätigkeit einer Mutter vorgestellt wird, würde »die meisten Kleider selbst gemacht« als produktive bzw. Subsistenzarbeit verbucht. Dass sie »das ganze Zeug aus dem Wald geholt« hat, verweist explizit auf damit verbundene Nutzung von Gemeingut.

»Dann hätte er sich eine Haushälterin nehmen müssen, die hätte er gar nicht bezahlen können«, unterstreicht einen Punkt, den Gabriele Winker (2015) stark macht: Würde Care-Arbeit äquivalent bezahlt, müsste hierfür das gesellschaftliche Lohnniveau stark angehoben werden, was die durchschnittliche Mehrwertrate sinken ließe.[295]

Doch selbst der stärkere Ausbau des Pflegebereichs im Speziellen und der persönlichen Dienstleistungen im Allgemeinen führt zu einer Senkung des Wirtschaftswachstums beziehungsweise des Bruttosozialprodukts, denn das für diese Umschichtung benötigte Kapital ›verzichtet‹ damit auf profitträchtigere Anlagemöglichkeiten.

Was aus Postwachstumsperspektive erstrebenswert erscheint, steht im Widerspruch zu dem Wachstumszwang, welcher dem Kapitalismus immanent ist. Nicht nur Unternehmen, auch Nationalstaaten stehen in einem Wettbewerb der Standortsicherung zueinander. Weder ein einzelnes Unternehmen noch eine Volkswirtschaft können es sich leisten, auf Wachstum zu verzichten, da sofort die Gefahr bestünde, dass sämtliches Kapital sich lukrativere Investitionen sucht.

Die Mutter von Christel Neusüß schließt mit »und ob die euch geliebt hätte, wär auch nicht sicher gewesen«. Der ideelle Wert, der entsteht, weil eine Tätigkeit nicht von einer Lohnarbeiter_in erbracht wird, kann nicht errechnet werden – ein Problem übrigens für die Statistiken unbezahlter Tätigkeiten in Familien, die sich mit dem ›Dritt-Personen-Kriterium‹, also dem Lohn für eine externe Kraft behelfen. Vor allem aber zeigt sich hierin erneut der Widerspruch, das Care-Problem dadurch lösen zu wollen, Sorgetätigkeiten vermehrt in die Logik von Erwerbsarbeit einzubeziehen.

Entsprechend betont Winker über die oben zusammengefassten Forderungen hinausgehend weiter, auch wenn diese Schritte einer Care-Revolution durchaus im Rahmen eines kapitalistischen Systems denkbar seien, bedürfe es zum einen zu deren Durchsetzung harter sozialer Auseinandersetzungen. Nur einer starken sozialen Bewegung könne es gelingen, materielle Existenzsicherheit für möglichst viele Personengruppen zu erkämpfen, die ausgedehnten Erwerbsarbeitszeiten zu verkürzen und an individuelle Lebenslagen anpassbar zu gestalten, die soziale Infrastruktur auszubauen sowie zunächst im Care-Bereich das Prinzip der Profitmaximierung weitgehend auszuschalten und stattdessen Bereiche der Selbstverwaltung aufzubauen.

Zum anderen aber sei darüber hinaus sicher, dass jeder einzelne Erfolg immer wieder neu von Rückschlägen bedroht sein werde, zumal, wenn der vergesellschaftlichte Care-Bereich inmitten eines kapitalistischen Umfelds existiere. Deshalb sei es nicht wünschenswert und letztendlich auch nicht möglich, an diesem Punkt stehenzubleiben. Der nächste Schritt, die Vergesellschaftung aller Bereiche, ergebe sich sozusagen beinahe zwangsläufig.[296] Mit anderen Worten: Eine Gesellschaft, in der die Care-Revolution stattgefunden hat, »kann wegen der Unvereinbarkeit der zugrunde liegenden Funktionslogiken nicht kapitalistisch sein«.[297]

Care versus Kapitalismus? Wie sehr gerade marginalisierte Frauen, die im Care-Bereich beschäftigt sind, zu einer emanzipatorischen Kraft werden können, ist schon oft bewiesen worden. Naomi Klein, die zuletzt mit ihrem Buch *Die Entscheidung. Kapitalismus vs. Klima* Furore machte, beantwortete auf der erwähnten Veranstaltung in Paris Ende 2015 die Frage einer Gewerkschaftsführerin von New Yorker Care-Beschäftigten, was zu tun sei, mit: »Everybody should be following you!« Derart beeindruckt war sie vom Care-Block (»as diverse as New York is«) der *New York State Nurse-Association* auf einer Demonstration zur Klimagerechtigkeit im Jahr davor. »You are kick-ass!«

Auch Winker glaubt nicht an einen Übergang ohne Kämpfe. Die Care-

Revolution strebe eine Gesellschaft an, die auf Solidarität und Achtsamkeit beruht und in der alle Menschen sich ihren Bedürfnissen gemäß entwickeln könnten; dies werde auf Widerstand stoßen. »Entsprechend müssen Gruppen, die eine Care-Revolution anstreben, in Rechnung stellen, dass ein ruhiger, konfliktfreier Übergang zwischen Kapitalinteressen und solidarischer Gesellschaft so wenig vorstellbar ist wie ein Kapitalismus, der ausreichende Ressourcen für Sorge und Selbstsorge bereitstellt.«

Für die Verwirklichung sei eine wichtige Frage, wie gesellschaftlich notwendige Arbeit so verteilt werden könne, dass die Wirkungen der historisch übernommenen und reproduzierten Herrschaftsverhältnisse schrittweise aufgehoben werden. Hierfür hält Winker fest:

> »Ein entscheidender Fortschritt ist, dass es mit der Abschaffung der Lohnarbeit als gesellschaftlichem Verhältnis auch keine Unterscheidung zwischen Lohn- und Reproduktionsarbeit und damit tendenziell keine Abwertung von Care-Arbeit mehr gibt.«[298]

Dadurch werde der Spielraum von Menschen deutlich größer, unterschiedliche Tätigkeiten auszuprobieren. Sie könnten erfahren, wo ihre individuellen Interessen und Vorlieben liegen, die sie in der heutigen Gesellschaft meist nicht entfalten können.

Der Vorstellung, der Reproduktionsbereich sei insofern ein besonderer, als er selbst keinen Wert produziere, widerspricht Brigitte Kratzwald. Damit dessen Potenzial zum Tragen komme, dürften diese Tätigkeiten jedoch nicht auf die Privatsphäre beschränkt bleiben, sondern müssten in ihrer Gesellschaftlichkeit wahrgenommen werden. »Sie brauchen Öffentlichkeit und Kollektivität.«[299]

Gegen die Trennung von öffentlich und privat und die Zuordnung von Sorgetätigkeiten zu diesem Bereich wird sich auch im Papier *Caring for Communism* verwehrt:

> »Unsere Strategien für eine mögliche revolutionäre Realpolitik, in Rosa Luxemburgs Sinne, dürfen diese Trennung nicht reproduzieren, genauso wenig wie sie nur national fokussiert sein können! (…)
>
> Um das Spannungsfeld von Autonomie und Anerkennung für eine emanzipatorische Form der Vergesellschaftung mitzunehmen, bedarf es einer gesamtgesellschaftlichen, kollektiven und öffentlichen Auseinandersetzung um Bedürfnisse und Fähigkeiten für eine kommunistische Form der Vergesellschaftung. In dieser muss die Vielfalt und Diversität von Bedürfnissen Raum haben und es muss eine kollektive, öffentliche Form der Aushandlung möglich gemacht werden.«[300]

Im oben genannten Aufruf ›Care Revolution – für ein gutes Leben für alle‹ zum Frauenkampftag 2015 heißt es ebenfalls, eine Organisation der Care-

Tätigkeiten ohne Diskriminierung zu organisieren, sei im Kapitalismus nicht gegeben.

> »Notwendig ist deswegen ein grundlegendes Umdenken. Für uns sind Achtsamkeit für die Bedürfnisse aller Menschen, Raum für Empathie und solidarisches Miteinander und wirkliche Demokratie in Politik und Ökonomie die entscheidenden Prinzipien. Wir treten ein für eine Gesellschaft, in der Menschen nicht nach ökonomischer Verwertbarkeit eingeteilt werden, sondern frei leben können jenseits der Zuordnung zu einem Geschlecht und unabhängig von ihren sexuellen Orientierungen sowie ihrer sozialen Herkunft und Staatsangehörigkeit.«

ÜBERMORGEN

Jenseits von Geld und Tauschlogik

»›Fahren Sie mich jetzt gefälligst ans Ufer, ich möchte gerne frühstücken.‹
Er nickte, drehte den Kahn mit einem scharfen Ruderstoß, und im Nu befanden wir uns wieder an der Bootlände. Er sprang hinaus, ich folgte ihm, und es wunderte mich keineswegs, als er stehenblieb, wie um das unvermeidliche Nachspiel zu erwarten, mit welchem jeder einem Mitbürger geleistete Dienst abzuschließen pflegt. Ich steckte auch sofort die Hand in meine Westentasche und fragte: ›Wieviel?‹, obwohl ich mich des unbehaglichen Gefühls nicht erwehren konnte, daß ich mein Geld vielleicht einem Gentleman anbot.
Mit erstaunter Miene fragte er zurück: ›Wieviel? Ich verstehe nicht recht. Meinen Sie vielleicht die Flut? Sie muss bald um sein.‹
Verlegen stotterte ich: ›Bitte, nehmen Sie mir meine Frage nicht übel, ich wollte Sie nicht beleidigen, aber was bin ich Ihnen schuldig? Wie Sie sehen, bin ich ein Fremdling und kenne Ihre Gebräuche und Ihr Geld nicht.‹
Damit holte ich eine Handvoll Geld aus der Tasche, wie man's in fremden Ländern zu tun pflegt. Und bei dieser Gelegenheit wurde ich gewahr, daß die Silbermünzen die Farbe eines gußeisernen Ofens angenommen hatten.
Er sah immer noch erstaunt aus, aber keineswegs beleidigt, und betrachtete das Geld mit offenbarer Neugierde.«[301]

Auch der Held von *News from Nowhere – Kunde von Nirgendwo* erwacht in der Zukunft. Doch es ist das Jahr 1890, aus dem ihn der intensive Wunsch, wenigstens einen einzigen Tag der ›neuen Zeit‹ zu erleben, ins 21. Jahrhundert befördert hat. Nun, so ungefähr in unsere Zeit eigentlich, allerdings nur, was die Jahreszahl anbelangt. Denn in dieser Utopie des englischen Künstlers William Morris hat sich nach krisenhaften Zuspitzungen (deren Beschreibung die jetzige Gegenwart gut vorwegnimmt), alles zum Guten gewendet.

Die Angst des Ich-Erzählers, das Geld einem Gentleman anzubieten, erklärt sich, so würden wir heute meinen, aus den gepflegten Umgangsformen des Fährmannes, doch der Übersetzer von 1892 setzt an dieser Stelle eine Fußnote: »Man kennt die klassische Definition: Ein Gentleman ist, wer leben kann, ohne zu arbeiten.« Und genau in so einer Gesellschaft war dieser Zeitreisende aus dem 19. Jahrhundert gelandet: Es muss nicht gearbeitet werden, sondern Menschen werden tätig aus Lust und Notwendigkeit. Und so verwundert es nicht, dass er zu hören bekommt,

> »›gerade heraus gesagt, man merkt, dass Sie ein Fremder sind und aus einem Land kommen müssen, das dem unsrigen sehr unähnlich ist. Deshalb scheint mir's ratsam, daß Sie sich mit den Einrichtungen unseres Landes nicht in überstürzender Hast, sondern allmählich bekannt machen. Und ich wäre Ihnen sehr verbunden, wenn Sie mich zum Führer in dieser neuen Welt wählen möchten, da Sie der Zufall just auf mich stoßen ließ. Freilich müsste ich es als eine große Liebenswürdigkeit Ihrerseits auffassen, denn wohl ein jeder würde einen ebenso guten und gar mancher einen besseren Führer abgeben, als ich sein werde.‹
> Nach Irrsinn schmeckte diese Rede nun gerade nicht, und außerdem konnte ich ihn ja leicht abschütteln, wenn er sich dennoch als verrückt erweisen sollte. So erwiderte ich denn:
> ›Ihr Anerbieten ist sehr gütig, aber ich könnte es nur annehmen, wenn Sie mich‹ – entsprechend dafür bezahlen ließen – wollte ich eigentlich fortfahren, da ich aber nicht an das Irrenhaus anstreifen wollte, so fuhr ich lieber fort, ›wenn Sie mich nicht befürchten ließen, dass ich Sie Ihrer Arbeit – oder Ihrem Vergnügen entziehe.‹
> ›Darüber seien Sie außer Sorge‹, erwiderte er. ›Ich erweise im Gegenteil einem meiner Freunde, der meine Arbeit zu übernehmen wünscht, einen großen Gefallen. Es ist ein Weber aus Yorkshire, der sich einerseits mit Weben, andererseits mit mathematischen Studien – beides Hausbeschäftigungen – überarbeitet hat. Und da wir sehr befreundet sind, hat er sich, um Arbeit im Freien zu erlangen, an mich gewandt. Also, wenn Sie glauben, mich brauchen zu können, so bitte ich, über meine Dienste zu verfügen.‹
> ›Freilich‹, fuhr er fort, ›habe ich mich bei guten Freunden stromaufwärts zur Heuernte angesagt. Bis dahin haben wir aber mehr als acht Tage Zeit‹.«[302]

Was der Zeitreisende an diesem Tag zu sehen bekommt, ist ›eine Utopie der vollendeten kommunistischen Gesellschaft‹, so der Untertitel des Werkes. Wir könnten auch sagen: Es ist eine Utopie, in der die Menschen commonsbasiert und commonsschaffend miteinander leben. Es ist eine Welt, in der ihm auf dem Markt die Pfeife ohne Gegenleistung gereicht wird, und als er Angst hat, sie zu verlieren, weil sie ein solches Kunstwerk ist, die Antwort lautet: »lassen Sie sich's nicht kümmern, wenn Sie sie verlieren. Was wäre denn dabei? Dann findet sie ein anderer und nimmt sie in Gebrauch, und Sie bekommen eine neue.«[303] Eine Welt, in der die Straße ausgebessert wird durch »ungefähr ein Dutzend starker junger Männer, die etwa den Eindruck einer Bootsmannschaft von Oxforder Studenten aus meiner Zeit machten und denen ihre Arbeit auch nicht lästiger zu sein schien«.[304]

Und in der die Frauen alle glücklich Kaffee kochen.

»›Sehr schön‹, sagte ich, ›wie verhält sich's aber mit der Frauenfrage? Im Gästehause gewahrte ich, daß die Frauen den Männern aufwarten. Schmeckt das nicht etwas nach Reaktion, he?‹

›So?‹, fragte der Alte entgegen. ›Sie glauben am Ende, das Haushalten sei eine unwichtige Beschäftigung, die keine Achtung verdient, eh? Das war ja wohl die Meinung der ›vorgeschrittenen‹ Frauen des neunzehnten Jahrhunderts und ihrer männlichen Helfershelfer‹.«[305]

Ach ja. Tatsächlich zeigt Morris, wie Meinungen historisch verankert sein können. Vor allem aber zeigt er durch seine mehr oder weniger subtile Kritik der Emanzipationsbestrebungen von Frauen seiner Zeit: Auch jede Utopie ist ihrer Gegenwart verhaftet.

Darum machen sie auch nur begrenzt Sinn. Es macht Sinn, sich die nähere Zukunft zu überlegen – auch, wenn es mit so viel Optimismus geschieht wie bei Jeremy Rifkin. Es macht Sinn zu überlegen, welche Prinzipien, die wir bereits leben und die wir erkennen können, utopisches Potenzial erhalten, wie ich dies mit dem Konzept der Ecommony versuche. Aber sich eine Utopie auszumalen bis ins Kleinste, kann nur unserem Vergnügen dienen. Was ja nicht schlecht ist. Morris hat erstaunlich gut die Visionen getroffen, wie sie heute auch wieder in Szene gesetzt werden, so im bereits zitierten Filmteaser *Waking Up* des Norwegers Harald Sandø. Doch dann schlägt das Geschlechterverhältnis des englischen Bürgertums des 19. Jahrhunderts zu. Auch Versuche, diesem gerade zu entkommen, können sich letztlich nicht davon freimachen. Es ist nicht ganz auszuschließen, dass auch die von Christian Siefkes für diese Utopie *Freie Quellen oder wie die Produktion zur Nebensache wurde* gewählte geschlechtsneutrale Sprache in hundert Jahren vor allem als Ausdruck heutiger Geschlechterverhältnisse gesehen wird. Doch nicht nur deshalb ist der folgende Ausschnitt aus seiner Utopie lesenswert:

»Ein Lösungsansatz für Schwierigkeiten mit der Aufgabenaufteilung sind die in vielen Gemeinden und in manchen Projekten geführten ›Weiße Listen‹. Dort kann jedir anonym Aufgaben eintragen, die mangels Freiwilligen immer wieder liegen bleiben oder mit denen die Freiwilligen, die sich darum kümmern, unglücklich sind. Natürlich ist niemand verpflichtet, etwas Bestimmtes zu tun, aber im Nachhinein aus einmal übernommenen Aufgaben wieder herauszukommen, fällt nicht jedim leicht, weil man vielleicht Angst hat, andere zu enttäuschen oder eine schmerzliche Lücke zu hinterlassen. Diese Aufgaben werden bei den wöchentlichen oder monatlichen Versammlungen diskutiert und wenn ein größerer Teil der Beteiligten der Meinung ist, dass sie zu Recht auf der Liste stehen, greift das Rundherum-Verfahren (round robin): Ab sofort sind alle erwachsenen Gemeindemitglieder, alle Projektbeteiligten für diese Aufgaben zuständig. Jedir sollte hin und wieder einen kleinen Teil davon übernehmen, damit sie nicht an

> Einzelnen hängen bleiben. Oft wird dabei ausgelost, wer wann was macht. Es gibt keine direkten Sanktionen, wenn man die Teilnahme an der Rundherum-Aufteilung verweigert, aber in der Praxis kommt das kaum vor (...)
> Früher dachten die Leute scheinbar, dass sich alle gegenseitig die Köpfe einschlagen würden, wenn es nicht starke Autoritäten gibt, die für Gesetz und Ordnung sorgen, und dass jedir in ständiger Sorge um seisen Besitz leben müsste, wenn nicht jedes Stück Natur und jedes Artefakt einer formell verfügungsberechtigten Eigentümir zugeordnet werden kann. Tatsächlich scheinen sie damals selbst, durch die gesellschaftlichen Strukturen, die sie sich gegeben hatten, die Probleme herbeigeführt zu haben, vor denen sie Angst hatten. Heute leben wir ohne Furcht und ohne Not in einer Gesellschaft, die keine Grenzen und keine systematische Ausgrenzung mehr braucht und in der sich alle ihren eigenen, von den anderen beeinflussten, aber nicht bestimmten Vorstellungen gemäß entfalten können. In der die menschliche Vielfalt nicht als Gefahr, sondern als Vorteil gesehen wird, der es ermöglicht, die Re/produktion gemeinsam und selbstorganisiert zu gestalten, neben dem und als Teil dessen, was das Leben schön macht.«[306]

Doch so wichtig es für uns alle mal sein kann, sich in die eigene Utopie zu versetzen oder sich die anderer zu vergegenwärtigen, so gelten für mich wohl Ivan Illichs Worte: »Ich möchte kein Utopia entwerfen, sondern eine Vorgehensweise vorstellen, die es jeder Gemeinschaft gestattet, ihre ganz eigenen gesellschaftlichen Arrangements zu wählen.«[307]

Wenn ich als Historikerin etwas gelernt habe, dann, wie schwer es ist, nicht nur den Alltagsverstand der eigenen Gesellschaft zu hinterfragen, sondern wirklich über ihn hinaus denken zu können. Das schlägt sich schon in der Sprache nieder. Es ist »problematisch, Commons in kapitalistischen Kategorien zu erklären. Wer die Welt der Commons betritt, begegnet einer anderen Logik, einer anderen Sprache und anderen Kategorien«.[308]

Jenseits von ...

Entsprechend entstammen queerfeministische Theorien nicht zufällig der Linguistik. Sprache setzt sich aus Worten zusammen, und Worte, so erkannte der Schweizer Linguist Ferdinand de Saussure, bilden nicht einfach Realität ab, sondern ihr Inhalt bestimmt sich dadurch, dass sie nicht das bedeuten, was andere Worte bedeuten. Zum einen stehen sie damit immer im Verhältnis zu anderen Begriffen und dem sich daraus ergebenen Bedeutungssystem, zum anderen konstituieren sie sich durch Ausschluss. Der Poststrukturalismus denkt dies weiter, indem er zeigt, dass dieses Bedeutungssystem immer in Bewegung bleibt.

Queertheorie baut darauf auf und kritisiert, dass solche konstruierten Binaritäten, also das Denken in ›entweder/oder‹, unseren kognitiven Horizont begrenzen. »There are only two kinds of people, those who believe in binarities and those who don't«, las ich einmal auf einem T-Shirt. »I don't.« Das darin etwas nicht aufgeht, fällt uns irgendwie noch auf. Doch oft fallen uns Binaritäten nicht mehr auf. Insbesondere dann, wenn sie auch unser Erleben begrenzen. Wenn wir nur in Männern und Frauen denken, macht das nur zwei. Wenn wir sagen, es gibt auch weibliche Männer und männliche Frauen, macht das gerade mal vier. Doch selbst, wenn wir dieses Spiel unendlich weitertrieben, so verblieben wir noch immer auf einer einzigen Ebene mit den Polen männlich und weiblich. Doch darin geht nicht jede unserer potenziellen Eigenschaft auf. Darum kommt es zu der eingangs zitierten ›Melancholie‹ als einem Verlust, der gar nicht bewusst ist, da verlorene oder ausgeschlossene Lebensoptionen im Rahmen der symbolischen Ordnung gar nicht denkbar sind.

Gayatri C. Spivak (1988) spricht von ›epistemic violence‹, wenn binäres Denken Menschen in Identitätskategorien zwingt, ihnen also auferlegt, als was sie zu existieren haben. Hinzu kommt, dass binäre Identitätskategorien unvermeidlich durch Hierarchie verbunden sind. Wenn sich eine Identitätskategorie abgrenzt von einer anderen, dann ist diese das reine Erste und die zweite Kategorie stellt den Rest bzw. die Ergänzung dar. Wenn sich Europa gegenüber dem Orient als die fortschreitende versus die stillstehende Kultur definiert hat, dann wegen der Absicherung eines Hegemonieanspruchs. Als Männer sich im 18. Jahrhundert für rational und Frauen für emotional erklärten, führte dies zu deren Ausschluss aus den Rechten der ›freien und gleichen‹ Staatsbürgerschaft, denn Frauen galten fortan als unfähig, selbständig Entscheidungen zu treffen und für häusliche Tätigkeiten wie geschaffen. Zur selben Zeit die Kategorie ›Rasse‹. Das Ergebnis war, dass jene, die sich fortan als ›weiß‹ begriffen, meinten, die so konstruierten ›Schwarzen‹ nicht nur ebenfalls wegen Unfähigkeit aus den Bürgerrechten ausschließen zu müssen, sondern sie sogar mit Recht versklaven und auf Zuckerrohrplantagen schicken zu dürfen.[309]

Für eine Vision des Übermorgen braucht es Strukturen, die es so weit wie möglich ausschließen, dass sich Menschen als eine Identitätskategorie aufschwingen, die berechtigt erscheint, Privilegien zu genießen: sei es einen bevorzugten Zugang zu Ressourcen zu beanspruchen oder sich kategorisch als für Care-Tätigkeiten nicht zuständig zu erklären oder sexuelle Vorrechte in Anspruch zu nehmen. Dass es hierfür keinen Kapitalismus braucht – der ein solches Verhalten jedoch strukturell nahelegt –, zeigen leider zahlreiche Beispiele; benannt sei das Inka-Reich, in dem es noch nicht einmal Geld gab, das aber Fronarbeit kannte. Die Überwindung des Kapitalismus ist mithin keine hinreichende Bedingung für eine emanzipatorische Gesellschaft. Aber eine notwendige.

Auf den Aspekt, welchen Anforderungen eine queere Gesellschaft – in der Menschen sich also ohne Vorgaben von Identitätskategorien entwickeln können – als notwendige, wenn auch nicht als hinreichende Bedingungen genügen muss, werde ich im Abschnitt *Jenseits von Herrschaftsverhältnissen –* $^{QUE}E^{R}COMMONY$ zurückkehren. Doch verbleibe ich zunächst beim Denken in Binaritäten.

Wenn es darum geht, das Menschenbild als vom Egoismus getrieben aufzubrechen, bedeutet das nicht, dass Menschen in einer ›guten‹ Gesellschaft ausschließlich dem Altruismus, der völligen Selbstaufgabe, huldigen würden. Es geht nicht darum zu argumentieren, dass Menschen nicht auch egoistisch sind; sondern darum, uns aus diesen Entweder-Oder-Denkfallen zu befreien. Es geht darum zu verstehen, wie Binaritäten unseren Blick, aber auch unsere Lebensoptionen begrenzen. ›Nicht-Eigentum‹ wird mit ›An-nichts-Rechte-haben‹ gleichgesetzt – das erlebe ich immer wieder in Diskussionen; und immer wieder erlebe ich, wie schwierig es ist zu vermitteln, dass noch etwas anderes denk- und lebbar ist. Als ich in der Einleitung zu den *Halbinseln gegen den Strom* davor warnte, aus der Tatsache, dass der Kapitalismus individualisiert, großangelegt und global organisiert sei, dürfe nicht geschlossen werden, solidarische Ökonomie müsse gemeinschaftlich, kleinteilig und lokal sein, las ich anschließend in einer Rezension, ich träte dafür ein, dass solidarische Ökonomie gemeinschaftlich, kleinteilig und lokal sei.

Binärem Denken verhaftet, wird gemeinhin Nicht-Markt mit Staat gleichgesetzt und Kritiker_innen von gesellschaftlichen Verhältnisse im Westen mussten sich jahrzehntelang ›Geh doch rüber!‹ anhören. Auch im *Common Wealth* von Michael Hardt und Toni Negri argumentieren die beiden gegen eine derart verengte Vorstellung: »Die scheinbar exklusive Alternative zwischen dem Privaten und dem Öffentlich-Staatlichen findet eine Entsprechung in der gleichermaßen irreführenden politischen Alternative zwischen Kapitalismus und Sozialismus.« Kapitalismus und Sozialismus seien jedoch beides »Eigentumsregime, die das Gemeinsame ausschließen«.[310] Auch darum hat es so lange gedauert, Commons sehen zu können: Weil der Diskurs sich zwischen den Polen staatlich versus privatwirtschaftlich organisiert bewegte und die Begrenzung darin gar nicht erkannt wurde.

Es braucht Begriffe, die mit den kritisierten Grundannahmen und Begrifflichkeiten brechen, die sich nicht auf die kapitalistische Wirklichkeit beziehen. Begriffe, die auf der Suche nach grundsätzlichen Alternativen unsere Sinne schärfen für die Logiken einer neuen ›Kunst des Zusammenlebens‹.[311]

Solche neuen Kategorien können nicht am Schreibtisch ersonnen werden, sondern nur in den Praktiken anderen Wirtschaftens entstehen. In diesem Sinne begann ich den Ausdruck ›Halbinseln gegen den Strom‹ immer mehr als ›Räume anderer Selbstverständlichen‹ zu verstehen: Räume – geographische oder soziale – in denen andere Logiken gelebt werden. Diese Räume wurden durch Menschen anders als der Mainstream geformt, sie verändern jedoch wiederum die in ihnen Handelnden, und erweitern dadurch wieder Denk- und Handlungshorizonte. Durch dieses Wechselspiel wird Transformation ermöglicht. Das ist kein völlig strategisch gestaltbarer Prozess, gerade weil die Veränderungen von uns heute nicht vorhersehbar sind. Doch je mehr wir uns des gerade entstehenden Neuen bewusst werden, desto klarer können wir politisch damit umgehen und Transformation gestalten.

Andrea Baier, ebenfalls eine Autorin, die solche Räume porträtiert, sieht das Typische für die neue Bewegung anderen Wirtschaftens gleichfalls im Aufbrechen von Dualismen: in der Aufhebung der Trennungen zwischen Natur und Kultur, zwischen den Menschen und den Dingen – und damit das Infragestellen moderner Mythen.[312]

Auch Brigitte Kratzwald sieht in der Praktik des Commoning ein solches ›Aufheben‹:

> »In dieser pragmatischen Herangehensweise werden viele Widersprüche aufgehoben, die lange als unhinterfragbar galten. Etwa jener zwischen der Befriedigung eigener Bedürfnisse und dem Respekt vor den Bedürfnissen anderer in der Kooperation, zwischen Selbstbestimmung und Selbstentfaltung und der Produktion für andere, zwischen Lust und Notwendigkeit und letztlich auch zwischen Natur beziehungsweise Ökologie und Technik. Die Handlungsmöglichkeiten des Einzelnen werden durch die Kooperation mit anderen nicht eingeschränkt, sondern erhöht, Freiheit ist also kein Nullsummenspiel, wie die liberale Theorie das nahelegt. Die Freiheit der Einen schränkt nicht die Freiheit des Anderen ein, sondern durch Synergien können sich die Freiheitsgrade des Handelns für alle Beteiligten erhöhen.«[313]

Womit wir mitten im Thema sind.

Abhängigkeit und Freiheit

Max Haiven (2015) weist in einem Essay zu Commons darauf hin, dass wir in der jetzigen Gesellschaft nur deshalb dem Irrglauben anhängen, komplett unabhängig zu sein, weil unser Wohlstand uns dies erlaubt – auf der Grundlage von Ausbeutung jener, »die die Bananen anbauen, die ich heute Morgen gegessen habe, und auf die der Jugendlichen in China, die meine Computer zusammengebaut haben«.

Wie Freiheit und Kapitalismus tatsächlich zusammenhängen, verdeutlicht ein Gedankenexperiment des Philosophen Jerry Cohen: Man stelle sich eine Welt vor, in der nach dem Zufallsprinzip Gutscheine verteilt werden. Auf diesen stehen Rechte geschrieben: das Recht, die kranke Mutter zu besuchen; das Recht, irgendwo zu wohnen; das Recht auf Behandlung im Krankheitsfalle; das Recht zu essen. Dabei sind die Gutscheine noch einmal unterschieden: in das Recht auf Plattenbausiedlung oder auf Villa am See, in das Recht auf Graubrot oder auf 5-Gänge-Menü. In dieser Welt darf nur getan werden, was auf den Gutscheinen steht. Nun ist durchaus niemand gezwungen, ein 5-Gänge-Menü zu sich zu nehmen, und falls doch, so genießt sie bei der Auswahl der einzelnen Gänge weitgehende Freiheit. Doch wenn Menschen etwas tun, wofür sie kein Ticket erhalten haben, dann ist das verboten und die Polizei kommt und bringt sie vor Gericht. »Die Gutscheine geben an, inwieweit Sie frei (oder nicht frei) sind, etwas zu tun; sie sind Ihr Arsenal an Freiheiten. Je mehr Gutscheine Sie haben, desto freier sind Sie«, verdeutlicht Raj Patel in seinem Buch *The Value of Nothing* (2010) den wahren Zusammenhang zwischen Freiheit und – genau: Geld. Denn was ist es anderes als solche Tickets? Jene ohne Geld sind so unfrei wie jene ohne Tickets. Geld bedeutet, sich Freiheit kaufen zu können. »Ohne Geld steht Ihnen in einer Marktgesellschaft keine einzige Tür offen; es steht Ihnen nur frei, wenig zu besitzen und jung zu sterben. Kurz: Im Kapitalismus ist Geld gleichbedeutend mit dem Recht auf Rechte«, schreibt Patel weiter, und er fügt in Anlehnung an den berühmten Song von Janis Joplin hinzu, »for more and more Americans, freedom is just another word for nothing they can afford«.[314]

Freiheit in der Tradition von Liberalen wie Adam Smith steht im Kern für das Recht, mit seinem Eigentum zu tun, was einem beliebt.[315] Wer kein Eigentum hat, hat demnach auch keine Freiheit. Freie Entfaltung bedeutet damit im Kapitalismus, möglichst viele von diesen Tickets zu ergattern – was aber immer auf Kosten der anderen geht. Und was vielleicht nicht die

Art der Entfaltung ist, nach der ein Mensch wirklich strebt. Nur in einer Gesellschaft, in welcher Menschen sich nicht als Konkurrent_innen begegnen, in der sie keine Angst vor Versagen haben müssen, können sie sich so entfalten, wie sie es wirklich möchten. Solange die Angst zu versagen oder der Druck, uns ökonomisch zu verwerten, uns beherrschen, sind wir nicht frei. Nur wenn wir nicht länger lernen, nur gewinnen zu können, wenn andere verlieren, sondern wenn wir lernen, dass je mehr wir selbst und andere beitragen (ohne Zwang), desto besser für uns, desto besser für andere, desto leichter können wir uns als Menschen verwirklichen.

Freiheit und Solidarität gehören zusammen. Wer nach Freiheit sucht, sucht auch nach einer solidarischen Gesellschaft (vgl. Habermann 2011). Michael Hardt und Toni Negri machen klar: »Die Freiheit verlangt einen Exodus aus der Republik des Eigentums.« Die dafür nötige Freiheit sei keine individuelle Freiheit, denn das Gemeinsame könne nur gesellschaftlich produziert werden, mittels Kommunikation und Kooperation, durch die Multitude singulärer Menschen. Es sei aber auch keine kollektive Freiheit, so als wären all diese Individuen zu einem homogenen Ganzen vereint.[316]

Nicht von ungefähr stehen Michael Hardt und Toni Negri in einer marxistischen Tradition. Für Marx sei Freiheit das Ziel gewesen, so Erich Fromm, jedoch Freiheit in einem viel radikaleren Sinn, als dies in bestehenden Demokratien der Fall sei: »Freiheit im Sinn der Unabhängigkeit, die darauf beruht, daß der Mensch auf seinen eigenen Füßen steht, seine eigenen Kräfte nützt und sich selbst zur Welt produktiv in Beziehung setzt.«[317] Wollten die Menschen jemals frei werden in dem Sinne, der menschlichen Existenz entsprechend wachsen zu können, so Fromm selbst, dann sei eine radikale Änderung des Wirtschaftssystems vonnöten.[318]

Das *ABC des guten Lebens*, ein im Jahr 2012 von neun Feministinnen herausgegebenes Lexikon von Begriffen, die das Neue fassen können, durchzieht das Bemühen, die Binarität von Abhängigkeit und Freiheit als falschen Gegensatz zu entlarven. Abhängigkeit sei eine Grundbedingung des Menschseins, denn Menschen seien abhängig von Wasser, Luft, Nahrung und damit von der Erde sowie von anderen Menschen: Menschen, die Dinge hergestellt haben, die sie brauchen, und von Menschen, auf deren Fürsorge sie angewiesen sind. So sei auch, wer etwas Notwendiges tue, zum Beispiel sich um ein schreiendes Baby zu kümmern, nicht unfrei. Vielmehr gehöre das Notwendige unverzichtbar zum guten Leben dazu und verweise auf die grundsätzliche Abhängigkeit aller von allen.[319] Abhängigkeit sei somit kein Gegensatz zu Freiheit, vielmehr gebe es beide nur in

Beziehung zueinander. Freiheit bedeute, sich dem eigenen Begehren entsprechend in den Gang der Welt einbringen zu können. »Freiheit besteht darin, die eigene Einzigartigkeit in erster Person in der Welt sichtbar werden zu lassen.«[320]

Marianne Gronemeyer (2009) definiert dagegen ›Abhängigkeit‹ weiterhin als das, was uns unfrei macht, und besetzt dafür ›Angewiesenheit‹ positiv: »Die Angewiesenheit verweist uns aufeinander und fordert eine der schönsten menschlichen Möglichkeiten heraus, die Fähigkeit nämlich, fürsorglich füreinander zu sein und uns umeinander zu kümmern.«

Im wunderschönen Fotoband und impressionistischen Glossar *Stadt der Commonisten* heißt es: »Mehr Autonomie ist bloß im Plural zu haben, dann, wenn es gelingt, Strukturen aufzubauen, die die einzelnen auch tragen.«[321] Ivan Illich definiert Konvivialität als »individuelle Freiheit, die sich in persönlicher Interdependenz verwirklicht«.[322] Und Silke Helfrich und David Bollier schreiben: »Tatsächlich erlernen wir Autonomie, wenngleich das widersprüchlich klingt, in Beziehungen. Dort entsteht die spannungsreiche Erfahrung, aus der ich autonom hervorgehen kann. Kurz: Autonomie will in Beziehung gelernt und gelebt sein. Commons bilden dafür einen geeigneten Rahmen.«[323]

Individualität und Gemeinschaft

Ganz im Gegensatz dazu stehen für Helfrich und Bollier die Erfahrungen in der dominierenden Kultur des Marktes. Diese zementiere den Individualismus als ultimative Erfüllung und verunglimpfe gemeinschaftlich getragene Lösungen, wie sie unter anderem in Peer-to-Peer-Netzwerken erprobt werden, »als würden sich individuelles und kollektives Interesse, Individualität und Gemeinschaftlichkeit gegenseitig ausschließen«.[324]

»Wer aber hat denn gesagt, daß man sich entscheiden müsse zwischen *entweder* kollektiv *oder* individuell? Das kann nur der kleine monokausale Virus im Hinterkopf gewesen sein!«, schimpfte der anarchistische Theoretiker Horst Stowasser.[325] Auch die Aktivist_innen der venezolanischen Kooperativen-Vernetzung *Cecosesola* reagieren entsprechend. Gustavo Salas: »Dieser ganze Individualismus! Das ist etwas anderes als Individualität, die wir sehr fördern.«

Diese sprachliche Unterscheidung wird jedoch nicht allgemein mitgetragen; Franz Schandl schreibt: »Eigennutz ist als Vor- und Nachteil codiert und wird auch so akzeptiert. Dieser unerträgliche Egoismus der [durch die Gleichgültigkeit des Äquivalententausches, F.H.] Gleichgemachten sollte freilich nicht mit Individualismus verwechselt werden.« Für diese positive Besetzung des Begriffs Individualismus zitiert er Oscar Wilde, »und der war wohl der Prototyp eines Individualisten«. Dieser habe diese Differenz treffend herausgearbeitet, denn Wilde war sich sicher, der Individualismus der Zukunft werde »uneigennützig und ungeziert sein«, so schrieb er 1891 in einer Schrift mit dem schönen Titel *Der Sozialismus und die Seele der Menschen.*[326] Und wieder kommt der Bezug auf Marx nicht von ungefähr. »Seine Kritik der kapitalistischen Gesellschaft«, so erneut in den Worten von Erich Fromm, »richtete sich nicht gegen die Art, in der sie die Einkommen verteilt, sondern gegen ihre Produktionsweisen, ihre Zerstörung der Individualität und ihre Versklavung des Menschen – nicht durch den Kapitalisten, sondern die Versklavung des Menschen, also des Arbeiters *und* des Kapitalisten – durch Dinge und Umstände, die sie selbst machen«.[327]

Im Gegenteil lässt uns nur Unterschiedlichkeit gleichwertig sein. Denn solange sich unsere Eigenschaften auf einer Skala messen lassen, wird es immer Hierarchisierung geben: größer, schneller, klüger, schöner ... All das wird nie unserer Einzigartigkeit gerecht werden.

Diese Einzigartigkeit in dem Gemeinsamen wirkmächtig werden zu lassen, darum geht es. »Das war Teil der Magie von Seattle«, formulierte Jennifer Whitney, damals Teil des Demo-Orchesters *Infernal Noise Brigade*, im Anschluss an die erfolgreichen Proteste gegen die Konferenz der WTO Ende 1999. »Alle, die da waren, hatten das Gefühl, entscheidend dazu beigetragen zu haben.«[328]

Die von den Initiator_innen von Beginn an auf Dezentralität angelegte Organisationsstruktur ermöglichte es, das damals noch junge Internet erleichterte es. Digitale Solidarität begünstige solche Erfahrungen von Zusammenwirken und Selbstwirksamkeit, glaubt Felix Stalder. »Obwohl Partizipation und Kooperation zentrale Werte dieser solidarischen Kultur sind, ist das stark ausgeprägte Gefühl von Individualität oder Einzigartigkeit jedes Mitwirkenden ähnlich wichtig.«[329] »Solche neuen Formen von Kollektivität basieren auf einer Wertschätzung vielfältiger Individualität, bei der die Einzelnen sich nicht dem großen Ganzen unterordnen, sondern darin einen selbst gewählten, ihnen angenehmen Platz finden«, so Annette Jensen und Ute Scheub in ihrem Buch *Glücksökonomie.*[330]

Brigitte Kratzwald resümiert mit Bezug auf eine Diskussion bei *Oekonux*, Selbstentfaltung sei

»mehr als nur Selbstverwirklichung. Während letztere von einem isolierten Individuum ausgeht, bezieht sich Selbstentfaltung darauf, dass Individuen in ihren sozialen Beziehungen geformt werden, sie verweist auf ›autonomy-in-interdependence‹, oder Freiheit in Bezogenheit, wie Feministinnen es häufig ausdrücken. Das Eingebundensein in soziale Beziehungen bedeutet keine Einschränkung, sondern eine Ausweitung der eigenen Möglichkeiten, die Selbstentfaltung jedes einzelnen ist die Voraussetzung der Selbstentfaltung aller.«[331]

Dementsprechend funktioniere Peer-Produktion »gerade auf Grund der *prinzipiellen Ungleichheit aller Menschen.* Ihre Ressource ist die Vielfalt an Fähigkeiten und Bedürfnissen, die es möglich machen, diese in einander stützende Beziehungen zu bringen. Auch hier wird wieder die Abhängigkeit Aller von Allen sichtbar«.[332]

»What if we begin to understand that differentness is what actually makes us equal?«, fragen die Macher_innen der *Berliner Gazette* in ihrem Konzept für 2016 und nach ihrer Erfahrung, die Berliner *Un/Commons*-Konferenz organisiert zu haben. Unterschiedlichkeit sei nicht länger als das zu verstehen, was Menschen trennt, sondern als das, was unsere Ko-Existenz erst ermögliche. (Um das anschaulich werden zu lassen, stellen Sie sich einfach vor, Sie müssten mit einer Vervielfältigung Ihrer selbst nicht nur Ihr Leben teilen, sondern auch noch alle Bereiche der materiellen Produktion abdecken ...) Umgekehrt aber würden diese Unterschiedlichkeiten erst fruchtbar, wenn allen Menschen die materiellen Ressourcen zur Verfügung stünden, um ihre Kräfte zu entfalten. »This is why our attention should shift to the commons.«

Gerechtigkeit und Ungleichheit

Das bedeutet gerade nicht, dass alle immer dieselbe Menge von allem haben müssen. Über die Frage, ob das Gemüse auf alle gleich verteilt oder nach Bedürfnissen geteilt werden sollte, hat sich die Freiburger Gartencoop gespalten. Doch auch bei den Verbleibenden waren es eher praktikable Gründe denn ideologische, die zur Beibehaltung der festen Gemüsekiste führten.

Auch Fromm betont, es ginge gerade nicht um die »quantitativ gleiche Verteilung von jedem Stückchen materiellen Guts«:

»Wenn es nur funktionalen und zum persönlichen Gebrauch bestimmten Besitz gibt, dann wirft es kein gesellschaftliches Problem auf, ob der eine etwas mehr als der andere hat, denn da Besitz unwesentlich ist, gedeiht der Neid nicht. Auf der anderen Seite verraten jene, die Gerechtigkeit im Sinn absolut gleicher Verteilung aller Güter fordern, daß ihre Orientierung am Haben ungebrochen ist und daß sie sie lediglich durch ihre Versessenheit auf völlige Gleichheit verleugnen. Hinter dieser Forderung ist ihre wahre Motivation erkennbar: Neid. Wer darauf besteht, daß niemand mehr haben dürfe als er selbst, schützt sich auf diese Weise vor dem Neid, den er empfände, wenn irgend jemand auch nur ein Quentchen mehr besäße als er.«[333]

Fromm bezieht sich auch hierfür auf Marx, der in den Ökonomisch-Philosophischen Manuskripten diese Art von ›rohem Kommunismus‹ als »die Vollendung dieses Neides« bezeichnet hatte.[334] Sowohl Armut als auch Reichtum würden von Marx als Laster angesehen; das Freisein von beidem sei die Voraussetzung für das ›Gebären‹, das Freisetzen des inneren Reichtums.[335]

Egoismus und Altruismus

Börsenmakler verhalten sich noch rücksichtsloser als Psychopathen. Das ist das Ergebnis einer Studie an der Schweizer Universität St. Gallen. Untersucht wurden Kooperationsbereitschaft und Egoismus von 28 Bankern. »Natürlich kann man die Händler nicht als geistesgestört bezeichnen«, fasst Untersuchungs- und nebenbei Gefängnisleiter Thomas Noll zusammen, »aber sie verhielten sich zum Beispiel noch egoistischer und risikobereiter als eine Gruppe von Psychopathen, die den gleichen Test absolvierten.« Besonders schockierte ihn, dass die Wertpapierhändler gar nicht mehr Gewinn als die Vergleichsgruppen erzielten. Statt sachlich und nüchtern auf den höchsten Profit hinzuarbeiten, »ging es den Händlern vor allem darum, mehr zu bekommen als ihr Gegenspieler. Und sie brachten viel Energie auf, diesen zu schädigen«. Es sei in etwa so gewesen, als hätte der Nachbar das gleiche Auto, »und man geht mit dem Baseballschläger darauf los, um selbst besser dazustehen«.[336]

Was die Börsenmakler nicht verstanden haben: Einen Nutzen aus etwas zu ziehen und andere zu übervorteilen sind zwei völlig verschiedene Dinge, die sich im Leben nur gelegentlich überlappen, so der Philosoph Richard David Precht.[337] Dies ergibt sich selbst aus dem spieltheoretischen Fall des Gefangenendilemmas, womit Wirtschaftswissenschaftler_innen ›ausrechnen‹, was die ›rationalste‹ Handlungsoption (in ihrem Sinne des eigenen Nutzens) darstellt, solange unklar bleibt, was der zweite Gefangene tut. (Hält er dicht oder verpfeift er mich?) Kooperation erweist sich als die optimale Strategie, solange sie mit der Fähigkeit und Bereitschaft verbunden ist, im Falle einer Nichtkooperation des Partners unangenehm zu reagieren. (Denkt mein Gast Sam auch daran, als er sagt, er beachte immer, die Sauerstoffmaske aufzubehalten?) Dies sei aus neurobiologischer Sicht auch der Sinn der Aggression, welche die Bedingungen für unser Bindungsbedürfnis schützen soll, so Joachim Bauer. Weiter gehört demnach zur ›universalen Erfolgsstrategie‹ dazu, nicht nachtragend zu sein, sondern es wiederum mit Kooperation zu versuchen.[338]

Ein wichtiger Anspruch ist das Bedürfnis, nicht unfair behandelt zu werden. Das ist nicht nur ein grundlegendes menschliches, sondern, wie verschiedene Studien zeigen, ebenso tierisches Bedürfnis.[339] Wo das nicht geschieht, entsteht Aggression. Die einen richten sie gegen sich selbst. Die anderen gegen andere. Da der Kapitalismus nicht besonders fair ist (zumal in Verbindung mit an Milieu- und Identitätskategorien gebundenen Karriere- bis hin zu Überlebenschancen), findet sich die These, der Mensch sei des Menschen Wolf, immer wieder bestätigt.

Wobei die grundsätzlich sowieso nicht falsch ist: Wölfe sind sehr soziale Tiere. Auch Menschenaffen unterscheiden übrigens durchaus zwischen wohlgesinnten und übelgesinnten Artgenossen, nehmen aber eine emotionale Haltung zueinander ein, die offensichtlich viel komplexer ist als die Erbsenzählerei ›Du hast mir dreimal das Fell gekratzt, und nun mache ich das Gleiche dreimal bei dir‹, so Richard David Precht.[340]

Friedrich Nietzsches Gedankengebäude beruhte zu einem großen Teil auf der damals wie heute vorherrschenden Annahme, Menschen seien berechnende Maschinen, deren individuelles Streben nach Eigennutz nur durch den gesellschaftlichen Rahmen in Schach gehalten werden könne. Als ›Antwort‹ auf eine entsprechende Phantasie Nietzsches über wilde Jäger, die sich gegenseitig Stücke aus dem Körper schneiden, wenn Schulden nicht zurückgezahlt werden, gibt David Graeber eine Geschichte des dänischen Polarforschers Peter Freuchen wieder. Dieser erzählt, wie er eines Tages hungrig von einer erfolglosen Walrossjagd zurückkehrte und sah, wie ein erfolgreicher Jäger mehrere hundert Pfund Fleisch bei ihm ablud. Er dankte ihm überschwänglich. Der Mann jedoch reagierte abweisend: »›Oben in unserem Land sind wir Menschen!‹, sagte der Jäger. ›Und weil wir Menschen sind, helfen wir einander. Wir hören es nicht gern, wenn sich jemand dafür bedankt. Was ich heute bekomme, bekommst morgen vielleicht du. Hier oben sagen wir, dass man mit Geschenken Sklaven macht und mit der Peitsche Hunde.‹« Statt sich selbst als menschlich zu betrachten, weil er zu ökonomischen Kalkulationen fähig ist, so Graeber, beharre der Jäger darauf, es sei wahrhaft menschlich, ebensolche Kalkulationen zu verweigern, nicht zu messen und sich nicht zu merken, wer wem was gegeben hat. Denn würden wir das tun, würden wir unweigerlich eine Welt schaffen, in der wir beginnen, Macht mit Macht zu vergleichen, zu messen, zu kalkulieren, und würden uns gegenseitig durch die Schulden zu Sklaven und Hunden herabwürdigen.[341]

Adam Smith ging von perfektem Egoismus auf dem Markt aus und gleichzeitig von perfektem Altruismus gegenüber der eigenen Familie. Heute, im Zeitalter des ›ökonomischen Imperialismus‹, werden noch die intimsten Entscheidungen mit persönlichem Nutzen erklärt. Wie sich diese Binarität durch neue Praktiken der Solidarität aufhebt, ohne alles Leben auf individuelle Nutzenmaximierung zu reduzieren, dafür sei wiederum Felix Stalder zitiert; allerdings, während er von ›Teilen‹ spricht, sollte dies meines Erachtens mit ›Beitragen‹ ersetzt werden. Demnach sei Beitragen »kein karitativer oder altruistischer Akt wie das Spenden für einen guten Zweck, das einen nicht persönlich berührt, sondern ein Akt, bei dem der Vorteil indirekt ist«.[342] Anstatt Beziehungen zwischen einzelnen Akteuren herzustellen (was auf Schuld durch Geschenke oder auf Tauschlogik hinausläuft), würden Beziehungen vermehrt über kollektive Formen vermittelt.

Die jungen New Yorker_innen singen: »Give back what you make.« Die ABC-Autorinnen formulieren unter dem Stichwort ›Gabe‹: »Jedes Geben ist in Wirklichkeit ein Weitergeben dessen, was man bekommen hat. Und trotzdem ist jeder einzelne Akt des Gebens auch eine freie Entscheidung, ob ich schenken will oder nicht. Ohne diese Freiheit gibt es kein gutes Leben.«[343]

Sam sagt bei dem Frühstück, das ich ihm anbiete und das sich mehr als ›bezahlt‹ gemacht hat für mich, wesentlich sei der Aspekt des ›self-care‹, der Selbstsorge. »With this hand I heal myself and with this hand I heal the world.«

Arbeit und Faulheit

Erich Fromm unterscheidet entsprechend seiner Zuordnung in ›Haben‹ und ›Sein‹ verschiedene Formen von Aktivität. Heute werde nicht differenziert, ob ein Mensch aktiv sei, weil er wie ein Sklave durch äußere Mächte dazu gezwungen werde, oder weil er wie ein von Angst getriebener Mensch unter innerem Zwang stehe, ob er keine innere Beziehung zu seiner Tätigkeit habe oder ob er an seiner Arbeit interessiert sei. Fromm bezieht sich dabei auf Marx' Unterscheidung zwischen ›entfremdetem‹ und ›nicht entfremdetem‹ Tätigsein:

> »In der entfremdeten Aktivität erlebe ich mich nicht als das tätige Subjekt meines Handelns, sondern erfahre das *Resultat* meiner Tätigkeit, und zwar als etwas ›da drüben‹, das von mir getrennt ist (…) Bei nicht entfremdeter Aktivität erlebe ich *mich* als handelndes *Subjekt* meines Tätigseins. Nicht entfremdete Aktivität ist ein Prozeß des Gebärens und Hervorbringens, wobei die Beziehung zu meinem Produkt aufrechterhalten bleibt. Dies bedeutet auch, daß meine Aktivität eine Manifestation meiner Kräfte und Fähigkeiten ist, daß ich und mein Tätigsein und das Ergebnis meines Tätigseins eins sind.«[344]

Aktivität in diesem Sinne bedeute nicht Geschäftigkeit, sondern schließe stets inneres Tätigsein ein – in diesem Sinne könne auch Zuhören Aktivität sein.

> »Tätigsein heißt, seinen Anlagen, seinen Talenten, dem Reichtum menschlicher Gaben Ausdruck zu verleihen, mit denen jeder – wenn auch in verschiedenem Maße – ausgestattet ist. Es bedeutet, sich selbst zu erneuern, zu wachsen, sich zu verströmen, zu lieben, das Gefängnis des eigenen isolierten Ichs zu transzendieren, sich zu interessieren, zu lauschen, zu geben.«[345]

Freude (»die Glut, die dem Sein innewohnt«) ist für ihn eine Begleiterscheinung des produktiven Tätigseins – ein emotionaler Zustand, der die produktive Entfaltung der dem Menschen eigenen Fähigkeiten begleitet.[346]

In dem Buch *Stadt der Commonisten* findet sich unter ›A wie Arbeit‹, »diese auch ethisch so wichtige Schlüsselkategorie der abendländischen Moderne« werde

> »neu definiert als künstlerisch-schöpferisches In-der-Welt-Sein und Formen der Welt. Vor allem wird die protestantische Vorstellung auf den Kopf gestellt, dass der Einzelne der Welt mühsam und ›im Schweiße seines Angesichts‹ knappe Ressourcen abtrotzen muss. Im Gegensatz dazu sieht man die Welt und ihre Möglichkeiten als Fülle. Während man früher ›arbeitete‹, wird hier in erster Linie ›gefunden‹, geerntet, kreiert, eingegriffen und frei genutzt. Die Welt wird als Möglichkeitsraum begriffen. Anstatt sie auszubeuten, legt man es darauf an, sie zu verstehen und mit ihr zu kooperieren. In diesem Sinne versteht man die Welt und sich selbst darin als *Commoner*.
> Das bedeutet nicht, dass in den Projekten nicht viel gearbeitet würde oder dass es keine Mühe machte, sie zu initiieren und am Laufen zu halten. Das Gegenteil ist der Fall. Aber die Arbeit, die in den Gemeinschaftsgärten, Nähwerkstätten, Kartoffelkombinaten, Fab-Labs getan wird, ist eben Arbeit, die nützt, die sich dem Konsumprinzip entzieht und nicht im Dienste der Profitsteigerung steht. Gegen das implizite Programm industrieller Produktion, Menschen unzuständig zu machen (Gronemeyer 2012), erklären sich die Beteiligten in den Projekten für zuständig: für zeitgenössische Stadtentwicklung, für

den Erhalt des Saatgutes, für die Erforschung postfossiler Mobilität, für den sorgsamen Umgang mit Ressourcen, für Fairness und Gerechtigkeit etc.«

»Wir haben uns unser Tun stehlen lassen, und so ist die Quelle versiegt, aus der wir die Erfahrung des befreienden und beglückenden Genüges schöpfen könnten«, so Marianne Gronemeyer. Und sie warnt, »hören Sie auf das Wort: wenn wir entlohnt werden, dann werden wir um den Lohn für unsere Mühe gebracht«.[347]

Spezialistentum und ›Alle machen alles‹

Sicher sind viele Menschen froh über die Arbeitsteilung, die ihnen erlaubt, sich auf eine ihnen angenehme Tätigkeit zu konzentrieren. Dass es jemanden gibt, von dem (der?) sie davon ausgehen, dass er (sie?) den Dreck unter dem Sofa eigentlich schon längst hätte wegmachen müssen. Doch vermutlich ist diese Person, die dafür zuständig ist, nicht ganz genauso glücklich über die Arbeitsteilung. Und ob sie beim Dreck wegmachen für andere ähnliche Befriedigung empfindet, wie wenn jemand seine eigenen Räumlichkeiten säubert, ist zu bezweifeln. Außerdem fragt sich noch, ob diese Person die Zeit hat, selbst ihre Wohnung so sauber zu halten, wie sie es gezwungenermaßen bei anderen tut. In den letzten Jahren wurde das Phänomen der *Global Care Chain* berühmt-berüchtigt: Frauen kümmern sich in reicheren Ländern um Kinder, während ihre eigenen Kinder von ihren eigenen Müttern/Schwestern/Nachbarinnen, manchmal auch Partnern, mitversorgt werden – wenn sie nicht sogar selbst eine Frau aus einem noch ärmeren Land eingestellt haben, die wiederum ihre Kinder in ihrer Heimat zurückgelassen hat ...

Das Aufheben von Arbeitsteilung ist aber eben nur dort notwendig, wo diese ungerecht ist. Wenn alle mit der gefundenen Aufgabenverteilung zufrieden sind, gibt es keinen Grund, sie aufzuheben. Brigitte Kratzwald erzählt hierfür eine Geschichte, die ich selbst mit ihr auch schon erlebt habe: Dass sie auf Seminaren mit schlechtem Gewissen reagiert, wenn immer sie die Frühstücksschicht übernimmt. Denn für Brigitte ist dies eine vergleichsweise angenehme Aufgabe. Die anderen aber sind heilfroh über diese Arbeitsteilung, da sonst niemand Lust hat, als erste aufzustehen.

Apropos früh aufstehen: Wirtschaft auf die Prinzipien Lust und Notwendigkeit aufzubauen meint nicht, im Alltag erst nach dem Ausschlafen zu überlegen, was getan werden könnte. Selbstverständlich sind in einer modernen Gesellschaft Tätigkeiten komplex und müssen gesellschaftlich organisiert sein. Das dazu gehörige Spezialistentum ist gut und notwendig – solange es für alle Beteiligten stimmig ist. Falls nicht, wird es vielleicht nicht immer eine Lösung geben, mit der alle absolut glücklich sind. Aber es bleibt ein Unterschied, ob versucht wird, einen Umgang damit zu finden, oder ob Menschen mit dem Wechsel auf die Hauptschule für den Rest ihres Lebens zu den vermeintlich einfachen Arbeiten quasi verdammt sind.

Produzieren und Konsumieren

Der Begriff der Prosument_innen wurde schon eingeführt: Menschen, die nicht nur eine Sache produzieren, um alles andere konsumieren zu können, sondern in deren Tätigkeit sich die Grenze zwischen Produktion und Konsumtion aufhebt.

Franz Schandl (2009) spricht statt vom Prosumieren von ›Schöpfen‹:

> »Schöpfen wird verstanden als *Kreieren* und *Schaffen*, als *Weitergeben* und *Entnehmen*, *Gebrauchen* und *Verzehren*. Diese Vieldeutigkeit soll festhalten, dass Schöpfen als Aktion und Transaktion, als Habe und Konsumtion in einem zu verstehen ist. Geben und Nehmen wären in einem Gesamtprozess des Schöpfens aufgehoben. Schöpfen wäre somit ein unendlicher Prozess der Selbstschöpfung, die sich verändernd stets neu erschafft. Sie kennt individuelle wie kollektive Momente. Schöpfen funktioniert nicht auf der Ebene von Gleichungen und Messungen, sondern auf qualitativen Zueignungen. Als große Schenkung (...)
> Geben und Nehmen sind im Schöpfen nicht mehr bedingt, sondern *unbedingt*. Brauchen wir dafür nicht andere Menschen? Zweifellos, wen denn sonst.«

›Oben‹ und ›unten‹

›How to scale up‹ sei bereits die falsche Frage, so Silke Helfrich, denn es bedeute immer noch ein Denken in Hierarchien. Selbst in föderalen bzw. einer sich pyramidenförmig zusammenschließenden dezentralen Struktur werde die Hierarchie noch aufrecht erhalten, so auch Felix Stalder. In den neu sich abzeichnenden Produktionszusammenhängen dagegen würden multiple, sich überlappende Strukturen bevorzugt, um eine horizontale Beteiligung zu ermöglichen.[348]

Auch mein Frühstücksgast Sam betont, ›how to scale‹ bedeute nicht unbedingt ›scaling up‹. Er denke dabei an die bereits bestehenden Formen von Vernetzung in der Hackerspace-Bewegung, welche nationale Grenzen überschreitet. »We have a federated republic of spaces.« Aber auch jetzt schon leben selbst Hacker_innen nicht ausschließlich in diesen Räumen, wodurch sich das Überlappen ganz unterschiedlicher Organisationsstrukturen vielleicht noch besser erahnen lässt.

Max Haiven (2015) tritt für einen ›Prozess von unten‹ ein, doch drückt er hiermit aus, aus welcher Richtung die Gestaltungskraft kommt. Denn ›unser Recht auf Commons‹ sei keine Forderung an Mächtige, sondern

> »ein Versprechen, das wir uns selbst geben, dass wir die Arbeit des ›Commons-Machens‹ übernehmen – nämlich eine Gesellschaft aufzubauen, die eher dem entspricht, was Marx das ›Gattungswesen‹ des Menschen genannt hat. Damit meint er, dass wir als Gattung Mensch erfindungsreich und kooperativ sind. Das Commons ist für mich die gerechte und ethische Weise, dieses Gattungswesen auszudrücken und auszugestalten.«

Lokal und global

Commons müssen hochgradig vernetzt sein, da die in ihnen beteiligten Menschen und Ressourcen nicht nur an einem Commons, sondern an mehreren und sich überlappenden und gegenseitig beeinflussenden Prozessen beteiligt sind, so Silke Helfrich.[349] Sie entfalteten sich in der Fläche, von peer-to-peer, von Netzwerkknoten zu Netzwerkknoten. Diese Vernetzung sei imstande, die bisherigen Schaltstellen der Macht zu unterlaufen, was zwangsläufig zur Emergenz neuer Eigenschaften des ganzen Systems führe. Die durch Commoning geschaffenen Eigenschaften und Fähigkeiten (hier übernimmt sie ein Bild des Neurobiologen Jacques Paysan) könnten wie Kristallisationskeime in einem gesellschaftlichen Kristallgitter wirken. Das System wachse, allerdings nicht nur von unten nach oben. Neuankömmlinge (sofern das, was sie vorfinden, in ihnen Resonanz erzeuge) integrierten sich in existierende Organisationsformen. Dann begännen sie, die Strukturen mitzugestalten und weiterzuentwickeln. Das gesamte System könne allmählich in alle Richtungen wachsen. Die innovativen Kristallisationskeime gingen zugleich im wachsenden Kristall auf, ohne einen neuen ›Zentralisationspunkt‹ zu bilden und ohne hierarchische Spuren zu hinterlassen.[350]

Zurzeit der Veröffentlichung von E. F. Schumachers Werk *Small is Beautiful* (1973) war das Lokale und Kleine noch isoliert, darauf weist Ezio Manzini hin. Heute wüssten wir aus eigener Erfahrung, dass in einer vernetzten Gesellschaft das Kleine nicht länger klein sei, weil ein riesiges System daraus gewebt werden könne. Dies zeige ein neuartiges Konzept von Globalisierung auf: global und dezentral zugleich. Eine Globalisierung, die auf miteinander verbundenen Lokalitäten beruhe. Von solchen Orten spricht er als ›small, local, open and connected spaces‹.[351]

Bei Begegnungen im Rahmen von Mobilisierungen gegen die Gipfeltreffen von G8 oder die Welthandelsorganisation war ich immer etwas erstaunt, dass die Bauern und Bäuerinnen der millionenstarken Bewegung KRRS aus dem indischen Bundesstaat Karnataka ›ernsthaft‹ Gandhis Vision von politischer und ökonomischer Autonomie im Sinne dörflicher Unabhängigkeit vertreten. Das davon ausgehende Wachstum bilde keine Pyramide, sondern einen ozeanischen Kreis, an dessen Zentrum das Individuelle stehe, hatte Gandhi es beschrieben. Tatsächlich bedeutet der von ihm benutzte Ausdruck *Swaraj* eigentlich ›Selbstbestimmung‹. Der im Deutschen für Gandhis politische Vision benutzte Ausdruck ›Dorfwirtschaft‹ klang damals in meinen Ohren nicht sehr verführerisch. Heute weiß ich: Das ›Dorf‹ ist durch alle möglichen Formen lokal(-kosmopolitischer) Lebensformen ersetzbar.

Knappheit und Überfluss

Gleich nochmal Gandhi: »There is enough for everybody's need, but not enough for anybody's greed.« Denn die Binarität von Knappheit und Überfluss aufzuheben bedeutet eben nicht zu behaupten, es gäbe in einer Ecommony keine Knappheit mehr. Wenn ein Mangel an etwas besteht, macht es Sinn, aufzuteilen – wie auch immer, das soll hier nicht diskutiert werden, denn das kann von Commons zu Commons unterschiedlich sein, doch »Vorhandenheit und Bedürfnis sind die Kriterien der Versorgung« so Franz Schandl.[352] »Die Allmende ist kein Schlaraffenland, das leergefressen wird, sondern eher ein gemeinsames Picknick, zu dem jeder etwas beiträgt und bei dem sich jeder in Maßen bedient«, schrieb Bernhard Pötter in einer Rezension zum ersten Commons-Sammelband, und wählte damit ein sehr passendes Bild.[353]

Apropos lecker schlemmen: Erst Diäten machen esssüchtig, da durch den Gedanken, es gäbe nicht genug, oder aber durch das schlechte Gewissen beim Genießen die Befriedigung verdorben wird. Jeremy Rifkin bringt diese Erfahrung auf allgemeinere Art und Weise zum Ausdruck: »Es ist

Knappheit, die für Konsum sorgt, nicht Überfluss. In einer Welt, in der die materiellen Bedürfnisse aller befriedigt werden, gibt es die Angst, ohne etwas auskommen zu müssen, nicht mehr. Das unersättliche Bedürfnis, zu horten, von allem im Übermaß zu haben, verliert an Zugkraft.«[354] Entsprechend ist meine Überzeugung, dass zum relaxt schlank bleiben gehört, immer genau das zu essen, worauf mensch Lust hat. Bei ihm hört sich das so an: Nur eine Ökonomie des Überflusses statt der Knappheit könne hemmungslosen Konsum der verbleibenden Ressourcen des Planeten vermeiden. Dies sei »vermutlich der einzig effektive Weg, unserer Spezies auf der Erde eine nachhaltige Zukunft zu sichern«.[355]

Das bedeutet nicht hemmungsloses In-Sich-Hineinstopfen. »Denn einerseits entfaltet das Glück seine Großherzigkeit gerade darin, dass es den Glücklichen in die Mitte des Überflusses setzt, andererseits findet dieser seinen Platz darin, indem er sich bescheidet«, weiß Roger Willemsen.[356]

Das lässt sich übrigens durchaus von der Neoklassik lernen, die auf dem Verständnis des Grenznutzens aufbaut: Je mehr wir etwas konsumieren – und sei es unsere Lieblingsschoki – desto geringer ist der durch jedes Stück Schokolade hinzugefügte Stück Nutzen. Irgendwann liegt er bei null (stopfen ohne Genuss), bevor er anfängt, sich in Schaden zu verwandeln (selbst Homer Simpson wird einmal vom Teufel gefoltert, indem er immer weiter Donuts essen muss),[357] er also negativ wird. Dieser offensichtliche Widerspruch der Wirtschaftstheorie zur gleichzeitigen Annahme, dass der Mensch immer mehr wolle, ist nur durch Geld denkbar, denn Geld bedeutet, horten zu können mit dem Sinn, andere davon auszuschließen. Praktischerweise gäbe es in einer Ecommony diese Möglichkeit unsolidarischen Handelns nicht – da es kein Geld in ihr gäbe.

Schöner und treffender als von Überfluss zu sprechen ist das Wort ›Fülle‹ – und Commons sind, wie oben im Gegensatz zu den *Scarcity Generating Institutions* schon eingeführt, Fülle erzeugende Einrichtungen – FEEn. Im *ABC des Guten Lebens* heißt es unter dem Stichwort ›Fülle‹:

> »Die vergehende symbolische Ordnung vermittelt den Eindruck, wir Menschen lebten in einer Welt des Mangels. Entsprechend sind auch die sozialen Ordnungen in vieler Hinsicht so gestaltet, dass überall nur Mangel erlebt wird: Mangel an Zeit und an Aufmerksamkeit, Mangeln an Lebensmitteln und Wirtschaftsgütern, Mangel an Arbeitsplätzen und Geld. Die vorgebliche Knappheit der Ressourcen soll zu Wettbewerb und unermüdlichem Streben nach mehr antreiben, damit die kapitalistische Wirtschaft Gewinne aus dem Leben der Menschen ziehen kann.«[358]

An dieser Stelle eine Erinnerung an Adam Smith als »Erfinder der modernen Angst vor Knappheit« (Veronika Bennholdt-Thomsen). Smith lässt die Angst vor der Knappheit als höhere Tugend erscheinen, indem er andere Ethnien und Menschen früherer Epochen, die mit dem, was sie haben, gut lebten, als ›barbarisch‹ und ›unzivilisiert‹ darstellte.[359] Was Smith noch nicht wissen konnte, aber wir: Es ist erst der Kapitalismus, der jährlich millionenweise Menschen dem Hungertod preisgibt, da die Lebensmittel dorthin gehen, wo das Geld ist. Nicht dorthin, wo Mütter und Väter versuchen, ihre weinenden Kinder ohne Nahrung in den Schlaf zu wiegen. Jeder auf Commons beruhenden Gesellschaft wäre das schlichtweg unverständlich geblieben; auch wenn Lebensmittel knapp waren, wurden sie unter den ›peers‹ geteilt. Die *ABC*-Autorinnen:

> »Ein wichtiger Schritt zu einem guten Leben ist der, den Blick für die in Wirklichkeit vorhandene Fülle zu richten: die Fülle, die die Erde schenkt, die Fülle an Möglichkeiten für jedes Leben, die Fülle an Beziehungsmöglichkeiten, die Fülle, die aus der Differenz hervorgeht, die Fülle an Erfahrungen und Dingen, die die Menschen, die früher lebten, weitergegeben haben, die Fülle an Gaben, die die meisten Menschen täglich erhalten.«[360]

Nicht zu vergessen ist dabei, dass heute auch finanzielle Ziele, Anschaffungen etc. vor allem deshalb unser Motivationssystem reizen, da wir damit zwischenmenschliche Anerkennung erwerben oder erhalten wollen – wer das nicht verstanden hat, hat in der Werbebranche nichts verloren.[361] Statt aber den Umweg über das Materielle zu wählen, was per Definition immer jene aus der Anerkennung ausschließt, die weniger haben, gibt es auch den direkten Weg des Für-einander.

Und des Zu-sich-selbst. Die Bestätigung von außen ist notwendig für die Bestätigung von innen. »Deswegen ist es für uns nur halb so schlimm, wenn wir einen bestimmten Wunsch nicht erfüllt bekommen oder eine Absicht misslingt. Viel schlimmer ist es, wenn wir uns als Person angegriffen fühlen. Wenn man uns als Mensch infrage stellt. Wenn man unser Selbstwertgefühl verletzt oder zerstört«, so David Richard Precht.[362] Was im Kapitalismus ja schnell mal passieren kann.

Weder das Ziel von Anerkennung, nämlich Zuneigung (Joachim Bauer spricht von der ›Droge Mensch‹), noch die Möglichkeiten, sich in der Welt zu verwirklichen, sind begrenzt. »Wir ersparen uns, das Leben zu versäumen«, formuliert es Franz Schandl. »Es gäbe endlich die Möglichkeit, sich zu seinem Leben emotional und geistig reflektiert und nicht bloß reflexartig und affektiert zu verhalten.«[363]

Autorität haben und anti-autoritär sein

»Auch die überaus schwache Differenzierung, die in Anarchokreisen zwischen Begriffen wie ›Autorität‹, ›Herrschaft‹, ›Unterdrückung‹ und ›Hierarchie‹ gepflegt wird, ist Ausdruck monokausalen Denkens. Das führt dann dazu, daß man meint, Freiheit zu erreichen, indem man die Überlegenheit eines Menschen weghobelt«, schrieb Horst Stowasser. »Es gibt keinen entlarvenderen Ausdruck für diese schematische Manie, von allem was wir als schlecht empfinden, immer ganz genau gerade das Gegenteil anzustreben, als das problematische Wörtchen ›antiautoritär‹. Dieses Verhalten, die sogenannte *antithetische Bindung*, hat immer wieder zu groteskem Unsinn geführt.«[364]

»Der springende Punkt ist«, so Erich Fromm in *Haben oder Sein*, »ob man Autorität *hat* oder eine Autorität *ist*«.[365] Hier könnte eine Liste folgen von Bereichen, in denen ich nie eine Autorität sein werde und es auch nicht anstrebe. Kochen zum Beispiel. Ich bin immer froh, wenn es jemanden gibt, der sagt, welche Zutaten es braucht, was geschnippelt werden soll, wann das Essen gar ist, ohne angebrannt zu sein, und der für das Würzen Verantwortung übernimmt. Doch eine solche Liste wäre nicht nur lang, sondern schier endlos angesichts all der Tätigkeiten, in denen ich mich nicht als Spezialistin fühle, und in denen sich andere Menschen mit Lust verwirklichen. Mark Terkessidis spricht von ›Autorität angesichts von Vielheit‹; statt Autorität zu verleugnen, solle sie transparent im Sinne der Zusammenarbeit ausgestaltet werden.[366] Für Alphatiere seien das freilich schlechte Nachrichten, so Annette Jensen und Ute Scheub.[367]

Technikgläubigkeit und Naturverbundenheit

An der Frage der Technik trennen sich nicht nur die Utopien. An dieser Stelle wird zumeist aufgehört, einander überhaupt noch zuzuhören. Die einen riechen Kompostklos und fürchten, ständig im Dreck wühlen zu müssen, die anderen visionieren eine Welt, in der sie von Technik umgeben sind und keinen Zugang zu Natur mehr haben.

Es mag also daran liegen, dass ich Kompostklo-Nutzerin bin, dass auch mir eins meiner Lieblings-Rifkin-Zitate etwas verleidet wurde, als mir darin der Ausdruck ›hochgradig automatisiert‹ auffiel:

> »In einem halben Jahrhundert werden unsere Enkel auf die Ära der Massenlohnarbeit auf dem Marktplatz mit demselben fassungslosen Staunen zurückblicken wie wir heute auf Sklaverei und Leibeigenschaft einer noch viel früheren Zeit. Der bloße Gedanke, dass man den Wert eines Menschen fast ausschließlich an seinem Output und materiellen Wohlstand hätte messen können, wird dann primitiv, ja barbarisch erscheinen; unsere Nachkommen, deren Leben sich hauptsächlich in den Commons einer hochgradig automatisierten Welt abspielen wird, werden darin einen schrecklichen Verlust an menschlichen Werten sehen.«[368]

Auf einer Emailliste entstand Ende 2014 eine Diskussion aufgrund eines dort geposteten Textes von Andreas Exner mit dem Titel *Es rettet uns keine höhere Technologie.*[369] Simon Sutter antwortete hierauf: »Höhere Technologie rettet uns nicht, aber schafft Möglichkeitsräume, neue Bedürfnisse und neue Menschen.« Neue Technologien machen eine Dezentralisierung der Produktion möglich, die vor zwanzig Jahren noch undenkbar war, so führt auch Brigitte Kratzwald diesen Gedanken aus. Das bedeute aber keineswegs, dass diese neuen Technologien eine hinreichende Bedingung für soziale Transformation seien, sie eröffneten lediglich neue Möglichkeiten. Technikgläubigkeit als naive Hoffnung, dass diese von allein eine bessere Welt brächten, sei ebenso unangebracht wie die Vernachlässigung des für die Herstellung der Geräte notwendigen Naturverbrauchs.[370]

Kultur und Natur

So pervers, wie es uns heute vorkommt, dass Menschen Eigentum an Menschen haben konnten – wird es uns eines Tages genauso pervers erscheinen, dass Tiere als das Eigentum von Menschen galten? In früheren indigenen Kulturen wurden Tiere nicht als Eigentum verstanden, sondern als mit den Menschen in Beziehung stehend.[371] Das Wort ›Besitzen‹ harrt noch seiner Ersetzung durch einen Ausdruck, der mit dem darin für uns anklingenden Eigentumsverhältnis stärker bricht. »Hüten«, schlug mir einmal Lara Mallien von der Zeitschrift *Oya* vor.

Es hat sich herumgesprochen, dass in den Verfassungen von Bolivien und Ecuador die Rechte der ›Mutter Erde‹ erwähnt werden. Doch wenn wir uns somit vorstellen, Mutter Erde fordere vor einem Gericht ihre Rechte gegenüber den Menschen ein, dann erfasst ein solches Bild den Gedanken hinter ›Pachamama‹ gerade nicht. Denn dieser Begriff steht für die Nicht-Trennbarkeit von Mensch und Natur. »Wir Menschen sind eine ›Laune der Natur‹, denn aufgrund unserer Existenzbedingungen sind wir Teil der Natur«, schreibt Erich Fromm, »doch aufgrund unserer Vernunftbegabung transzendieren wir sie. Wir haben versucht, dieses Problem unserer Existenz dadurch zu lösen, daß wir die messianische Vision der Harmonie zwischen Menschheit und Natur aufgaben, indem wir uns die Natur untertan machten und für unsere eigenen Zwecke umgestalteten, bis aus der Unterjochung der Natur mehr und mehr deren Zerstörung wurde«.[372]

Wem die Pachamama exotisch oder naiv vorkommt, sei daran erinnert, dass der für sein Genie berühmte Physiker Albert Einstein eine solche Vorstellung teilte:

> »Ein menschliches Wesen ist ein Teil des Ganzen, das wir Universum nennen, ein durch Raum und Zeit begrenzter Teil. Es erfährt sich selbst, seine Gedanken und Gefühle, als etwas von allem anderen Getrenntes – eine Art optische Täuschung seines Bewusstseins. Diese Täuschung ist für uns eine Art Gefängnis, das uns auf unsere persönlichen Entscheidungen und auf unsere Zuneigung für die wenigen uns am nächsten stehenden Personen beschränkt. Unsere Aufgabe muss es sein, uns aus diesem Gefängnis zu befreien, indem wir den Kreis unseres Mitgefühls so erweitern, dass es alle lebenden Wesen umfasst.«

Im ›material turn‹ der feministischen Theorien der letzten Jahre ist genau eine solche Überwindung des anthropozentrischen Denkens zentral; also nicht länger nur nach dem Glück der Menschen zu fragen. Geschweige denn, Tiere und Pflanzen zu Ressourcenzulieferungsmaschinen zu entwürdigen. Auch wird Handlungsfähigkeit nicht länger auf menschliches Agieren beschränkt verstanden.

Michael Hardt und Toni Negri beziehen sich auf Judith Butler und deren queerfeministische Erkenntnis, dass Subjekt und Kontext inklusive des Körpers und dessen Umwelt nicht getrennt zu denken sind. Gene, Gehirne und Lebenserwartung wurden dafür schon als Beispiele genannt; Hardt und Negri nennen Untersuchungen von Anne Fausto-Sterling, wonach auch die menschliche Knochenstruktur für ihre Entwicklung bestimmter Impulse bedarf und sich entsprechend unterschiedlich ausbildet. Sie sehen darin Verweise auf das Gemeinsame (›the common‹). Ihnen geht es beim menschlichen Handeln darum, das Gemeinsame nicht nur zu erhalten, sondern sich zugleich über die Bedingungen seiner Herstellung auseinanderzusetzen und die positiven Formen zu fördern. »Wir können dies eine Ökologie des Gemeinsamen nennen – eine Ökologie, in deren Mittelpunkt gleichermaßen Natur und Gesellschaft, die menschliche und die außermenschliche Welt in dynamischer Interdependenz, Sorge umeinander und wechselseitiger Veränderung stehen.«[373]

»Die Umweltkrise wird nur zu überwinden sein, wenn wir alle einsehen, daß wir glücklicher wären, wenn wir zusammen *wirken* und uns umeinander *kümmern* könnten«, so Ivan Illich.[374] Und Silke Helfrich schreibt: »Statt die Umwelt als eine vom Sozialen getrennte Sphäre zu betrachten, helfen uns Commons zu verstehen, dass wir Teil der Natur sind und uns daher selbst zugrunde richten, wenn wir die Natur zerstören.«[375]

Jenseits von Herrschaftsverhältnissen – QUEERCOMMONY

Wir sind Teil der Natur und Teil der Kultur bzw. des gesellschaftlichen Kontextes. Ganz wie Rhesusaffen übrigens: Während in dem einen Rudel das aggressive Alphamännchen herrscht, gehen andere Gruppen nett miteinander um – und zwar in der jeweiligen Gemeinschaft Generation für Generation.[376] Und wenn mir jemand sagt: Hunde essen in der Natur gar keinen Kuchen, dann weise ich freundlich darauf hin, dass es sich bei meinem geliebten Zotteltier um nichts handelt, was vergleichbar ›in der Natur‹ anzutreffen wäre. Ähnlich, wenn jemand verkündet, im Nationalsozialismus wäre er oder sie in den Widerstand gegangen, dann hat er oder sie vergessen, dass wir nicht wir wären ohne die Geschichte, die hinter uns liegt.

Wir sind gar nicht zu denken ohne einen jeweils spezifischen gesellschaftlichen Kontext. Der Grundgedanke queerer Emanzipationsbestrebungen liegt darin, das, was wir geworden sind, gemäß unseres eigenen Begehrens frei entfalten zu können – so verschieden, wie wir sind, aber nicht vereinzelt, sondern in Anerkennung, dass es nur gemeinsam geht. Es geht darum, eine Gesellschaft aufzubauen, in der die volle Entfaltung der eigenen Persönlichkeit und der des Mitmenschen als höchstes Ziel des menschlichen Lebens gilt. Das schreibt auch Erich Fromm.[377] Und das stand auch schon im Kommunistischen Manifest: Die bürgerliche Gesellschaft mit ihren Klassen und Klassengegensätzen (und es sei hinzugefügt: Identitätskategorien) sei zu ersetzen durch eine »Assoziation, worin die freie Entwicklung eines jeden die Bedingung für die freie Entwicklung aller ist.«

Im Kapitalismus dagegen bestehen Zwangsidentitäten mindestens in einem dreifachen Sinne, denn

1. führt vergeschlechtlichte (ebenso wie ethnisierte, schichtenspezifische etc.) Arbeitsteilung zur Ausprägung von männlichen und weiblichen (von migrantisierten und weißen sowie von Unter-, Mittel- und Oberklassen- etc.) Identitäten;

2. erfordert die nationalstaatliche Organisation die Zugehörigkeit zu einer bestimmten Nation, um die vollen Zugangsrechte zu den jeweiligen Ressourcen zu erlangen. Auch dies ist mit bestimmten Identitätsvorgaben verbunden;
3. impliziert das hegemoniale Ideal des Homo Oeconomicus sehr eng geführte Persönlichkeitsvorgaben, um in dieser Gesellschaft erfolgreich zu sein.

Jenseits einer Konstruktion von Identitätskategorien als Legitimation für Arbeitsteilung

> »Unter Gleichrangigen gibt es keine ›Anderen‹ im Sinne von ›Fremden‹ und ›Nichtdazugehörigen‹. Die Konstruktion von ›Anderen‹ ist ein zentrales Herrschaftsinstrument: Entlang nahezu beliebiger Dimension (Geschlecht, Hautfarbe, Lebensweise, Alter, Fitness usw.) werden Menschen jeweils als ›Andere‹ konstruiert und ausgegrenzt. Peering ist eine wesentliche Voraussetzung dafür, dass Sexismus, Rassismus und anderen Ismen der Boden entzogen wird. Es ist allerdings unter unseren aktuellen Bedingungen keineswegs eine Garantie.
> Zu diesem Artikel (und insbesondere zu dem letztgenannten Gedanken) wurde ich durch den Artikel ›Wir werden nicht als Egoisten geboren‹ von Friederike Habermann im neuen Commons-Buch inspiriert. Sie nennt ihr Konzept Ecommony und fragt sich in dem Artikel nachdenklich, ›ob das *peer* nicht zu wichtig ist, um es auszulassen‹. Genau das denke ich.«[378]

Nun habe ich das ›peer‹ doch weiterhin ausgelassen, denn das Wort ›Ecommony‹ ist schon verwirrend genug. Doch inhaltlich hat Stefan Meretz recht, und ich frage mich, ob ›peering‹ nicht der ›démocratie à venir‹ von Jacques Derrida, der Demokratie, die immer im Kommen bleibt, gleicht: Die nicht auf Gesetze festlegbare demokratische Gesellschaft, in der die stets in Veränderung begriffenen Identitäten in einer sich wandelnden Welt immer aufs Neue ihr Zusammenleben regeln müssen. Nur so kann der lauernden Gefahr einer Wiederholung von festschreibenden Identitätskategorien und damit verbundenen Privilegien vermieden werden (vgl. Habermann 2008).

Denn wenn ich weiter oben schrieb, in jeder auf Commons beruhenden Gesellschaft wurden knappe Lebensmittel unter den ›peers‹ geteilt, dann war das keine zufällige Formulierung. Leider. »Die Logik der Identität ist immer und überall mit der Logik der Hierarchie verwoben«, warnt David Graeber nach einer kurzen Darstellung, wie Kastensysteme entstehen. Dieser Punkt könne gar nicht genug betont werden. »Tatsächlich geschieht etwas Derartiges *en miniature* in unseren privatesten Beziehungen. In dem

Augenblick, da wir ein Gegenüber als eine andere *Art* Mensch erkennen, uns entweder überlegen oder unterlegen, werden die normalen Regeln der Gegenseitigkeit modifiziert oder außer Kraft gesetzt.«[379] Die üblichen Maßstäbe eines fairen Umgangs gölten nicht mehr.

Und wie kam es nach Graebers anthropologischer Darstellung zu den Kastensystemen? Durch sich institutionalisierende Arbeitsteilung, welche sich zu Identitätskategorien verfestigten. Darin gehen nicht alle möglichen Privilegien und damit Gründe, Menschen zu ›Anderen‹ zu erklären, auf (der Zugriff auf Körper ist ein offensichtlicher weiterer), doch die freie Wahl dessen, womit sich ein Mensch in dieser Welt verwirklichen möchte, bleibt fundamentale Grundlage einer queeren, einer emanzipatorischen Gesellschaft.

Jenseits einer Konstruktion von Identitätskategorien als Legitimation für Ressourcenzugang

In seinem Buch *Die Geburt der Dritten Welt* (im Original: *Late Victorian Holocausts,* 2001) zeigt Mike Davis, wie durch das liberale Paradigma einer selbstregulierten Ökonomie im letzten Drittel des 19. Jahrhundert zum ersten Mal in der Weltgeschichte Millionen von Menschen verhungerten – trotz eines ausreichenden Lebensmittelangebots. Diese Toten waren eine Folge der Erzeugung von Märkten:

> »Millionen starben nicht außerhalb des ›modernen Weltsystems‹, sondern im Zuge des Prozesses, der sie zwang, sich den ökonomischen und politischen Strukturen anzupassen. Sie starben im goldenen Zeitalter des liberalen Kapitalismus; viele wurden (…) durch die dogmatische Anwendung der heiligen Prinzipien von Smith, Bentham und Mill regelrecht ermordet.«[380]

Und das akzeptieren wir noch heute. Dabei bedarf es schon eines ausgefeilten Systems, so viel Not zu produzieren, schließlich muss all das Essen, was geerntet und zumeist noch verarbeitet wird, bevor es auf den Müll kommt, von all den Hungernden erfolgreich ferngehalten werden. Wesentlich dafür ist, die Welt so konstruiert zu haben, dass wir Hungernde nicht so richtig als uns gleich, als uns ebenbürtig, als ›peer‹ ansehen. Selbstverständlich empfinden wir Mitleid mit ihnen. Wie mit den Eisbären. Doch wer könnte sich eine globale Politik vorstellen, welche täglich den Tod von zigtausenden Menschen aus dem Globalen Norden verursacht, und die dennoch unbeirrt als alternativlos dargestellt wird?

Judith Butler stellt die Frage ›Wessen Leben zählt?‹ in unserer Welt: »Wessen Leben gilt bereits nicht mehr als Leben oder gilt nur teilweise als Leben oder gilt schon als tot und verschwunden, noch bevor es ausdrücklich zerstört oder aufgegeben wurde?«[381] Jene, die wüssten, dass kein soziales Netz und keine Institution sich um sie kümmern werde, wenn sie Hilfe brauchen, gehörten zu den Unbetrauerbaren. Das hieße nicht, dass überhaupt niemand um sie trauere. Aber es geschehe im Schatten des öffentlichen Lebens.

Solidarität setzt Ebenbürtigkeit voraus, sonst versagen wir darin. Es geht also darum, den Zugang zu Ressourcen nicht an In- und Outgroups (wie Geschlecht, Nationen etc.) zu binden. So utopisch das klingen mag, so relevant ist es für die Kämpfe von heute. Die kanadische Aktivistin Harsha Walia von der transnationalen antirassistischen Vernetzung *Kein-Mensch-ist-illegal* betont in einem Interview während der *Un/Commons*-Konferenz in Berlin im Herbst 2015, »struggles against national borders are fundamentally about the commons«:[382]

> »They are about expanding our understanding who is included within the commons, who are the commoners and really being as expansive as possible in our ethical orientation and our social relationships to be more inclusive towards people especially from the global south whose lands and whose livelihoods have been devastated as a result of capitalism and imperialism. So the project to abolish all borders is fundamentally a project to protect the commons and expand the commons (...) At its core is the idea that citizenship is a fundamentally racist and exclusionary form.«

Dabei geht es aber nicht nur um ›abolishing the borders‹ von Nationalstaaten, sondern auch innerhalb der Bewegung. Commons sei ein Prozess, »the process of being in struggle together, of commoning together«:

> »My understanding of commons is one that is inclusive of political life, social life and economic life. Our social relations are ones that are not oppressive, so ones that dismantle racism and patriarchy and all other forms of oppression. This political struggle, the struggle for economic justice, the struggle for deep social equality, all of these together form a struggle for the commons which is that we need to live in non-capitalist producing economies and communities.«

Auf die Frage, welche Methoden sie benutzen, zählt Harsha Walia auf: direkte Demokratie, Konsens, direkte Aktion. Letztlich gehe es darum, das andere Leben bereits so gut wie möglich zu praktizieren. Doch was Commons in Zukunft genau sein könnten, werde sich erst in diesem gemeinsamen Kampf ergeben:

»There is a dominant narrative of the commons that is not defined by people who are the most impacted by the systems that we live in. So it is important not to abstract theory and vision onto struggle but to let it emerge from multiplicity and diversity of struggle.«

Struggle? Kampf? Ja. Auch das. Harald Welzer erinnert zusammen mit Bernd Sommer daran, dass soziale Bewegungen auch immer mit der Deprivilegierung hegemonialer Gruppen verbunden sind – und damit per Definition keine konfliktfreie Angelegenheit.[383]

Jenseits einer Identitätskategorie, die als überlegen gilt

In dem mit einem Glossar ergänzten Fotoband *Stadt der Commonisten* geht es unter D wie *Dilettanten* um die »hohen Anforderungen, die an das hochmoderne Subjekt gestellt werden, mit sich selber identisch zu sein und eine rundum gute Lebensperformance zustande zu bringen (gut aussehen, gute Leistung im Job, die richtigen Freunde, die richtigen Partner, moralisch okay, usw.)«. Direkt davor findet sich unter C das Stichwort *Culinary Misfits*. Gemeint ist Gemüse, das nicht den standardisierten Normen entspricht, die es bräuchte, um es in den Supermarkt zu schaffen. Culinary Misfits werden definiert als »zu krumm«, »zu freakig«, »nicht marktgängig«, »in der Regel gleich nach der Ernte untergepflügt oder landet im Müll«, »chancenlose Sonderlinge.«, um anzuschließen, sie ließen »unvermeidlich auch an die menschlichen Exkludierten, Gestrandeten, nicht Marktgängigen mit ihren ganz eigenen Dellen und Macken denken«. Und wieder unter *Dilettanten* heißt es hinsichtlich der hohen Anforderungen, unter dem Aspekt des Do-It-Yourself könnten diese »ein wenig an Festigkeit und Wahrheitsgehalt verlieren, wenn man immer wieder die Erfahrung macht, dass sich das Leben und man selbst immer wieder neu zusammenbasteln. Auch kann man dabei erfahren, dass man gar nicht so viel Einfluss auf den Lauf der Dinge hat, wie die eigenen kontrollierenden und bewertenden Gedanken dies gelegentlich suggerieren«.[384]

Dass Karriere heute – trotz nach wie vor erhöhter Schwierigkeiten – auch für Frauen bzw. People of Colour bzw. weiteren Abweichungen vom herkömmlichen Homo Oeconomicus möglich ist, täuscht allenfalls hinweg darüber, wie enggeführt das Bild des karrieremachenden Subjekts ist (vgl. Habermann 2008). In einer Diskussion mit Judith Butler unter dem Titel *Die Macht der Enteigneten* formuliert Athena Athanasiou: »Der Kapitalismus unserer Tage, eingelassen in eine neoliberale Gouvernementalität, verschmilzt mit einem biopolitischen Sozialdarwinismus, mit allen Implikationen im Hinblick auf Rasse, Geschlecht, Sexualität, Klasse und Fähigkeiten.«[385]

Dieser Selektionsprozess verbildlicht sich im ›survival of the fittest‹ und manifestiert sich im Ideal des Homo Oeconomicus. Und es ist dieser normierte Normalitätsgrad, der als ›das Natürliche‹ gilt und das von ihm Abweichende ausschließt. Demnach erscheint alles als störend, was individuell vom Ideal abweicht – so wie die Wirtschaftsmodelle nicht funktionieren, wenn sie nicht in jeder Hinsicht perfekter Ideal-Annahmen unterliegen. Die Menschen werden austauschbar durch die Perfektion.

Die heute vielgepriesene Individualität wird im Sinne einer Rangfolge verstanden: Es geht nicht darum, anders zu sein, sondern darum schlanker zu sein, schöner zu sein, sportlicher zu sein, und ebenso darum, auf der Notenskala weiter oben zu stehen, erfolgreicher zu sein, mehr Geld zu verdienen. »Es ist ein besonderer Kick, zu wissen, dass man etwas bewältigen kann, was nicht jeder schafft«, erklärte eine 36-jährige Teilnehmerin an einem Lauf zur Zugspitze am 18. Juli 2009, den sie in ihrer Altersklasse mit dem 12. Platz belegte, der jedoch von mehreren nicht überlebt wurde.

Richard Sennett zeigt in seinem Buch *Der flexible Mensch* (1998), wie der moderne Kapitalismus die Verantwortung für den Anderen in das ›Teamwork-Wir‹ einer flachen Gemeinschaft und damit in Gleichgültigkeit verwandelt. Der Andere könne immer beliebig ersetzt werden. Damit verliere er seine Einzigartigkeit. Gleichzeitig löse sich der Selbstwert des Subjekts, das sich vornehmlich vom Anderen her entwickelt, in der Reduktion auf die Quantität des Tauschverhältnisses auf. Und um nicht selber ersetzt zu werden, muss das Idealbild nach außen aufrecht erhalten werden. »Wer leidet, mag verlieren – wer es zeigt, hat schon verloren«, formulierte einmal Andreas Exner.[386]

Auch hinsichtlich unserer Subjektivitäten kommt es also zu Enteignungen. Denn das Menschenbild des Homo Oeconomicus, dem Ideal des allseits erfolgreichen Karrieremenschen, stellt nur eine einzige unter Milliarden von Existenzweisen dar. Dass es dieses Ideal, wenn auch nach wie vor unter erschwerten Bedingungen, heute auch in weiblich oder in of colour oder im Rollstuhl geben kann, stellt in etwa so viel Varianz dar wie in seinem Pendant der Barbie-Puppe. Es ist ein Ideal, welchem letztlich niemand entsprechen kann. Jenseits dessen aber fände sich die unendliche Fülle des potenziell Lebbaren. »Insofern ähnelt der Begriff der Enteignung der marxistischen Vorstellung von Entfremdung«, bemerkt Athena Athanasiou.[387]

Letztlich leiden darunter alle. Auch das reichste eine Prozent. Nur in einer Gesellschaft, in der nicht der Druck herrscht, durch eigene Leistung andere auskonkurrieren zu müssen; nur in einer Gesellschaft, in welcher wirkliche Freiheit der Arbeitsteilung besteht und somit die Trennung zwischen Produktions- und Reproduktionsarbeiten aufgehoben ist, weil keine Tauschlogik herrscht, können sich Menschen wirklich gemäß ihrer eigenen Lust sowie der gesellschaftlichen Notwendigkeit entfalten. Nur so gibt es nicht die ›lukrativeren‹ Tätigkeiten. Nochmals sei betont: Eine hinreichende Bedingung für eine emanzipatorische Gesellschaft kann es auf rein wirtschaftlicher Ebene nicht geben. Doch erst dann sind wahrhaft queere Identitäten ermöglicht. Keine erneuten Identitätskategorien zu formen, die Ausschlüsse mit sich bringen oder legitimieren sollen, wird jedoch darüber hinaus beständiges Bemühen erfordern.

»Wie denken wir einen Kampf, in dem Subjekte durch die politischen Ziele des Kampfes und durch ihre Zusammenarbeit verändert werden«, fragt Judith Butler an anderer Stelle. »Und wie denken wir diese Transformation selbst als Ziel der Bewegung selbst?«[388] Franz Schandl sagt es etwas unverblümter: »Die Leute können gar nicht so bleiben, wenn sie wollen, dass Menschen bleiben oder noch besser: werden sollen (…) Sollen diese Konkurrenzidioten und Charaktermasken der Menschheit letzter Schluss sein? Wir, die Ultimaten? Das wäre doch fatal und nichts anderes als die Einladung zum kollektiven Selbstmord.«[389] Und dann zitiert er nochmals aus der erwähnten Schrift von Oscar Wilde: »Das einzige, was man von der Natur des Menschen wirklich weiß, ist, dass sie sich ändert.«[390]

Wir verändern uns jeden Tag. Um es in einer Erweiterung des Gleichnisses von Heraklit zu sagen: Niemand steigt zweimal in den gleichen Fluss und niemals steigt die gleiche Person zweimal in irgendwelche Flüsse.

Wenn wir aber, natürlich stets unabgeschlossene, Räume anderer Selbstverständlichkeiten aufbauen – ›Halbinseln gegen den Strom‹ – und in diesen Kollaboration, Commoning, Ecommony, Care-Logik oder wie auch immer wir es benennen möchten, leben, dann verändern wir uns darin. Ob wir es wollen oder wissen oder nicht. Ina Praetorius beschreibt solche ›Halbinseln gegen den Strom‹ schön als »unberechenbare Neuanfänge, in denen Geborene hier und jetzt ausprobieren, wie sinnvolles Dasein sich anfühlt«.[391]

Von ›Queeremos!‹ spreche ich in Anlehnung an den Ruf ›Venceremos!‹ sowie an das Konzept des Queering von Judith Butler als Ent-Identifizierung mit den uns zugedachten Existenzweisen. Es soll ausdrücken: Sowohl die eigene Identität als auch der gesellschaftliche Kontext müssen Ziel von Veränderung sein, da das eine sich nur zusammen mit dem anderen verändern kann und nur die Veränderung des einen wieder Möglichkeiten für die Veränderung des anderen eröffnet. Was das Neue sein wird, ist unvorhersehbar, da im Commoning neue Identitäten und neue Gesellschaftsformen entstehen. »Im besten Fall«, so Mark Terkessidis, »sogar eine unbekannte Version von Glück«.[392]

JETZT!

Es ist der 12. Dezember 2015. Das Buch hat sich in der Nacht rund geschrieben. Es ist D12, der ›Redlines Action Day‹ am Ende der Klimaverhandlungen von Paris. Egal, was heute als Ergebnis verkündet wird – es war von vorne herein klar gewesen, dass auch die schönsten Verlautbarungen rote Linien überschreiten würden. Die hier vor der Kirche Notre Dame am frühen Morgen versammelten Indigenen aus aller Welt erklären als rote Linie, ihre Lebensgrundlagen zu zerstören. »Ich bin jung, aber ich sehe schon die Veränderungen in der Natur«, erklärt ein Lummi. Einzelne Transparente sagen ›No to CO_2-Colonialism‹ – doch bei gleicher Meinung werden in Paris zurzeit nach offizieller Richtlinie nicht mehr als zwei Personen zusammen in der Öffentlichkeit geduldet. Auch wir werden vom Kirchplatz vor Notre Dame vertrieben.

Nun spannen wir von einer nahen Brücke ein rotes Tuch über die ganze Breite der Seine. Es folgt eine Multitude aus Zeremonien, authentisch und queer zugleich: die traditionellen Lieder, Farben und Sagen – von Maoris aus Aotearoa, Sammi aus Sápmi oder Kuna aus Kuna Yala – werden gemischt und mit uns Nicht-Indigenen geteilt; Trachten sind zum Teil aus alten Bannern genäht. »Wir sind gekommen, Euch Medizin zu bringen«, sagt eine ältere Lummi. Sie lehrt uns ein Lied »gegen jede Art von Sucht«: »Auch CO_2-Sucht. Öl- und Kohle-Sucht. Kapitalismus-Sucht.« Gemeinsam singen wir. Dann brechen wir auf zum Arc de Triomphe.

Es nützt nichts. Weder das Singen noch das Demonstrieren. Bis wenige Stunden vorher war der Protestmarsch verboten gewesen, da wir aber 20.000 sind, wird er nun auf die Schnelle erlaubt. Und gleich vereinnahmt: In den Medien erscheint die Abschlusserklärung der *COP 21* als die Erfüllung unserer Forderungen. Doch nicht nur sämtliche Autonomierechte von Indigenen wurden aus dem Vertrag gestrichen.[393]

Fast erscheint mir im Rückblick die *Reclaim Power*-Aktion in Kopenhagen 2009 behaglicher. Als sogar die Delegierten, die protestierend aus den Verhandlungsräumen auf direktem Wege zu uns, den Demonstrierenden stoßen wollten, von der Polizei geprügelt wurden. Als wir uns draußen in der Kälte in Kreisen niedersetzten, um selbst über unsere Zukunft zu entscheiden. Zunächst symbolisch, doch dann, an unsere jeweiligen Orte zurückgekehrt, auch wirklich beginnend, lokal und dezentral, lateral und kollaborativ Alternativen aufzubauen.

Die Vereinbarung von Paris mag Ausdruck des guten Willens von Politiker_innen sein, doch Albert Einstein hätte dies kommentiert mit »Die reinste Form des Wahnsinns ist es, alles beim Alten zu belassen und zu hoffen, dass sich etwas ändert«, denn: »Die Welt, die wir geschaffen haben, ist das Resultat einer überholten Denkweise. Die Probleme, die sich daraus ergeben, können nicht mit der gleichen Denkweise gelöst werden.«

Die dem gegenwärtig neu Entstehendem abgelauschten Prinzipien einer Ecommony sind nicht dafür da abzuwarten, bis sie gesellschaftlich eingeführt werden, sondern als Bewusstwerden unserer eigenen Handlungsleitlinien. Im Alltag. Auf der Straße. In der Zukunft, die jetzt beginnt – als das, was David Graeber mit Direkter Aktion bezeichnet: »eine Form, ›schon jetzt die Zukunft aufzubauen‹«.[394] Nicht zu fordern, nicht zu warten, sondern das Neue zu leben. Commoning.

»Willkommen im Jahre null!«, begrüßen uns Michael Hardt und Toni Negri:

> »Die Prähistorie endet nicht mit einem Knall, sondern mit einem Seufzer der Erleichterung, nach Jahrhunderten voller Finsternis und Blut. Der Beginn der Geschichte bedeutet nicht das Ende gesellschaftlichen Strebens, sondern vielmehr, dass wir alle über das Potenzial verfügen, Konflikte zu bewältigen und sie in friedliche, produktive Beziehungen zu verwandeln. Ebenso wenig bedeutet der Beginn der Geschichte, dass unsere Fähigkeiten vollständig verwirklicht wären: wäre dem so, wäre die Geschichte schon wieder vorüber, kaum dass sie begonnen hat. Wir haben es vielmehr mit einem Prozess der Bildung und der Einübung zu tun, bei dem wir kollektiv damit beschäftigt sind, das gesellschaftliche Leben zu konstituieren und die demokratische Regierung in die Tat umzusetzen.«[395]

Jeremy Rifkin ist überzeugt: »Nicht der Markt bändigt die Commons, sondern die Commons werden den Markt bändigen: das ist eine Realität, der sich all die noch werden stellen müssen, die sich der Illusion hingeben, eine Sharing Economy sei eher eine Marktchance als etwas, was den Kapitalismus verschlingt.«[396]

Es ist verständlich, dass Rifkin das so formuliert – hätten ihm sonst bei der Buchvorstellung Ende 2014 direkt am Brandenburger Tor hunderte wichtige Menschen aus Politik und Wirtschaft zugehört? Doch auch hier nochmals die Erinnerung von Harald Welzer und Bernd Sommer: Die

Transformation (zu einer ›reduktiven Moderne‹, wie sie ihre Vision einer zukünftigen Gesellschaft nennen) wird weder eine Sache der besseren Technologie noch der überlegenen wissenschaftlichen Befunde und Argumente sein, sondern eine Sache des Durchstehens von Kämpfen und Konflikten.[397]

Horst Stowasser hatte massive Erschütterungen in Weltpolitik und -ökonomie vorhergesagt; mögliche Szenarien seien ein internationaler Domino-Effekt unter Banken oder die Zinsverweigerung eines quasi-bankrotten Staates (Stowasser sprach noch von »Drittwelt«-Land, heute ist es mit Griechenland ein europäisches) sowie »die forcierte Massenflucht der Armen in die Metropolen der Reichen«.[398] Doch dafür, dass diese Krisen im libertären Sinne befreiend wirken könnten, müsse vorher eine Menge passieren. In dem Moment, wo sich eine ›schweigende Mehrheit‹ nach Alternativen umschaue, müssten auch welche da sein: »Nicht in Köpfen oder Büchern, sondern im realen Leben. Alternativen, die nicht erst in diesem Moment aus dem Hut gezaubert werden, sondern schon lange existieren und sich bewährt haben. Sie müßten den Menschen geläufig sein und ein gewisses Vertrauen erwecken.«[399] Nur dann bestünde die Chance, dass sich Millionen von Menschen – und nicht nur die Minderheiten in den Nischen – plötzlich solchen Alternativen zuwendeten und sich ihnen anschlössen.

Von Paris wieder zu Hause. Inzwischen habe ich auch die Überarbeitungen im Buch gemacht und es ist alles da – außer dem Schluss. In ganz anderem Zusammenhang lese ich über ein *Tribunal zur Ermittlung des Glücks* auf dem Evangelischen Kirchentag 1969. Der Reporter des Deutschlandfunks berichtete anschließend begeistert von dem Ergebnis, dass »das Glück nicht in einer ständigen Vermehrung von Reichtum liegt, sondern in der Möglichkeit, Entscheidungen selbständig zu treffen«.[400] Ja, darum geht es. »Glück ist, Bedürfnisse zu empfinden und sie zu befriedigen.« Dieses von mir weiter oben zum Dreck unterm Sofa wegmachen etwas missbrauchte Zitat ist zentral. Es geht um eine Gesellschaft, die sich – *imagine!* – zusammensetzt aus Menschen, die ihr Leben dem widmen können, was sie wirklich bewegt. Was wäre, wenn es so wäre – »What if our work proceeded from what we truly are, rather than what capitalism demands to be?« – das war die Frage, die die US-amerikanische Autorin Kéllia Ramares-Watson bewegte und die all ihren Schriften gegen Geld und gegen Tauschlogik zugrundelag. Kéllia wird es nicht mehr erleben; diesen Sommer, kurz nach ihrem 60. Geburtstag, wachte sie eines Morgens nicht mehr auf.

Was sonst soll ›Gottesebenbildlichkeit‹ aussagen, wenn nicht – darauf verweist Marlies Fröse –, dass der Mensch ein Mikrokosmos ist, indem alle Möglichkeiten angelegt sind, um sich entfalten zu können?[401]

Es ist Silvester, morgen ist Weltfriedenstag, so habe ich es noch in der Friedensbewegung Anfang der 1980er Jahre gelernt. Friede als Zustand anhaltender harmonischer Beziehungen zwischen Nationen sei nur möglich, wenn die Habensstruktur durch die Struktur des Seins ersetzt werde, lehrte Fromm. »Die Vorstellung, man könne Frieden haben, während man das Streben nach Besitz und Gewinn unterstützt, ist eine Illusion, und zwar eine gefährliche, denn sie hindert die Menschen zu erkennen, daß sie sich einer klaren Alternative stellen müssen«: »entweder eine radikale Veränderung« oder »ewiger Krieg«.[402]

Draußen höre ich Böller. Es wird Zeit, feiern zu gehen. Und Zeit, dass dieses Buch seinen Schluss bekommt, den es zu verwehren scheint. Stattdessen schaue ich noch kurz in meine Emails. Jemand schickt einen Text von Antonio Gramsci, der das Feiern zum Jahreswechsel verabscheute. Gramsci, dem ich neben vielem anderen die Weisheit vom ›Pessimismus des Verstandes und Optimismus des Willens‹ verdanke, schreibt darin, jeden Morgen, den er unterm Himmelszelt aufwache, fühle er, dass es für ihn Neujahr sei. Geschichte in Jahreszahlen zu denken – wie 1789 oder 1989 – verstelle den Blick dafür, dass sich Geschichte immer weiterentwickle. Tag für Tag.

Jetzt verstehe ich. Dieses Buch hat keinen Schluss. Es ist immer Jetzt. Es ist immer der Beginn unserer Zukunft, die wir gestalten.

Anmerkungen

1 Terkessidis 2015: 8.
2 Diese Erkenntnis verdanke ich vor allem den Analysen von in Peerproduktion vorherrschenden Prinzipien durch Christian Siefkes und Stefan Meretz.
3 http://publications.credit-suisse.com/tasks/render/file/index.cfm?fileid=C26E3824-E868-56E0-CCA04D4BB9B9ADD5; vgl. auch http://www.spiegel.de/wirtschaft/ungleichheit-superreiche-besitzen-mehr-als-die-anderen-99-prozent-a-1013655.html (je 15.12.2015).
4 Praetorius 2015: 56.
5 Rifkin 2014: 220.
6 Ebd., 397.
7 Ebd., 35.
8 Was keinesfalls die Ursache für diese Kriege ökonomistisch verkürzt begründen soll.
9 Der *Campus*-Verlag hat sich offensichtlich entschieden, dieses im Deutschen für viele sehr negativ besetzte Wort nicht anders zu übersetzen. Dies entspricht der Tendenz, den Begriff ›Kollaboration‹ unabhängig von seiner negativen Belegung der Zusammenarbeit mit einer Besetzungsmacht als Synonym für intensives und selbstbestimmtes, gemeinsames Tätigwerden zu verwenden. In diesem Sinne ist auch das eingangs bereits zitierte Buch von Mark Terkessidis *Kollaboration* zu lesen: »Kollaboration ist etwas ungleich Schwierigeres als Kooperation. Bei Kooperation treffen verschiedene Akteure aufeinander, die zusammenarbeiten und die sich nach der gemeinsamen Tätigkeit wieder in intakte Einheiten auflösen. Kollaboration meint dagegen eine Zusammenarbeit, bei der die Akteure einsehen, dass sie selbst im Prozess verändert werden, und diesen Wandel sogar begrüßen« (Terkessidis 2015: 14).
10 Opitz 2002.
11 Meretz 2012: 61.
12 Acksel u.a. [darunter Meretz] 2015: 141.
13 »Die große Selbstlüge« [Interview], erschienen im Magazin *Falter* 20/2014; http://www. dernaro.at/blog/die-grosse-selbstluege (15.12.2015).
14 Ebd.
15 Rifkin 2014: 35.
16 Fromm 1976: 19.
17 Ebd., 29.
18 Ebd., 92.
19 Ebd., 118.
20 Ebd., 125.
21 Ebd., 37.

22 Besitz: §§ 854ff, Eigentum: §§903ff; vgl. auch http://www.lexikon48.de/6/3/wirtschafts lehre/besitz-und-eigentum.html (15.12.2015).

23 Illich 1981: 7.

24 Vgl. Schibel 1985.

25 Luxemburg 1925/1975.

26 Ebd.

27 Zitiert nach der deutschen Übersetzung in Rifkin 2014: 228; das englische Original aus dem Magazin *Science* vom 13.12.1968 (vol. 162 no. 3859 pp. 1243-1248) findet sich online unter http://www.sciencemag.org/content/162/3859/1243.full (15.12.2015).

28 Rifkin 2014: 228f.

29 Acksel u.a. vom Commons-Institut sprechen wörtlich von der »Tragik der Märkte« sowie von einer »Tragik der Marktlogik« hinsichtlich des dem Kapitalismus innewohnenden Wachstumszwanges (2015: 138).

30 Vgl. World Bank 1999: 87-105.

31 Vgl. Bollier 2012.

32 http://www.commondreams.org/news/2015/11/13/planet-mining-bill-us-congress-seeks-privatize-outer-space (15.12.2015); vgl. auch Le Floid vom 3.12.2015: https://www.you tube.com/watch?v=KDBpJCqz4wc (15.12.15).

33 Vgl. u.a. Beckenkamp 2012: 53f.

34 Vgl. Kratzwald 2014: 114.

35 Zit. nach der deutschen Übersetzung in Rifkin 2014: 280; das englische Original findet sich in Benkler 2002: 5.

36 Vgl. Rifkin 2014: 150.

37 Siefkes 2012: 350 sowie Acksel u.a. 2015: 133f.

38 So bspw. in ihrem Vortrag »What Do We Mean by Economics and the Commons?« auf der Tagung Economics and the Common(s): From Seed Form to Core Paradigm der Heinrich-Böll-Stiftung in Berlin am 22. März 2013.

39 Patel bezieht sich auf eine Studie des Zentrums für Wissenschaft und Umwelt in Indien; vgl. auch Nancy Dunny (1994): »Why a Hamburger Should Cost 200 Dollars – the Call for Prices to Reflect Ecological Factors«, in: *Financial Times* v. 12.01.1994.

40 Mit dem Begriff Commoning grenzt auch Linebaugh emanzipatorische Diskussionen hierzu von solchen der Weltbank ab; das ihm zugeschriebene Zitat lässt sich jedoch nicht belegen, anders als häufig angegeben enthält sein Werk von 2008, *The Magna Carta Manifesto: Liberties and Commons for All*, nur den Gedanken (2008: 278), nicht jedoch das wörtliche Zitat.

41 Rebecca Solnit trägt in *A Paradise Built in Hell: The Extraordinary Communities That Arise in Disaster* (2010) entsprechende Beobachtungen zusammen, u.a. in Mexiko nach dem Erdbeben von 1985, nach 9/11 in New York sowie in New Orleans nach dem Hurrikan. Der stark von Rassismus geprägte Kontext in New Orleans führte aber auch zu dem Gegenteil: Weißen, die im Glauben, ihr Eigentum retten zu wollen, nicht zögerten, Unschuldige zu töten.

42 Kratzwald 2014: 33.

43 Werlhof 1983: 121.

44 https://kratzwald.wordpress.com/2012/04/29/politisierung-der-subsistenz (15.12.2015).

45 Federici 2011 (Übersetzung F.H.).

46 Vgl. Winker 2015: 53.
47 Vgl. Habermann 2008.
48 Vgl. Butler 1990: 216; 1993: 24ff.
49 Vgl. u.a. Hirschauer 1989.
50 Meißner 2008: 30.
51 Bauer 2006: 137f.
52 Ebd., 68.
53 Ebd., 134 (Herv. i. Orig.).
54 Zitat aus dem Film ›Zeitgeist – Moving Forward‹ (2011); http://www.youtube.com/watch?v=AQNktvqGkkQ (15.12.2015).
55 Vgl. Fußnote 14 zu den Untersuchungen von Rebecca Solnit.
56 Zitat aus dem Film ›Zeitgeist – Moving Forward‹ (2011); vgl. Fußnote 16.
57 Vgl. Die Zeit: Wir müssen mehr fühlen. http://www.zeit.de/2013/23/neurowissenschaftlerin-tania-singer (15.12.2015) sowie Max-Planck-Gesellschaft: Das ReSource Projekt; https://www.resource-project.org/home.html (15.12.2015).
58 Welzer 2011: 39.
59 Fromm 1976: 21.
60 Ebd., 25.
61 Gronemeyer 2012a: 17f.
62 Kedensky 2014: 4.
63 Vgl. Santarius 2012: 132.
64 Auf einer Veranstaltung der Rosa Luxemburg-Stiftung am 10.04.2013 in Berlin anlässlich der Beendigung der Enquete-Kommission *Wohlstand, Wachstum, Lebensqualität.*
65 http://www.reuters.com/article/2012/09/25/climate-inaction-idINDEE88O0HH20120925 (15.12.2015).
66 Zit. na.: https://globalclimatejobs.wordpress.com/2015/11/09/world-pledges-to-increase-emissions (15.12.2015).
67 Vgl. Dayaneni 2009: 80f.
68 https://www.youtube.com/watch?v=MPT6Syblwpo (15.12.2015).
69 Kersting 1998: 124.
70 Vgl. Graeber 2011: 443.
71 Harald Welzer auf der *Utopia*-Konferenz 2009; www.youtube.com/watch?v=Ov-gnuj3wY8&feature=related (15.12.2015).
72 Rifkin 2014: 41.
73 Vgl. Alden Wily 2012: 166.
74 Vgl. Meretz 2012.
75 Rifkin 2014: 252.
76 Zugriff am 15.06.2015.
77 Kritsanarat Khunkham: http://www.welt.de/debatte/kolumnen/der-onliner/article127916684/Warum-es-nicht-mehr-cool-ist-Couchsurfer-zu-sein.html (15.12.2015).
78 Vicky Baker: http://www.theguardian.com/travel/2011/aug/26/couchsurfing-investment-budget-travel (15.12.2015).
79 Rifkin 2014: 348.
80 Ebd., 346.
81 Schandl 2009.

82 http://www.ted.com/talks/alastair_parvin_architecture_for_the_people_by_the_people für das Zitat sowie http://www.wikihouse.cc für die Bausätze (jeweils 15.12.2015).

83 https://www.youtube.com/watch?v=ysqw-XF8O5Q (15.12.2015).

84 Bennholdt-Thomsen 2010: 28f.

85 Vgl. http://www.bukopharma.de/uploads/file/Pharma-Brief/2015_01_spezial_G_7.pdf (15.12. 2015).

86 Vgl. Rifkin 2014: 356.

87 Vgl. http://www.umweltwissenschaften.de/fileadmin/PDF/mint_online/20150908_Programm_MOOC.pdf (15.12.2015) (Übersetzung: F.H.).

88 »Freie Bildung für alle und überall. Das ist meine Mission«. Interview mit Salman Khan (geführt von Kim Bode), *Der Freitag* Nr. 13, 26. März 2015.

89 Kratzwald 2014: 158f.

90 Ebd.

91 Kratzwald 2014: 139.

92 Ebd.

93 Kratzwald 2014: 142.

94 Ebd., 150.

95 Ebd., 33.

96 MEW 40: 514.

97 Vgl. Fromm 1961: 46.

98 Kratzwald 2014: 19f.

99 Ebd., 143.

100 Zit. na. ebd., 144.

101 http://www.antirost-muenster.de/seiten/antirost.html (15.12.2015).

102 Vaughan 2000/2012.

103 Ebd.

104 Graeber 2011: 69.

105 https://www.youtube.com/watch?v=WkiX7R1-kaY (15.12.2015).

106 https://www.youtube.com/watch?v=vVsXO9brK7M (15.12.2015).

107 Bauer 2006: 40.

108 http://berlin.thinkfarm.de/ (15.12.2015).

109 Vgl. http://burningman.org/culture/philosophical-center/10-principles (15.12.2015).

110 Das war für mich auch eine wesentliche Erkenntnis aus meinen Untersuchungen der solidarischen Ökonomie in Argentinien nach dem dortigen Finanzcrash 2001 (Habermann 2004).

111 Sommer i.E.

112 In: Vio.me: Self-Organization in Greece, ein Film von Brandon Jourdan und Marianne Maeckelberg, Mai 2013.

113 Aus: Occupy, Resist, Produce – Vio.Me (2014), ein Film von Dario Azzellini und Oliver Ressler; https://www.youtube.com/watch?v=2Fg2akSUvFM (15.12.2015).

114 Ihre Webseite http://www.kiathess.gr hat auch eine deutsche und englische Übersetzungsversion.

115 Helfrich/ Bollier 2012: 22.

116 Vgl. Benkler 2006: 34.

117 Graeber 2009: 18.

118 Vgl. Helfrich/Bollier/Heinrich-Böll-Stiftung 2015: 255ff.
119 Vgl. Ostrom 1990: 233.
120 Ebd., 234.
121 Vgl. Beckenkamp 2012: 56.
122 Zit. na. Helfrich/Heinrich-Böll-Stiftung 2012: 156.
123 Vgl. Kratzwald 2014: 158.
124 Vgl. Siefkes 2011.
125 Vgl. Kratzwald 2014: 157.
126 Ebd., 156.
127 Vgl. Benkler 2006: 100f.
128 Vgl. http://de.slideshare.net/StefanMz/ommonismusbegreifen (sic) (15.12.2015).
129 Kratzwald 2014: 149.
130 Vgl. ebd., 151.
131 Zit. na. ebd., 152.
132 MEW 25: 828.
133 Zit. na. Habermann 2009: 31.
134 Vgl. u.a. Helfrich/Heinrich-Böll-Stiftung 2012: 53.
135 Vgl. Rifkin 2014: 325.
136 *Taksim Commune: Gezi Park And The Uprising In Turkey*, ein Film von Brandon Jordan and Marianne Maeckelberg, 2013 (Übersetzung F.H.).
137 Ebd.
138 MEW 4: 482.
139 Vgl. http://www.uel.ac.uk/research/profiles/lss/massimodeangelis (15.12.2015).
140 Wo auch immer ich das ursprünglich gelesen hatte – in diesem Interview nimmt sie kurz Bezug darauf, wenn auch ohne Details: http://www.progressive.org/news/2007/07/5078/interview-arundhati-roy (25.08.2015).
141 http://www.commoner.org.uk.
142 Vgl. Angelis 2002.
143 Angelis 2014: 20ff.
144 George Caffentzis: In the Desert of Cites: Notes on the Occupy Movement in the US (27. Jan. 2012) (15.12.2015) (Übersetzung: F.H.); vgl. Angelis 2014.
145 Vgl. ebd.
146 Vgl. Angelis 2002.
147 Ebd.
148 Bennholdt-Thomsen/Mies 1997: 164.
149 Vgl. Graeber 2011: 343.
150 Zit. na. Kratzwald 2014: 127.
151 Zit. na. ebd., 123.
152 Fromm 1976: 36.
153 Ebd., 36f.
154 Ebd., 37.
155 Ebd., 84.
156 Vgl. Rifkin 2014: 47ff; 42.
157 Ebd., 231; 32.
158 Vgl. Graeber 2011: 210.

159 Vgl ebd., 211f.
160 Ebd., 211.
161 Vgl. auch Rifkin 2014: 50.
162 Vgl. Graeber 2011: 324f.
163 Vgl. ebd., 208; Nuss 2006: 149f.
164 Vgl. Nuss 2006: 150f.
165 Aquin um 1270: Summe der Theologie, 1933:522, zit. na. Nuss 2006: 151.
166 Vgl. https://www.oxfam.de/wirtschaftssystem-superreiche (17.01.2016).
167 Biesecker/Wichterich/Winterfeld 2012: 14.
168 Beispielsweise am 14.11.2014 in Salzburg auf der 6. Österreichischen Entwicklungstagung *Umbruch – Aufbruch*.
169 Zit. na. Usher 1992: 45.
170 Zit.°na. K.P./Audichya 2015: 108.
171 Brie 2015.
172 Nuss 2006: 160.
173 Vgl. ebd., 174.
174 Friessner 2006: 201.
175 Brie 2015.
176 Rifkin 2014: 95.
177 Zit. na. ebd.
178 Zit. na. Benson 1992: 34.
179 Rousseau 1755: 173.
180 Zit. na. Gronemeyer 1991: 11.
181 Zit. na. ebd., 18.
182 Vgl. ebd., 10; Habermann 2013: 45ff.
183 Gronemeyer 1991: 37.
184 Vgl. ebd., 37f; Illich 1973: 54 sowie http://www.dwds.de/?qu=laborieren (15.12.2015).
185 http://www.dwds.de/?view=1&qu=Arbeit (15.12.2015).
186 Gronemeyer 1991: 37.
187 Vgl. ebd., 41.
188 Ebd., cover.
189 Vgl. ebd., 10.
190 Zit. na. ebd., 42.
191 Ebd.
192 Ebd., 42f.
193 Ebd., 33.
194 Vgl. ebd., 34f.
195 Vgl. u.a. Foucault 1975; Habermann 2008: 68ff/143ff.
196 Gronemeyer 1991: 9.
197 Gronemeyer 2009: 1ff.
198 Ebd., 10.
199 Zit. na. Graeber 2011: 30.
200 Vgl. ebd., 31.
201 Varoufakis 2015: 15.
202 Graeber 2011: 35.

203 Vgl. ebd., 42.
204 Ebd., 41.
205 Ebd.
206 Ebd., 42f.
207 Zit. na. ebd., 35.
208 Ebd., 34.
209 Vgl. ebd., 35/46f.
210 Ebd., 51.
211 Vgl. ebd., 38.
212 Vgl. ebd., 40.
213 Vgl. ebd., 43.
214 Varoufakis 2015: 168.
215 Graeber 2011: 20.
216 Ebd., 11.
217 Vgl. ebd., 158.
218 Zit. na. ebd., 333.
219 Vgl. ebd., 334.
220 Vgl. ebd., 335.
221 Vgl. ebd., 11.
222 Vgl. ebd., 57.
223 Ebd., 12.
224 Vgl. Habermann 2012.
225 Klein 2009.
226 Rifkin 2014: 21.
227 Ebd., 107.
228 Ebd., 254.
229 Ebd., 99.
230 Vgl. ebd., 100.
231 Ebd., 15.
232 Ebd., 397.
233 Vgl. ebd., 398.
234 Vgl. ebd., 100f/120.
235 Vgl. ebd., 44.
236 Ebd., 105.
237 Ebd., 163/ 105.
238 Ebd., 164.
239 Ebd., 105.
240 http://www.spiegel.de/wirtschaft/service/texas-strom-koennte-es-bald-fast-umsonst-geben-a-1061872.html (15.12.2015).
241 http://www.solarwirtschaft.de/presse-mediathek/pressemeldungen/pressemeldungen-im-detail/news/preisrutsch-bei-solarstrospeichern.html (01.04.2015)
242 Von Frank Dohmen und Dietmar Hawranek in *Der Spiegel* 21/2015, S. 58-61.
243 Ebd.
244 Rifkin 2014: 132.
245 Ebd., 123.

246 Vgl. ebd., 428f.

247 Ebd., 431.

248 Vgl. Rifkin 2014: 319f. Dass der Anteil am Bruttoinlandsprodukt und damit auch das absolute Bruttoinlandsprodukt dadurch erheblich sinken würde, zeigt nur einmal mehr die Absurdität dieser Messgröße.

249 Rifkin 2014: 322.

250 Ebd., 337.

251 Ebd., 330f.

252 http://www.marketwatch.com/story/get-ready-to-share-not-just-the-road-but-the-car-2015-12-14 (15.12.2015).

253 Vgl. Rifkin 2014: 334.

254 Ebd.

255 Vgl. http://keimform.de/2012/wikispeed-verteiltes-autobauen (15.12.2015).

256 Vetter 2014.

257 Vgl. http://oseeurope.org (01.04.2015).

258 Vgl. Rifkin 2014: 143.

259 Ebd., 139.

260 http://www.3d-drucker-world.de/die-zukunft-des-3d-drucks-das-clip-druckverfahren (01.04.2015).

261 Vgl. Rifkin 2014: 139.

262 http://www.spiegel.de/wissenschaft/technik/china-haus-mit-3-d-drucker-hergestellt-a-963249.htm (01.04.2015).

263 Vgl. http://www.handelsblatt.com/video/unternehmen/innovation-aus-3d-drucker-so-sieht-das-erste-ausgedruckte-auto-aus/10701792.html (01.04.2015).

264 Vgl. Bindel 2012: 11.

265 Vgl. Rifkin 2014: 134ff.

266 Ebd., 195.

267 Ebd., 139.

268 So auf einem Plakat zur Selbstdarstellung; vgl. http://www.fablabmilano.it (29.01.2015).

269 Rifkin 2014: 325.

270 Ebd., 36.

271 Vgl. ebd., 324f.

272 Acksel u.a. 2015: 144.

273 Vgl. Rifkin 2014: 195.

274 Ebd., 452.

275 Kratzwald 2014: 197.

276 Morozov 2015: 3.

277 Kratzwald 2014: 197f.

278 Stalder 2013: 7.

279 Rifkin 2014: 266; 254.

280 Vgl. ebd., 301.

281 Vgl. ebd., 79.

282 Vgl. ebd., 292.

283 Ebd., 198.

284 Vgl. ebd., 286; 296.

285 http://www.playboy.com/articles/crowdsourcing-the-car-of-the-future (01.04.2015).
286 Federici 2010.
287 Acksel u.a. 2015: 139.
288 Spehr 2000: 32.
289 Hess/Lenz 2001: 149.
290°http://care-revolution.org/wp-content/uploads/2015/02/Care_Revolution_8M%C3%A4rz.pdf (15.12.2015).
291 Vgl. Schwarzer 1977.
292 Biesecker/Wichterich/von Winterfeld 2012: 14.
293 MEW 23: 181.
294 Neusüß 1983: 187.
295 Vgl. Winker 2015: 53.
296 Vgl. ebd., 169.
297 Ebd., 181.
298 Ebd., 174f.
299 Kratzwald 2014: 12f.
300 Gruppe d.i.s.s.i.d.e.n.t. o.J.
301 Morris 1890: 48f.
302 Ebd., 50f.
303 Ebd., 78.
304 Ebd., 87.
305 Ebd., 101.
306 Siefkes 2013.
307 Illich 1973: 33.
308 Helfrich/Bollier/Heinrich-Böll-Stiftung 2015: cover.
309 Vgl. Habermann 2008: 194ff und 2013: 19ff.
310 Hardt/Negri 2009: 11.
311 Vgl. Acksel u.a. 2015: 139.
312 Baier 2012: 37f.
313 Kratzwald 2014: 195f.
314 Patel 2010: 152. Da in der deutschen Übersetzung der Bezug auf Joplin nicht deutlich wird, greife ich an dieser Stelle auf das englische Original zurück.
315 Vgl. Graeber 2011: 216.
316 Vgl. Hardt/Negri 2009: 312.
317 Fromm 1961: 63.
318 Vgl. Fromm 1976: 96/203.
319 Vgl. Knecht u.a. 2012: 104.
320 Knecht u.a. 2012: 59.
321 Baier/Müller/Werner 2013: 158.
322 Illich 1975: 28f.
323 Helfrich/Bollier 2015: 16.
324 Ebd., 14.
325 Stowasser 1995: 377.
326 Zit. na. Schandl 2009.
327 Fromm 1976: 53.

328 Zit. na. Habermann 2014: 141.
329 Stalder 2013: 36.
330 Jensen/Scheub 2014: 12.
331 Kratzwald 2014: 111f.
332 Ebd., 114.
333 Fromm 1976: 101.
334 Vgl. ebd., 102.
335 Vgl. ebd., 181.
336 Vgl. *Der Spiegel* 39/2011, S. 78 (15.12.2015).
337 Vgl. Precht 2010: 150.
338 Vgl. Bauer 2006: 181/184.
339 Vgl. Precht 2010: 110.
340 Ebd., 96.
341 Vgl. Graeber 2011: 85.
342 Stalder 2013: 37.
343 Knecht u.a. 2012: 65.
344 Fromm 1976: 107.
345 Ebd., 104.
346 Vgl. ebd., 137.
347 Gronemeyer 2009: 16/14.
348 Vgl. Stalder 2013: 36.
349 https://commonsblog.wordpress.com/2013/06/19/commons-creating-peer-economy-kristallisation-einer-enkeltauglichen-gesellschaft/ (15.12.2015).
350 Vgl. Helfrich 2013.
351 Manzini 2013: 77f.
352 Schandl 2009.
353 Vgl. Helfrich 2013.
354 Rifkin 2014: 413.
355 Ebd.
356 Willemsen 2008: 29. Roger Willemsens Bücher waren meine Bettlektüre, während dieses Buch entstand. Zwei Jahre zuvor hatten wir uns kurz kennengelernt, für die Zeit nach den Behandlungen seiner im August 2015 bekannt gewordenen Krebserkrankung waren wir verabredet. In der Woche, in der ich vom Verlag das Okay zum Layout erhalte, geht die Nachricht von seinem viel zu frühen Tod durch die Medien. Welch Verlust für den kulturellen und den politischen Diskurs – sowie für alle, die ihm begegnen durften!

Beim Nachhören von Interviews mit ihm stoße ich auf folgenden Wortwechsel mit dem Moderator der Schweizer SFR-Sendung *Sternstunde Philosophie*, Juri Steiner, vom 26. April 2015, den ich hier leicht gekürzt noch einfügen möchte:

Sind Sie Utopist?

»Nein. Ich habe an der Zukunft ein sehr reduziertes Interesse.«

Aber Sie haben Thomas Morus übersetzt.

»Ja, genau, genau. Ich habe Thomas Morus übersetzt, aber da ist das Faszinierendste, die Vorstellung vom Ende des Geldes zu denken. Also zu denken, was wäre, wenn wir nicht in Tauschverhältnissen dieser Art leben würden (…) Diese ersten Gedanken darüber, wie wir leben könnten, also dieses große Leben im Konjunktiv sich auszudenken, die sind überholt, ich glaube nicht mehr, dass wir ein System jenseits des Bestehenden noch erleben werden, aber sie sind narkotisierend, was das Potenzial angeht, in dem da gedacht wird.« https://www.youtube.com/watch?v=thmczk9khdw (15.02.2016).

357 In: *Die Fahrt zur Hölle* v. 27.10.1993 (Erstausstrahlung), Staffel 5, Episode 86.

358 Knecht u.a. 2012: 62.

359 Vgl. Bennholdt-Thomsen 2010: 27f.

360 Knecht u.a. 2012: 62.

361 Vgl. Bauer 2006: 39; Bartolini 2010.

362 Precht 2010: 180.

363 Schandl 2009.

364 Stowasser 1995: 377f.

365 Fromm 1976: 51.

366 Vgl. Terkessidis 2015: 120ff.

367 Jensen/Scheub 2014: 11.

368 Rifkin 2014: 196.

369 http://www.heise.de/tp/artikel/43/43247/1.html (15.12.2015).

370 Vgl. Kratzwald 2014: 196.

371 Vgl. Usher 1992: 47.

372 Fromm 1976: 21.

373 Hardt/Negri 2009: 184.

374 Illich 1973: 80.

375 Helfrich 2015.

376 Vgl. Precht 2010: 99.

377 Fromm 1976: 197.

378 Meretz 2012a.

379 Graeber 2011: 118.

380 Davis 2001: 18.

381 Judith Butler (2012): »Kann man ein gutes Leben im schlechten führen?«, Adorno-Preis-Rede in Frankfurt/Main am 11. September 2012; http://www.fr-online.de/kultur/judith-butlers-dankesrede-kann-man-ein-gutes-leben-im-schlechten-fuehren-,1472786,17255122.html (15.12.2015).

382 http://keimform.de/2015/harsha-walia-on-commoning-and-communities (15.12.2015).

383 Vgl. Sommer/Welzer 2014: 222.

384 Baier/Müller/Werner 2012: 84.

385 Butler/ Athanasiou 2014: 64.

386 Exner 2005: 268.

387 Butler/ Athanasiou 2014: 19.

388 Butler 2009: 436.

389 Schandl 2009.

390 Ebd.

391 Praetorius 2015: 26.

392 Terkessidis 2015: 15.

393 Siehe hierzu auch S. 43f.

394 Graeber 2009: 18.
395 Hardt/ Negri 2009: 383.
396 Rifkin 2014: 336.
397 Vgl. Sommer/Welzer 2014: 222.
398 Stowasser 1995: 386.
399 Ebd., 387.
400 Zit. na. Scheub 2006: 219.
401 Vgl. Fröse 2015: 454f.
402 Fromm 1976: 133f.

LITERATUR

Acksel, Britta/Johannes Euler/Leslie Gauditz/Silke Helfrich/Brigitte Kratzwald/Stefan Meretz/Flavio Stein/Stefan Tuschen (2015): »Commoning. Zur Kon-struktion einer konvivialen Gesellschaft«; in: Frank Adloff/Volker Heins (Hg.: Konvivialismus. Eine Debatte. Bielefeld (transcript).

Albert, Michael (2000): Moving forward. Program for a Participatory Economy, Edinburgh/London/San Francisco (AK Press).

Alden Wily, Liz (2012): »Globaler Landraub. Die neue Einhegung«, in: Helfrich/Heinrich-Böll-Stiftung a.a.O., S. 166-176.

Anderson, Terry L. (Hg.) (1992): Property Rights and Indian Economies, Boston (Rowman & Littlefield).

Angelis, Massimo de (2002): Reflections on Alternatives, Commons and Communities. Or: Building a New World from the Bottom Up, Paper für den Workshop ›Commons and Communities‹ auf dem Europäischen Sozialforum in Florenz.

Angelis, Massimo de (2014): »Crisis and the Commons Today«, in: Shannon Brincat (Hg.), Communism in the 21st Century, Vol. 3: The Future of Commonism. Social Movements, Economic Crisis, and the Re-imagination of Communism, Santa Barbara/Denver /Oxford (Praeger).

Baier, Andrea (2012): »Subsistenz reloaded – für mehr Nachhaltigkeit?«, in: factor^y. Magazin für nachhaltiges Wirtschaften, 3/2012, S. 33-39.

Baier, Andrea/Christa Müller/Karin Werner (2012): Stadt der Commonisten. Neue urbane Räume des Do it yourself, Bielefeld (transcript).

Bartolini, Stefano (2010): Manifesto for Happiness. Shifting Society from Money to Well-Being (englische Übersetzung eines Auszugs des italienischen Originals, Rom), http://www.econpol.unisi.it/bartolini/papers/MANIFESTO.pdf (27.11.2011).

Bauer, Joachim (2006): Prinzip Menschlichkeit. Warum wir von Natur aus koopieren, München (Heyne) 2014.

Beckenkamp, Martin (2012): »Der Umgang mit sozialen Dilemmata. Institutionen und Vertrauen in den Commons«, in: Helfrich/Heinrich-Böll-Stiftung a.a.O., S. 51-57.

Benkler, Yochai (2002): »Coase's Penguin, or, Linux and the Nature of the Firm«, in: Yale Law Journal, 112, S. 369-446.

Benkler, Yochai (2006): The Wealth of Networks, New Haven/London (Yale University Press).

Bennholdt-Thomsen, Veronika (2010): Geld oder Leben. Was uns wirklich reich macht, München (oekom).

Bennholdt-Thomsen, Veronika (2011): »Die Politik der Subsistenzperspektive«, Vortrag zum Kongress Perspektiven der Matriarchatspolitik, St. Gallen (12.-15. Mai).

Bennholdt-Thomsen, Veronika/Maria Mies (1997): Eine Kuh für Hillary. Die Subsistenzperspektive, München (Frauenoffensive).

Bennholdt-Thomsen, Veronika/Maria Mies/Claudia von Werlhof (1983): Frauen, die letzte Kolonie. Zur Hausfrauisierung der Arbeit, Reinbek (Rowohlt).

Benson, Bruce L. (1992): »Custormary Indian Law: Two Case Studies«, in: Anderson, a.a.O. S. 27-39.

Biesecker, Adelheid/Christa Wichterich/Uta von Winterfeld (2012): Feministische Perspektiven zum Themenbereich ›Wohlstand, Wachstum, Lebensqualität‹, Hintergrundpapier für die gleichnamige Enquete-Kommission, Bremen/Bonn/Wuppertal.

Biesecker, Adelheid/Claudia von Braunmühl/Christa Wichterich/Uta von Winterfeld (2007): Zu den Auswirkungen der doppelten Privatisierung, in: Femina Politica. Zeitschrift für feministische Politikwissenschaft, 02/2007, Leverkusen (Verlag Barbara Budrich), S. 28-41.

Bindel, Ralf (2012): »Vom Faustkeil zur Desktop-Fabrication«, in: factor^{y}. Magazin für nachhaltiges Wirtschaften, 3/2012, S. 10-15.

Bollier, David (2012): »Globale Einhegungen im Dienste des Imperiums. Die NATO als ›Kommandeur der Commons‹«, in: Helfrich/Heinrich-Böll-Stiftung a.a.O., S. 259-261.

Brenssell, Ariane/Friederike Habermann (2001): Geschlechterverhältnisse – eine zentrale Dimension neoliberaler Hegemonie, Studie für die Gesellschaft für sozialwissenschaftliche Forschung und Publizistik, Berlin.

Brie, Michael (2015): Urkommunismus und menschliche Natur, derzeit unveröffentlicht.

Butler, Judith (1990): Das Unbehagen der Geschlechter, Frankfurt/M. (Suhrkamp) 1991.

Butler, Judith (1993): Körper von Gewicht, Frankfurt/M. (Suhrkamp) 1995.

Butler, Judith (2009): »In Prozesse von Prekarisierung eingreifen«, in: Das Argument 281. Elemente eines neuen linken Feminismus, Heft 3/2009, S. 430-436.

Butler, Judith/Athena Athanasiou (2014): Die Macht der Enteigneten. Das Performative im Politischen (im Original: Dispossession), Zürich/Berlin (diaphanes).

Davis, Mike (2001): Die Geburt der Dritten Welt. Hungerkatastrophen und Massenvernichtung im imperialistischen Zeitalter (im Original: Late Victorian Holocausts. El Niño Famines and the Making of the Third World, Berlin/Hamburg/Göttingen (Assoziation A).

Dayaneni, Gopal (2009): »Climate Justice in the US«, in: critical currents no.6, Contours of Climate Justice. Ideas for Shaping New Climate and Energy Politics, Uppsala 2009, S. 80-84.

Derrida, Jacques (1992): Das andere Kap. Die vertagte Demokratie. Zwei Essays zu Europa, Frankfurt/M. (Suhrkamp).

Dyer-Witheford, Nick (2007): »Commonism«, in: Turbulence. Ideas for Movement; http://turbulence.org.uk/turbulence-1/commonism (15.12.2015).

Federici, Silvia (2004): Caliban und die Hexe: Frauen, der Körper und die ursprüngliche Akkumulation, Wien (Mandelbaum) 2012.

Federici, Silvia (2010): Feminism and the Politics of the Commons; http://www.commoner.org.uk/?p=113 (15.12.2015).

Foucault, Michel (1975): Überwachen und Strafen. Die Geburt des Gefängnisses, Frankfurt/M. (Suhrkamp) 1997.

Friessner, Helmut (2006): Demokratie im Fadenkreuz. Die Attacken der Weltwirtschaft auf die demokratische Ordnungsliebe, Wien (Promedia).

Fröse, Marlies W. (2015): Transformation in ›sozialen‹ Organisationen. Verborgene Komplexitäten – ein Entwurf, Bd. 75 der Reihe ›Erziehung, Schule, Gesellschaft‹, hrsg. v. Winfried Böhm u.a., Würzburg (Ergon).

Fromm, Erich (1961): Das Menschenbild bei Marx, Frankfurt/M./Berlin (Ullstein) 1988.

Fromm, Erich (1976): Haben oder Sein. Die seelischen Grundlagen einer neuen Gesellschaft, Hamburg 2006 (Spiegel-Edition).

Exner, Andreas (2005): »Ausleitung«, in: ders. u.a. (Hg.), Losarbeiten – Arbeitslos? Globalisierungskritik und die Krise der Arbeitsgesellschaft, Münster (Unrast), S. 263-278.

Graeber, David (2009): Direkte Aktion. Ein Handbuch, Hamburg (Nautilus) 2013.

Graeber, David (2011): Schulden. Die ersten 5000 Jahre, Stuttgart (Klett-Cotta) 2012.

Gronemeyer, Marianne (2009): Welche Arbeit braucht der Mensch? Redemanuskript Halle 2009; http://www.halleforum.de/Halle-Nachrichten/Welche-Arbeit-braucht-der-Mensch /19986 (08.12.2013).

Gronemeyer, Marianne (2012): Wer arbeitet, sündigt ... Ein Plädoyer für gute Arbeit, Darmstadt (Primus).

Gronemeyer, Marianne (2012a): »Ein Plädoyer für gute Arbeit«, in: Symposiumsbericht SOL-Symposium 2012, Wien; http://www.nachhaltig.at/symposiumsbericht2012.pdf (15.12.2015).

Gronemeyer, Reimer (Hg.) (1991): Der faule Neger. Vom weißen Kreuzzug gegen den schwarzen Müßiggang, Reinbek (rororo).

Gruppe d.i.s.s.i.d.e.n.t. (o.J.): Caring for Communism, http://gruppedissident.blogsport.de/texte/alte-texte/caring-for-communism (15.12.2015).

Habermann, Friederike (2004): Aus der Not eine andere Welt. Gelebter Widerstand in Argentinien, hrsg. v.d. Stiftung Fraueninitiative, Königstein (Ulrike Helmer Verlag).

Habermann, Friederike (2008): Der Homo Oeconomicus und das Andere. Hegemonie, Identität und Emanzipation, Band 1 der von Uta Ruppert und Brigitte Young herausgegebenen Reihe ›Feminist and Critical Political Economy‹, Baden-Baden (Nomos).

Habermann, Friederike (2009): Halbinseln gegen den Strom. Anders leben und wirtschaften im Alltag, hrsg. v.d. Stiftung Fraueninitiative, Königstein (Ulrike Helmer Verlag).

Habermann, Friederike (2011): Solidarität wäre eine prima Alternative. Oder: Brot, Schoki und Freiheit für alle, rls-paper; online: http://www.rosalux.de/publication/37369/solidaritaet-waer-eine-prima-alternative.html (15.12.2015).

Habermann, Friederike (2012): »Wir werden nicht als Egoisten geboren«, in: Helfrich/Heinrich-Böll-Stiftung (Hg.), a.a.O., S. 39-44.

Habermann, Friederike (2013): Der unsichtbare Tropenhelm. Wie koloniales Denken noch immer unsere Köpfe beherrscht, Klein Jasedow (Drachenverlag).

Habermann, Friederike (2014): Geschichte wird gemacht. Etappen des globalen Widerstands, in der Reihe ›Bibliothek des Widerstands‹, Hamburg (Laika).

Hardt, Michael/Antonio Negri (2009): Common Wealth. Das Ende des Eigentums, Frankfurt/New York (Campus).

Helfrich, Silke (2013): »Commons fallen nicht vom Himmel«, in: OYA 20/2013; http://www.oya-online.de/article/read/972-commons_fallen_nicht_vom_himmel.html (15.12.2015).

Helfrich, Silke (2015): »Das neue Spiel. Es gibt nichts in dieser Welt, das nicht auch unser Commons sein könnte«, in: Berliner Gazette. Kultur, Politik und Digitales; http://berlinergazette.de/die-welt-der-commons (15.12.2015).

Helfrich, Silke/David Bollier (2015): »Ouvertüre«, in: Helfrich/Bollier/Heinrich-Böll-Stiftung, a.a.O., S. 13-23.

Helfrich, Silke/David Bollier/Heinrich-Böll-Stiftung (Hg.) (2015): Die Welt der Commons. Muster gemeinsamen Handelns, Bielefeld (transcript).

Helfrich, Silke/Heinrich-Böll-Stiftung (2012): Commons. Für eine neue Politik jenseits von Markt und Staat, Bielefeld (transcript).

Hess, Sabine/Ramona Lenz (2001): »Das Comeback der Dienstmädchen. Zwei ethnographische Fallstudien in Deutschland und Zypern über die neuen Arbeitgeberinnen im Privathaushalt«, in: dies. (Hg.), Geschlecht und Globalisierung. Ein kulturwissenschaftlicher Streifzug durch transnationale Räume, Königstein (Ulrike Helmer Verlag), S. 128-161.

Hirschauer, Stefan (1989): »Die interaktive Konstruktion von Geschlechtszugehörigkeit«, in: Zeitschrift für Soziologie 18. Jg., Heft 2, S. 100-118.

Hoeschele, Wolfgang (2010): The Economics of Abundance. A Political Economy of Freedom, Equity, and Sustainability, Farnham/Burlington (Gower).

Illich, Ivan (1973): Selbstbegrenzung. Eine politische Kritik der Technik (i. Orig.: Tools for Conviviality), München (C.H. Beck) 2011.

Illich, Ivan (1981): Recht auf Gemeinheit, Reinbek (rororo).

Jensen, Annette/Ute Scheub (2014): Glücksökonomie. Wer teilt, hat mehr vom Leben, München (oekom).

Kedensky, Andrea (2014): »Der Lohnsklaverei entkommen«, in: Welt der Frau 03/14, S.4f.

Kersting, Wolfgang (1998): »Der Markt – Das Ende der Geschichte?«, in: Norbert Brieskorn/Johannes Wallacher (Hg.), Homo Oeconomicus: Der Mensch der Zukunft?, Stuttgart u.a. (Kohlhammer) 1998, S. 93-129.

Klein, Stefan (2009): »Wie kommt das Gute in die Welt?«, in: Die Zeit, 53/2009; http://www.zeit.de/2009/53/DOS-Altruismus (15.12.2015).

Knecht, Ursula/Caroline Krüger/Dorothee Markert/Michaela Moser/Anne-Claire Mulder/Ina Praetorius/Cornelia Roth/Antje Schrupp/Andrea Trenkwalder-Egger (2012): ABC des guten Lebens, Rüsselsheim (Christel Göttert Verlag) 2013.

K. P., Soma/Richa Audichya (2015): »Unsere Art zu wissen. Frauen schützen Commons in Rajasthan«, in: Helfrich/Bollier/Heinrich-Böll-Stiftung, a.a.O., S. 107-112.

Kratzwald, Brigitte (2014): Das Ganze des Lebens. Selbstorganisierung zwischen Lust und Notwendigkeit, hrsg. v. d. Stiftung Fraueninitiative, Sulzbach (Ulrike Helmer Verlag).

Linebaugh, Peter (2008): The Magna Carta Manifesto. Liberties and Commons for All, Berkeley (University of California Press).

Luxemburg, Rosa (1913): Die Akkumulation des Kapitals. Ein Beitrag zur ökonomischen Erklärung des Imperialismus, Berlin (Neue Kritik) 1970.

Luxemburg, Rosa (1925/1975): Einführung in die Nationalökonomie (unvollendetes, posthum veröffentlichtes Manuskript; http://www.mlwerke.de/lu/lu05/lu05_593.htm (15.12.2015).

MEW (Marx-Engels-Werke), Bd. 4, 23, 25 und 40, Berlin (Dietz).

Maler, Gerda (2010): »Das Unsichtbare sichtbar machen«, in: ak – analyse & kritik. Zeitung für linke Debatte und Praxis, Nr. 552.

Manzini, Ezio (2013): »Resilient Systems and Cosmopolitan Localism – The Emerging Scenario of the Small, Local, Open and Connected Space«, in: Uwe Schneidewind/

Tilman Santarius/Anja Humbug (Hg.), Economy of Sufficiency. Essays on Wealth in Diversity, Enjoyable Limits and Creating Commons, Wuppertal Spezial 48, S. 70-81.

Meißner, Hanna (2008): »Die gesellschaftliche Form des Subjekts. Judith Butlers Theorie der Subjektivität«, in: Zeitschrift für Frauenforschung & Geschlechterstudien, 26. Jg., Heft 3+4, S. 23-37.

Meretz, Stefan (2012): »Ubuntu-Philosophie. Die strukturelle Gemeinschaftlichkeit der Commons«, in: Helfrich/Heinrich-Böll-Stiftung (Hg.), a.a.O., S. 58-65.

Meretz, Stefan (2012a): Peering; http://keimform.de/2012/peering (15.12.2015).

Mertens, Heide (2001): Das Ganze der Arbeit. Bedürfnisorientiertes Wirtschaften im lokalen Umfeld, hrsg. v. d. Stiftung Fraueninitiative, Neu Ulm (AG Spak).

Morozov, Evgeny (2015): »Ich habe doch nichts zu verbergen«, in: Big Data. Aus Politik und Zeitgeschichte. Beilage zur Wochenzeitung Das Parlament, 65. Jg, 11-12, 9. März, S. 3-7.

Morris, William (1890): Kunde von Nirgendwo (News from Nowhere). Eine Utopie der vollendeten kommunistischen Gesellschaft und Kultur aus dem Jahr 1890. Mit einem Vorwort von Wilhelm Liebknecht, Köln (M. DuMont Schauberg) 1974.

Neusüss, Christel (1983): »Und die Frauen? Tun die denn nichts? Oder: Was meine Mutter zu Marx sagt«, in: beiträge zur feministischen theorie und praxis 9/10, Neue Verhältnisse in Technopatria/Zukunft der Frauenarbeit, S. 181-206.

Nuss, Sabine (2006): Copyright & Copyriot. Aneignungskonflikte um geistiges Eigentum im informellen Kapitalismus, Münster (Westfälisches Dampfboot).

Opitz, Sven (2002): Die Ordnung der Welt. Antonio Negri und Michael Hardt; http:// www.intro.de/popmusik/antonio-negri-und-michael-hardt (15.12.2015).

Ostrom, Elinor (1990): Die Verfassung der Allmende. Jenseits von Staat und Markt, Tübingen (Mohr Siebeck) 1999.

Patel, Raj (2009): The Value of Nothing – Was kostet die Welt, München (Riemann) 2010.

Peters, Ulla (1997): »Jenseits des Schrebergartens. Politisierung der Subsistenz – Perspektive für einen feministischen Internationalismus?«, in: Schwertfisch (Hg.), Zeitgeist mit Gräten. Politische Perspektiven zwischen Ökologie und Autonomie, Bremen (Yeti Press), S. 65-73.

Praetorius, Ina (2015): Wirtschaft ist Care oder: Die Wiederentdeckung des Selbstverständlichen, hrsg. v. d. Heinrich-Böll-Stiftung, Berlin.

Precht, Richard David (2010): Die Kunst, kein Egoist zu sein. Warum wir gerne gut sein wollen und was uns davon abhält, München (Goldmann).

Rifkin, Jeremy (2000): Access. Das Verschwinden des Eigentums, Frankfurt/M. (Campus).

Rifkin, Jeremy (2014): Die Null-Grenzkosten-Gesellschaft. Das Internet der Dinge, kollaboratives Gemeingut und der Rückzug des Kapitalismus, Frankfurt/M. (Campus).

Rose, Carol (1986): »The Comedy of the Commons«, in: University of Chicago Law Review 53(3), S. 711-781.

Rousseau, Jean-Jacques (1755): Diskurs über die Ungleichheit, Stuttgart (UTB) 2008.

Santarius, Tilman (2012): »Grünes Wachstum. Der Mythos ist eine Milchmädchenrechnung«, in: Zeitschrift politische Ökologie 130, S. 132-135.

Schandl, Franz (2009): »Vom Schöpfen. Einwürfe jenseits des Bilderverbots«, in: Streifzüge. Magazinierte Transformationslust, Nr. 45; http://www.streifzuege.org/2009/ vom-schoepfen (15.12.2015).

Schandl, Franz (2013): »Was ersparen wir uns, wenn es kein Geld mehr gibt«, komprimiertes Referat auf dem Kongress Solidarische Ökonomie in Wien; online: http://www.streifzuege.org/2014/was-ersparen-wir-uns-wenn-es-kein-geld-mehr-gibt (15.12.2015).

Scheub, Ute (2006): Das falsche Leben. Eine Vatersuche, München/Zürich (piper) 2007.

Schibel, Karl (1985): Das Alte Recht auf die neue Gesellschaft. Zur Sozialgeschichte der Kommune seit dem Mittelalter, Frankfurt/M. (Sendler).

Schwarzer, Alice (1977): »Hausfrauenlohn?«, in: Emma 7/1977; http://www.frauenmediaturm.de/themen-portraets/chronik-der-neuen-frauenbewegung/1974/hausfrauenlohn (15.12.2015).

Sennett, Richard (1998): Der flexible Mensch. Die Kultur des neuen Kapitalismus, Berlin (Siedler) 2000.

Siefkes, Christian (2011): Produzieren ohne Geld und Zwang; http://keimform.de/2011/07 (15.12.2015).

Siefkes, Christian (2012): »Peer-Produktion – der unerwartete Aufstieg einer commonsbasierten Produktionsweise«, in: Helfrich/Heinrich-Böll-Stiftung (Hg.), a.a.O., S. 348-353.

Siefkes, Christian (2013): »Freie Quellen oder wie die Produktion zur Nebensache wurde«, in: Etwas fehlt. Utopie, Kritik und Glücksversprechen, hrsg. v.d. jour fixe initiative berlin, edition assemblage (Münster); online: http://keimform.de/wp-content/uploads/2013/04/jourfixe-freie-quellen.pdf (15.12.2015).

Sommer, Bernd/Harald Welzer (2014): Transformationsdesign. Wege in eine zukunftsfähige Moderne, München (oekom).

Sommer, Felicitas (i.E.): »Vertrauen und Gemüse. Wie eine Gartenkooperative über Solidarität verhandelt«, in: Kerstin Poehls, Leonore Scholze-Irrlitz, Andrea Vetter (Hg.): Strategien der Subsistenz (AT), Bd. II/2016 der Berliner Blätter. Ethnographische und Ethnologische Beiträge, Berlin (Panama Verlag).

Spehr, Christoph (2000): »Gleicher als Andere. Eine Grundlegung der Freien Kooperation«, in: ders. (Hg.), Gleicher als Andere. Eine Grundlegung der Freien Kooperation, Berlin (Dietz) 2003, S. 19-116.

Spivak, Gayatri Chakravorty (1988): »Can the Subaltern Speak?«, in: Patrick Williams/Laura Chrisman (Hg.), Colonial Discourse and Post-Colonial Theory. A Reader, New York (Columbia University Press) 1994, S. 66-111.

Stalder, Felix (2013): Digitale Solidarität, rls-paper, Berlin; http://www.rosalux.de/publication/40767/digitale-solidaritaet.html (15.12.2015).

Stowasser, Horst (1995): Freiheit pur. Die Idee der Anarchie, Geschichte und Zukunft, Frankfurt/M. (Eichborn).

Terkessidis, Mark (2015): Kollaboration, Berlin (Suhrkamp).

Usher, Peter J. (1992): »Property as the Basis of Inuit Hunting Rights«, in: Anderson a.a.O., S. 41-65.

Varoufakis, Yanis (2015): Time for Change. Wie ich meiner Tochter die Wirtschaft erkläre, München (Hanser).

Vaughan, Genevieve (2000/2012): Das Geschenk als weibliches Prinzip – sein Gegensatz zum patriarchalen Kapitalismus, http://www.social-innovation.org/?p=4322#_ftn1 (15.12.2015).

Vetter, Andrea (2014): »Keimformen und Konvivialität«, in: Streifzüge. Magazinierte Transformationslust, Nr. 60; http://www.streifzuege.org/2014/keimformen-und-konvi vialitaet (15.12.2015).
Welzer, Harald (2011): Mentale Infrastrukturen. Wie das Wachstum in die Welt kam, Band 14 der Schriftenreihe Ökologie, hrsg. v. d. Heinrich-Böll-Stiftung, Berlin.
Werlhof, Claudia von (1983): «Der Proletarier ist tot. Es lebe die Hausfrau«, in: Bennholdt-Thomsen/Mies/von Werlhof, a.a.O., S. 113-136.
Willemsen, Roger (2008): Der Knacks, Frankfurt/M. (Fischer).
Winker, Gabriele (2015): Care Revolution. Schritte in eine solidarische Gesellschaft, Bielefeld (transcript).
World Bank (1999): World Development Report 1999/2000: Entering the 21st Century, New York (Oxford University Press); https://openknowledge.worldbank.org/handle/ 10986/5982 (15.12.2015).

Friederike Habermann
Halbinseln gegen den Strom
Anders leben und wirtschaften im Alltag
(Konzepte / Materialien, Bd. 6, hg. v. der Stiftung Fraueninitiative)
ISBN 978-3-89741-284-2

Für grundsätzliche gesellschaftliche Veränderungen reicht rein individuelles Handeln nicht, sondern bedarf es kollektiver Ansätze. Tatsächlich versuchen immer mehr Menschen, miteinander einen Teil ihres Alltagsbedarfs zu produzieren und zu nutzen – als Geben und Nehmen, oft ohne Geld oder Zeit aufzurechnen. Friederike Habermann zeigt bestehende Handlungsansätze aus dem Bereich des alltäglich Notwendigen – Lebensmittel, Wohnen, Kleidung, Gebrauchsgegenstände, Bildung usw. – jenseits kapitalistischer Verwertungslogik. Sie zeigt Ideen, die umsetzbar sind, die verändert und vernetzt werden können. Die hier handelnden Menschen berichten von guten und schlechten Erfahrungen, sie sprechen über Möglichkeiten und Grenzen ihrer Ansätze. Die Autorin reflektiert diese praktischen Beispiele theoretisch, wobei sie wertkritische Überlegungen ebenso einbezieht wie feministische. So wird deutlich: Neue Denk- und Handlungshorizonte entstehen nur im Zusammenspiel von verändertem materiell-ökonomischem Alltag und sich verändernden Identitäten, denn eine Veränderung von Strukturen und die Veränderung von Menschen bedingen und ermöglichen sich erst gegenseitig. Initiativen zur Selbstversorgung bilden kollektive ›Räume‹ – seien es geographische, virtuelle oder andere Netzwerke. So entstehen gegenhegemoniale Kontexte, in denen anderes Leben und Wirtschaften ermöglicht wird.

Friederike Habermann
Aus der Not eine andere Welt
Gelebter Widerstand in Argentinien
(Konzepte / Materialien, Bd. 3, hg. v. der Stiftung Fraueninitiative)
ISBN 978-3-89741-162-3

Argentinien galt als Musterland des Neoliberalismus: ein industrialisiertes Land in Lateinamerika. Doch plötzlich wurde alles anders: Hausfrauen mit Einkaufstaschen, die Bankenscheiben zerbersten ließen und Geldtransporter mit Graffiti besprühten, vermummte Arbeiterinnen, die mit brennenden

Reifen Straßen blockierten – drei Viertel der Protestierenden waren Frauen. Gleichzeitig organisierten sich Erwerbslose und versuchten Ansätze einer alternativen Ökonomie aufzubauen. Friederike Habermann betrachtet den alltäglichen Kampf verschiedener Arbeitslosenbewegungen in Buenos Aires oder der Hausfrauengewerkschaft in Santa Fe aus der Nähe. Gelang es, eine solidarische Ökonomie aufzubauen? Entsprechen die Ansätze der Bewegung gar einer feministischen Utopie von Herrschaftsfreiheit, von befreiter Arbeit? Welche Lehren können aus den Erfahrungen für alternative ökonomische Ansätze gezogen werden?

Brigitte Kratzwald
Das Ganze des Lebens
Selbstorganisation zwischen Lust und Notwendigkeit
(Reihe »Konzepte / Materialien«, Bd. 7, hg. v. der Stiftung Fraueninitiative)
ISBN 978-3-89741-362-7

Würden Menschen ohne Lohn arbeiten? Könnten lebensnotwendige Tätigkeiten dann sogar besser erledigt werden als im Marktsystem? Zwei sehr unterschiedliche Theoriestränge sagen, ja: Die *Peer Produktion* aus dem Bereich der Internettechnologie und Freien Software zielt auf hierarchiefreie Kooperation auf Basis freiwilliger Beiträge. In der feministischen *Subsistenzperspektive* steht die Produktion des Lebens im Zentrum allen Wirtschaftens: Wie können wir das Lebensnotwendige selbstorganisiert und hierarchiefrei herstellen, so dass Arbeit selbstverständlicher Teil des Lebens ist, statt uns vom Leben zu trennen?

Brigitte Kratzwald, freiberufliche Sozialwissenschaftlerin und politische Aktivistin, lebt in einem Gemeinschaftswohnprojekt in der Nähe von Graz. Sie beschäftigt sich mit alternativen Wirtschaftsformen wie Commons und solidarischer Ökonomie, ist Autorin zahlreicher Artikel zu diesen Themen und Mitorganisatorin der Commons-Sommerschule.

Sigrun Preissing
Beitragen und ambivalentes Tauschen
Alternatives Wirtschaften
(Reihe »Konzepte / Materialien«, Bd. 8, hg. v. der Stiftung Fraueninitiative)
ISBN 978-3-89741-385-6

Zwei Jahre lang begleitete Sigrun Preissing zwei alternative Projekte, in denen Menschen gemeinsam wirtschaften, ohne miteinander äquivalent zu tauschen, also abzurechnen. Geben und Nehmen zu trennen, so zeigt ihre Ethnographie anschaulich, verändert die Vorstellung von Wert wie auch die Wahrnehmung von sich selbst und den Beziehungen zur verdinglichten Mitwelt.

Sigrun Preissung studierte Geographie und Ethnologie. 2014 erfolgte ihre Promotion in Wirtschaftsethnologie. Seit 2015 ist sie Dozentin am Bildungszentrum Bodelshausen, Bundesministerium für Familie und zivilgesellschaftliche Angelegenheiten. Die Autorin praktiziert selbst alternatives Wirtschaften.